黑龙江省在线精品课程配套教材
黑龙江省高等学校课程思政示范课程配套教材
21世纪职业教育规划教材·汽车系列

汽车电器系统检修（第二版）

刘剑峰　霍　峰　主编
　　　王建东　主审

北京大学出版社
PEKING UNIVERSITY PRESS

图书在版编目(CIP)数据

汽车电器系统检修 / 刘剑峰,霍峰主编. -- 2 版. 北京:北京大学出版社,2024.9. -- (21 世纪职业教育规划教材). -- ISBN 978-7-301-35326-4

Ⅰ. U472.41

中国国家版本馆 CIP 数据核字第 2024DY5897 号

书　　　名	汽车电器系统检修(第二版)
	QICHE DIANQI XITONG JIANXIU（DI-ER BAN）
著作责任者	刘剑峰　霍　峰　主编
策 划 编 辑	温丹丹
责 任 编 辑	张玮琪　王　璠
标 准 书 号	ISBN 978-7-301-35326-4
出 版 发 行	北京大学出版社
地　　　址	北京市海淀区成府路 205 号　100871
网　　　址	http://www.pup.cn　新浪微博:@北京大学出版社
电 子 邮 箱	编辑部 zyjy@pup.cn　总编室 zpup@pup.cn
电　　　话	邮购部 010-62752015　发行部 010-62750672　编辑部 010-62754934
印 刷 者	河北滦县鑫华书刊印刷厂
经 销 者	新华书店
	787 毫米×1092 毫米　16 开本　16.75 印张　443 千字
	2009 年 11 月第 1 版
	2024 年 9 月第 2 版　2024 年 9 月第 1 次印刷
定　　　价	49.00 元

未经许可,不得以任何方式复制或抄袭本书之部分或全部内容。
版权所有,侵权必究
举报电话:010-62752024　电子邮箱:fd@pup.cn
图书如有印装质量问题,请与出版部联系,电话:010-62756370

本书课程思政元素

本书始终贯彻"培养有社会责任感、有技能的人"的育人目标,把专业"立德""塑行""敦品""有为"的思政德育教育贯穿到课程教学过程中,结合"汽车电器系统检修"课程的特点,确立了"修身、修技、育德、育匠"的课程思政理念。

本书旨在以"五爱"教育(爱祖国、爱人民、爱劳动、爱科学、爱社会主义教育)为主线,科学合理拓展课程思政的广度、深度和温度,以"修身、修技、育德、育匠"课程思政理念持续优化课程,在坚持"三个结合"(坚持目标导向和问题导向相结合,坚持锻长板、补短板相结合,坚持加大支持力度和激发内生动力相结合)的基础上优化课程思政内容供给,推进习近平新时代中国特色社会主义思想进课堂、进头脑;培育和践行社会主义核心价值观;教育引导学生深刻理解并自觉践行职业精神和职业规范,增强职业责任感,培养学生精益求精的工匠精神,激发学生技术技能报国的家国情怀和使命担当。依循专业特点,深入开展理想信念教育;结合实践教学,深化职业意识和职业道德教育。

本书通过梳理"汽车电器系统检修"课程内容,对现有和潜在的思想政治教育资源进行了深度挖掘和优化组合,从个人、团队、社会、世界这4个层面确定了8大课程思政分类、27个课程思政主题,形成了"汽车电器系统检修"课程思政内容体系,使课程思政有效地融入课堂教学,促进学生思想政治品德的动态提高。

任务	课程内容	导引事例	课程思政落脚点
1	汽车电器系统的组成	汽车零部件行业的基本情况	民族工业 民族自豪感 国家竞争 产业报国
2	汽车电器系统的特点	为什么要发展和应用汽车总线系统?	科技发展 努力学习 现代化
3	汽车电器系统常用检测工具	万用表使用不当引起的事故	专业能力 求真务实 科学素养
4	汽车蓄电池的基础知识	铅酸蓄电池的国际标准与国家标准	标准制定 责任与使命 国家竞争

(续表)

任务	课程内容	导引事例	课程思政落脚点
5	智能型蓄电池管理系统	如何通过团队协作完成任务？	团队合作 沟通协作 集体主义 全面发展
6	蓄电池的保养维护	废旧蓄电池的危害	环保意识 能源意识 可持续发展
7	蓄电池的充电	长时间充电对蓄电池的影响	节能环保 专业能力
8	蓄电池的更换注册	不对蓄电池进行注册有什么影响？	爱岗敬业 诚信 辩证思想
9	交流发电机的结构	中国第一台车用发电机是在哪生产的？	道路自信 理论自信 制度自信 文化自信 改革开放 行业发展
10	交流发电机与调压器的工作原理和工作特性	中国电子科学的奠基者是谁？你知道他的故事吗？	科学精神 科学素养 认真严谨 文化传承
11	交流发电机的拆装	拆装发电机时，企业的实际工作任务是什么？在这个过程中，企业实施6S管理的目的是什么？	热爱劳动 个人管理 企业文化
12	交流发电机的车上检测与解体检测	你知道原子弹研制过程中"九次计算"的故事吗？	精益求精 工匠精神
13	充电系统的故障诊断与排除	你知道由加装、改装引起的车辆充电故障吗？	法律意识 遵纪守法 安全意识
14	启动系统的基本概述与减速起动机	你知道中国车用永磁电机是如何打破国外垄断的吗？	国家竞争 科技发展 民族工业 民族复兴
15	启动用直流电动机的结构与原理	你知道中国古代由结构观察而创新创造出来的东西是什么吗？	工匠精神 创新意识 辩证思想 劳动实践

(续表)

任务	课程内容	导引事例	课程思政落脚点
16	传动机构与控制装置的结构与原理	在汽车修理中碰到的好人好事	诚信 友善 社会公德 规范与道德
17	起动机的拆装	起动机在拆解和装复时的注意事项	认真规范 职业行为 职业习惯
18	起动机的解体检测	在记录测量数据时，注意单位的标注	科学严谨 求真务实
19	起动机的使用与故障分析	在故障诊断时，为什么要敢于犯错误？它可以带来哪些好处？	勇于探索 不怕失败
20	点火系统的基本概述与组成原理	中国首台商用车燃氢发动机是如何实现重大突破的？	国家竞争 弯道超车 民族工业
21	点火系统主要部件的结构与性能	中国的火花塞制造企业是如何从"质量追赶"转变为实现"价值超越"的？	中西结合 洋为中用 民族工业
22	点火系统的使用维护与部件检修	你听说过"小病大修，没病假修"的事情吗？	职业道德 诚信
23	点火系统的故障诊断与排除	汽车检测诊断的意义是什么？	责任 法律法规
24	照明系统的基本知识	汽车车灯的发展历史	科技发展 行业发展
25	前照灯的调整	前照灯高度过高影响行车安全，容易造成交通事故	交通安全 法律意识
26	照明系统的检修	我们发现自己的车灯不够亮，可以改成LED灯吗？	法律法规 遵纪守法
27	信号系统的检修	转向灯为什么是黄色的？可以将其改为其他颜色吗？	行业标准 严格遵守 强制执行
28	电喇叭的检修	汽车喇叭声音对人体健康的危害	身体健康 绿色环保 社会公德
29	汽车仪表的检修	未来我国汽车仪表行业的发展方向是什么？	行业发展 基本国情
30	汽车报警装置的检修	仪表板上哪些警报灯亮起后，需要立即停车检查？	专业水准 自主学习

（续表）

任务	课程内容	导引事例	课程思政落脚点
31	电动刮水器的故障检修	如果刮水器损坏或被盗，会影响行车安全吗？	社会公德 法律观念 交通安全
32	电动车窗的故障检修	有孩子的车主在使用电动车窗时应该注意什么？	安全意识
33	中控门锁的故障检修	孩子被锁车内后，可以在车内打开车门吗？	专业能力 责任 安全意识
34	无钥匙进入及一键启动系统的故障检修	汽车防盗系统启动后，还应该注意什么？	忧患意识 安全意识

第二版前言

一、本书简介

党的二十大强调要建设现代化产业体系。坚持把发展经济的着力点放在实体经济上，推进新型工业化，加快建设制造强国、质量强国、航天强国、交通强国、网络强国、数字中国。实施产业基础再造工程和重大技术装备攻关工程，支持专精特新企业发展，推动制造业高端化、智能化、绿色化发展。巩固优势产业领先地位，在关系安全发展的领域加快补齐短板，提升战略性资源供应保障能力。推动战略性新兴产业融合集群发展，构建新一代信息技术、人工智能、生物技术、新能源、新材料、高端装备、绿色环保等一批新的增长引擎。

本教材响应党的二十大号召，以国家制造业高端化、智能化、绿色化发展为依据，以工作任务为驱动，围绕职业工作需要，以就业为导向，以技能训练为中心，将理论教学与技能训练有机结合，分解成一项项具体任务来讲授。考虑到培训的主要对象是职业院校汽车专业的在校生，本教材突出实用性、新颖性，技能训练面向岗位需求，注重结合汽车后市场服务岗位和维修岗位的知识和技能要求。在讲述汽车电器系统基本理论的基础上，加强"任务训练"内容的编写，在每项任务资讯后都附有任务报告，便于学生自测学习，使学生在"做"中"学"。

本教材以项目实施、任务驱动的方式，共设计了 8 个项目，包含 34 个任务。这些项目涵盖了汽车电器系统的电源、启动、点火、照明、信号、仪表、警报和舒适系统的所有内容。

本教材提供了配套的在线课程、虚拟仿真实验、微视频讲解与演示、PPT 课件等丰富的教学资源。这些资源将传统教学、在线学习、数字实训、线下实操、翻转课堂有机融合，使"处处能学、时时可学"成为常态，为学生的终身学习打下良好基础。

二、本书特色

（1）教材配套省级在线精品课程"汽车电器系统检修"，使教材与课程同步。

本教材的 8 个项目内容与省级在线精品课程"汽车电器系统检修"高度一致，在线课程的全部资源与这 8 个项目的内容相匹配，实现全覆盖。资源与内容逻辑清晰、结构合理，每一部分内容都完整精练，能够满足学校教学和社会学习者的学习需求。在线课程的访问方式如图 1 所示，具体操作方法如下。

①下载"知到"APP 并登录。可以通过手机自带应用商店下载，也可以通过扫描图 1 中的二维码下载。

②已有账号的用户可以直接登录；若未注册账号，请在完成账号注册后登录。

③在"知到"APP 的搜索栏输入课程名称"汽车电器系统检修"并点击搜索，加入课程并开始学习。

图 1　在线课程的访问方式

另外，也可以通过访问"智慧树"网站（https：//www.zhihuishu.com/）进行注册、登录，并搜索课程"汽车电器系统检修"进行学习。

（2）教材配套线上虚拟仿真实验"汽车电器系统检修"，使实操数字化。

本教材配套的线上虚拟仿真实验"汽车电器系统检修"是共享公开的，通过可视化的虚拟仿真技术，运用三维立体影像，用虚拟网络替代教学板书，用 3D 模型代替实际零件，用虚拟拆装替代实物拆装，用原理的动画模拟替代枯燥的讲授，用计算机仿真汽车电器系统故障排除训练过程代替实际训练过程，实现了故障的准确、快速排除，减少了实物操作过程中的麻烦，使学生能够深入了解和分析具体方案和关键技术。这种教学方式突破了传统教学方法的限制，能够实现良好的教学效果。

以计算机构建的虚拟车辆、设备、部件和虚拟操作面板为基础，通过计算机编程的方式确定操作过程中的逻辑关系，实现在计算机构建的虚拟设备上完成虚拟操作和使用的培训；在虚拟环境中实现对部件三维模型的拆卸和装配训练，用计算机仿真故障诊断过程代替实际维修过程，实现对实操的数字化培训。

虚拟仿真技术的互动性和逼真性为汽车电器系统检修的课堂教学带来了革命性升级，尤其是在专业课程实习实践领域，为学生提供了一种前所未有的感官刺激和身临其境的体验感。

线上虚拟仿真实验的访问方式如图 2 所示。学生可以通过电脑直接访问以下链接进入线上虚拟仿真实验进行学习：

https：//www.zhihuishu.com/virtual_portals_h5/virtualExperiment.html#/indexPage？courseId=2000075814

图 2　线上虚拟仿真实验的访问方式

另外，也可以通过访问"智慧树"网站（https：//www.zhihuishu.com/），直接搜索"汽车电器系统检修"进行学习。

三、教学安排

本教材的 8 个项目均配备了微视频和在线课程等数字资源，帮助学生课前预习和课后复习。在线课程每一小节都有视频弹题和章节测试题，配套 PPT 与教材和在线课程的内容完美契合。课程参考学时与教学媒介如表 1 所示。

表 1 课程参考学时与教学媒介

项目内容	课前预习 （在线课程）	课上教学 （教材、PPT、微视频）	课上翻转 课后巩固 （虚拟仿真）
项目 1 汽车电器系统特点认知	25 分钟	4 学时	0 学时
项目 2 汽车蓄电池的维护与更换	60 分钟	8 学时	1 学时
项目 3 汽车充电系统的维护与检修	70 分钟	12 学时	2 学时
项目 4 汽车启动系统的维护与检修	60 分钟	12 学时	2 学时
项目 5 汽车点火系统的维护与检测	75 分钟	8 学时	2 学时
项目 6 汽车照明与信号系统的维护与检修	70 分钟	8 学时	2 学时
项目 7 汽车仪表与报警系统的维护与检修	75 分钟	8 学时	0 学时
项目 8 汽车舒适系统的维护与检修	90 分钟	18 学时	8 学时
总学时	525 分钟（14 学时）	78 学时	17 学时

四、教学方法

本教材配套资源丰富，可以采用"学、动、活、练"混合式翻转教学法。

（1）依托"智慧树"在线课程实施"自学+自测"——学起来。

利用"智慧树"省级在线精品课程"汽车电器系统检修"，围绕学习任务，细化具体教学目标，让学生自主完成知识技能点的在线学习并完成自测。

（2）通过教材思政引导学生——动起来。

运用教材思政小故事，教育引导学生深刻理解并自觉践行职业精神和职业规范，增强职业责任感，培养学生精益求精的工匠精神，激发学生技术技能报国的家国情怀和使命担当，以此导入课程。

（3）运用教材资源进行课堂教学——活起来。

运用教材配套的 PPT 进行重点内容的讲解，扫描教材二维码，通过微视频对难点知识进行解析，通过教材任务报告中的习题查找不足并加以改进，参考教材任务报告的步骤完成实操任务并提高技能。

（4）采用虚拟仿真翻转课堂巩固知识——练起来。

线下实操训练前，通过虚拟仿真翻转课堂让学生线上模拟拆装、检测和故障诊断，整理思路、熟悉步骤、规范操作,从数字实操到实车训练,使学生自主完成训练,教师指导提升,帮助学生掌握实践技能。

五、编写分工

本教材由刘剑峰、霍峰担任主编,王建东担任主审,王娜、汪振凤担任副主编,韩卫东、刘海波、黄湘镇、代丽丽、袁诚坤、曹乃悦、孙凤霞参与编写。其中,刘剑峰编写了项目 1 的内容,汪振凤编写了项目 2 的内容,刘海波编写了项目 3 的内容,代丽丽、孙凤霞编写了项目 4 的内容,王娜编写了项目 5 的内容,袁诚坤、曹乃悦编写了项目 6 的内容,韩卫东、黄湘镇编写了项目 7 的内容,霍峰编写了项目 8 的内容。

编　者

2024 年 8 月

目 录

项目1 汽车电器系统特点认知

任务1 汽车电器系统的组成 ………… 3
1.1 电源系统 ………… 3
1.2 用电设备 ………… 3
1.3 配电装置 ………… 4

任务2 汽车电器系统的特点 ………… 6
2.1 汽车整车电路的特点 ………… 6
2.2 汽车车载网络系统的特点 ………… 7

任务3 汽车电器系统常用检测工具 ………… 11
3.1 跨接线 ………… 11
3.2 试灯 ………… 11
3.3 数字式万用表 ………… 12

项目2 汽车蓄电池的维护与更换

任务4 汽车蓄电池的基础知识 ………… 19
4.1 蓄电池的作用 ………… 19
4.2 蓄电池的结构 ………… 19
4.3 蓄电池的工作原理 ………… 21
4.4 蓄电池的型号、规格 ………… 22

任务5 智能型蓄电池管理系统 ………… 24
5.1 安全型蓄电池接线柱 ………… 24
5.2 智能型蓄电池传感器 ………… 25

任务6 蓄电池的保养维护 ………… 29
6.1 蓄电池的安全警告 ………… 30
6.2 蓄电池的正确使用 ………… 30
6.3 蓄电池的维护 ………… 31
6.4 蓄电池技术状态的检查 ………… 31

任务7 蓄电池的充电 ………… 35
7.1 定流充电法 ………… 36
7.2 定压充电法 ………… 37
7.3 快速充电法 ………… 37
7.4 蓄电池的充电设备 ………… 37
7.5 充电注意事项 ………… 38

任务8 蓄电池的更换注册 ………… 40
8.1 拆装电控汽车蓄电池的注意事项 ………… 40
8.2 蓄电池的更换 ………… 40
8.3 蓄电池的注册 ………… 41

项目3 汽车充电系统的维护与检修

任务9 交流发电机的结构 ………… 47
9.1 交流发电机的概述 ………… 47
9.2 交流发电机的优点 ………… 47
9.3 交流发电机的结构 ………… 48

任务10 交流发电机与调压器的工作原理和工作特性 ………… 52
10.1 交流发电机的工作原理 ………… 52
10.2 交流发电机的工作特性 ………… 55
10.3 八管、九管、十一管交流发电机 ………… 56
10.4 交流发电机电压调节器的作用 ………… 58
10.5 计算机调压电路 ………… 59

任务11 交流发电机的拆装 ………… 61
11.1 交流发电机的拆卸 ………… 62
11.2 交流发电机的拆解与装配 ………… 62

任务 12　交流发电机的车上检测与解体检测 ………… 65
12.1　交流发电机的车上检测 …… 66
12.2　发电机拆解前的检测 ……… 67
12.3　发电机拆解后的检测 ……… 69

任务 13　充电系统的故障诊断与排除 ……………………… 72
13.1　充电指示灯不熄灭 ………… 73
13.2　充电指示灯不亮 …………… 73
13.3　充电不足 …………………… 74
13.4　充电电压过高 ……………… 74
13.5　充电指示灯时明时暗 ……… 75
13.6　发电机工作中有异响 ……… 75

项目 4　汽车启动系统的维护与检修

任务 14　启动系统的基本概述与减速起动机 ……………………… 81
14.1　启动系统的作用与组成 …… 81
14.2　起动机的组成及分类 ……… 82
14.3　对起动机的要求 …………… 83
14.4　减速起动机 ………………… 83

任务 15　启动用直流电动机的结构与原理 …………………………… 88
15.1　直流电动机的结构 ………… 88
15.2　直流电动机的工作原理 …… 91
15.3　直流电动机的工作特性 …… 91
15.4　串励式直流电动机的特性 … 92

任务 16　传动机构与控制装置的结构与原理 ……………………… 95
16.1　传动机构 …………………… 95
16.2　控制装置 …………………… 98

任务 17　起动机的拆装 …………… 101
17.1　起动机的拆解 ……………… 102
17.2　起动机的装复 ……………… 103

任务 18　起动机的解体检测 ……… 105
18.1　直流电动机的检查 ………… 105
18.2　传动机构的检修 …………… 109
18.3　电磁开关的检查 …………… 110

任务 19　起动机的使用与故障分析 ……………………………… 112
19.1　起动机的正确使用 ………… 113
19.2　起动机不转动 ……………… 113
19.3　起动机运转无力 …………… 114
19.4　起动机空转 ………………… 114
19.5　驱动齿轮与飞轮齿圈撞击 ……………………………… 114
19.6　电磁开关吸合不牢 ………… 114

项目 5　汽车点火系统的维护与检修

任务 20　点火系统的基本概述与组成原理 …………………………… 119
20.1　点火系统的作用 …………… 119
20.2　点火系统的种类 …………… 119
20.3　对点火系统的基本要求 …… 120
20.4　传统点火系统的组成 ……… 122
20.5　传统点火系统的工作原理 ……………………………… 123
20.6　普通电子点火系统的组成及工作原理 …………………… 124
20.7　微机控制电子点火系统的组成 ………………………… 124

任务 21　点火系统主要部件的结构与性能 …………………………… 128
21.1　点火线圈 …………………… 128
21.2　火花塞 ……………………… 129
21.3　点火控制器 ………………… 132

任务 22　点火系统的使用维护与部件检修 ………………………… 134
22.1　电子点火系统的正确使用 … 134
22.2　点火线圈的使用与维护 …… 135
22.3　火花塞的使用与维护 ……… 135
22.4　微机控制电子点火系统的使用与维护 …………………… 136
22.5　点火线圈的检修 …………… 136
22.6　火花塞的检修 ……………… 137

任务23　点火系统的故障诊断与排除 …… 140
　23.1 电子点火系统的故障诊断与排除 …… 141
　23.2 微机控制电子点火系统的故障诊断与排除 …… 142

项目6　汽车照明与信号系统的维护与检修

任务24　照明系统的基本知识 …… 149
　24.1 照明系统的概述 …… 149
　24.2 汽车对照明的要求 …… 151
　24.3 车用照明灯泡 …… 151
　24.4 前照灯的基本要求 …… 151
　24.5 前照灯的分类 …… 151
　24.6 发光二极管灯 …… 153

任务25　前照灯的调整 …… 156
　25.1 前照灯的组成 …… 157
　25.2 前照灯防眩目措施 …… 159
　25.3 前照灯校正仪的使用 …… 160
　25.4 调整车辆进行灯光校准 …… 161
　25.5 调整前照灯 …… 163

任务26　照明系统的检修 …… 165
　26.1 前照灯的控制 …… 165
　26.2 前照灯的更换 …… 166
　26.3 照明系统的保养 …… 167
　26.4 照明系统的故障诊断与排除 …… 167

任务27　信号系统的检修 …… 171
　27.1 汽车对灯光信号装置的要求 …… 172
　27.2 转向灯电路 …… 172
　27.3 电子闪光器 …… 173
　27.4 倒车灯及报警器 …… 174
　27.5 制动灯 …… 176
　27.6 信号系统的故障诊断与排除 …… 177

任务28　电喇叭的检修 …… 180
　28.1 盆型电喇叭的基本结构与工作原理 …… 180
　28.2 电子电喇叭 …… 181
　28.3 喇叭继电器 …… 182
　28.4 电喇叭的检查 …… 182
　28.5 电喇叭的调整 …… 182
　28.6 电喇叭的故障诊断 …… 183

项目7　汽车仪表与报警系统的维护与检修

任务29　汽车仪表的检修 …… 189
　29.1 仪表系统概述 …… 189
　29.2 组合仪表的组成 …… 191
　29.3 组合仪表的原理 …… 191
　29.4 组合仪表测量装置 …… 192
　29.5 数字仪表的显示形式和显示器件 …… 192
　29.6 平视显示系统 …… 192
　29.7 组合仪表的诊断与检修 …… 195

任务30　汽车报警装置的检修 …… 199
　30.1 汽车报警装置的概述 …… 200
　30.2 常见的指示灯 …… 200
　30.3 指示灯的含义及处理措施 …… 202

项目8　汽车舒适系统的维护与检修

任务31　电动刮水器的故障检修 …… 211
　31.1 电动刮水器的组成 …… 211
　31.2 电动刮水器的工作原理 …… 212
　31.3 雨滴感知型自动刮水器 …… 213
　31.4 风窗玻璃洗涤器 …… 215
　31.5 除霜装置 …… 217
　31.6 刮水器主要部件的检修 …… 217
　31.7 后风窗加热器的检修 …… 219

任务32　电动车窗的故障检修 …… 222
　32.1 电动车窗的组成 …… 223
　32.2 车窗升降器的结构形式 …… 224
　32.3 电动车窗控制电路 …… 225

32.4 电动车窗的控制原理与
　　　工作过程 …………… 226
32.5 防夹电动车窗 ………… 229
32.6 车窗电动机的检测 …… 230
32.7 车窗电动机的更换 …… 231

任务 33　中控门锁的故障检修 …… 235
33.1 电动式中控门锁系统 …… 235
33.2 电动式中控门锁的工作
　　　原理 …………………… 237
33.3 遥控门锁系统 ………… 240
33.4 电动式中控门锁的检修 …… 243

**任务 34　无钥匙进入及一键启动系统
　　　的故障检修** …………… 247

34.1 无钥匙进入及一键启动系统
　　　的功能 ………………… 248
34.2 无钥匙进入及一键启动系统
　　　的组成 ………………… 248
34.3 无钥匙进入系统的工作
　　　原理 …………………… 249
34.4 无钥匙启动系统的工作
　　　原理 …………………… 250
34.5 故障诊断与匹配 ……… 251

参考文献 ………………………… 254

项目1
汽车电器系统特点认知

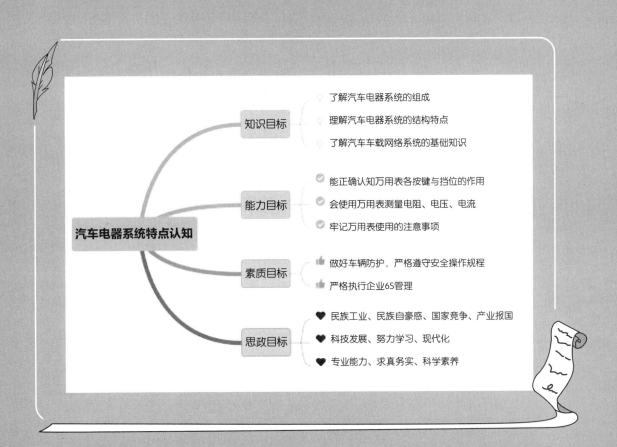

任务 1　汽车电器系统的组成

课程思政落脚点：民族工业、民族自豪感、国家竞争、产业报国

导引事例：我国汽车零部件的主要厂商有华域汽车、拓普集团、均胜电子、诺博汽车等。2022 年，汽车零部件制造业营业收入为 3.88 万亿元，同比增长 3.63%；汽车零部件注册企业数量达到 12 995 家，汽车行业的国际竞争力不断提升。

任务资讯

汽车电器系统由电源系统、用电设备和配电装置三部分组成。

1.1 电源系统

电源系统主要包括发电机、蓄电池、调节器等。其中，发电机为主电源，发电机正常工作时，由发电机向全车用电设备提供直流电，同时给蓄电池充电。蓄电池的主要作用是在发动机启动时向起动机供电，同时辅助发电机向用电设备供电。调节器的作用是使发电机的输出电压保持恒定。

1.2 用电设备

（1）启动系统。它由蓄电池、起动机、继电器、电磁线圈、空挡启动开关（自动）、点火开关、连接导线和蓄电池电缆线组成。其中，电磁线圈是安装在起动机上的，它用来闭合起动机电路，使起动机齿轮与飞轮齿圈相啮合，其作用是带动发动机运转，启动发动机。继电器则用来闭合起动机的电磁线圈电路。

（2）点火系统。它仅用在汽油机上，包括点火开关、点火线圈、分电器总成、点火模块、火花塞等。其作用是产生高压电火花，点燃气缸内的可燃混合气。

（3）照明系统。它包括汽车内、外各种照明灯及其控制装置，用于保证夜间行车安全。

（4）信号系统。它包括声像信号（如喇叭、蜂鸣器、闪光器等）和灯光信号（如各种行车信号标识灯等），用于保证车辆运行时的人车安全。

（5）仪表系统。它包括各种电器仪表（如水温表、燃油表、车速里程表、发动机转速表及报警指示灯等），用来显示发动机和汽车行驶中有关装置的运行参数和信息。

（6）辅助电器系统。它主要为驾驶员和乘坐人员提供良好的工作条件和舒适的乘坐环境，包括电动刮水器、空调装置、低温启动预热装置、收音机、点烟器、玻璃升降器等。

（7）电子控制系统。它主要分为驱动系统、安全系统、通信系统、舒适系统，包括电控燃油喷射装置、电子点火装置、防抱死制动装置、自动变速器等。

1.3 配电装置

要想让电器设备和电控装置获得电源供应，配电装置的连接必不可少。常见的配电装置有汽车线束、开关装置、保险装置、继电器、连接器等，它们的作用是使全车电路成为一个统一的整体。这些配电装置的选用和装配将直接影响到用电设备的运行状况。

任务实施

☞ 任务准备
（1）防护装备：常规实训工作服、车内外三件套、隔离警示围栏。
（2）工具设备：汽车整车或实训台架、计算机或网络终端。
（3）辅助资料：卡片、记号笔、翻纸板、参考书。

☞ 实施步骤
（1）观察各品牌汽车和实训台架，初步认识汽车电器系统各部件。
（2）上网查询用户手册等相关信息。
（3）根据观察和查询的信息，填写任务报告。

任务报告

任务 1 汽车电器系统的组成			
班级		姓名	
组别		组长	
1. 车辆信息采集（5 分）			得分：
整车型号			
车辆识别代码			
发动机型号			
2. 前期准备（15 分）			得分：
（1）		环车检查车身状况。☐	
（2）		正确组装三件套（转向盘套、座套、换挡手柄套），翼子板布和前格栅布。☐	
（3）		清理工位卫生。☐	
3. 信息收集（10 分）			得分：
（1）汽车电器系统由_____、_____和_____三部分组成。 （2）电源系统主要包括_____、_____、_____、_____等。 （3）点火系统的作用是产生_____，点燃气缸内的_____。 （4）信号系统包括_____信号（如喇叭、蜂鸣器、闪光器等）和_____信号（如各种行车信号标识灯等），用于保证车辆运行时的人车安全。 （5）常见的配电装置有汽车线束、开关装置、_____、_____、连接器等，它们的作用是使全车电路成为一个统一的整体。			

(续表)

4. 制订计划（10 分）		得分：	
请根据工作任务制订工作计划及任务分工。			
序号	工作内容	工作要点	负责人

5. 计划实施（50 分）		得分：	
任务	作业记录内容		配分
车身外部	（1）前部灯光组成：_____。 （2）后部灯光组成：_____。		10
发动机内部	（1）蓄电池的位置。□ （2）发电机的位置。□ （3）保险盒的位置。□ （4）起动机的位置。□ （5）采用_____缸点火，是否独立点火？ 是 □ 否 □ （6）压缩机的位置。□ （7）冷凝器的位置。□ （8）干燥罐的位置。□ （9）雨刷的位置。□ （10）洗涤液壶的位置。□		20
驾驶室内部	（1）仪表的组成：_____。 （2）灯光组合开关的位置：_____。 （3）灯光控制开关的种类：_____。 （4）雨刷开关的挡位：_____。 （5）电控门窗的挡位：_____。 （6）座椅。 手动 □ 电动 □ （7）后视镜。 手动 □ 电动 □ （8）汽车空调的挡位：_____。 （9）室内保险盒的安装位置：_____。		20

6. 检查评价（10 分）	得分：
请根据个人在完成任务过程中的表现及工作结果进行自我评价和小组评价。 自我评价：_____。 小组评价：_____。	

任务总成绩：

任务 2　汽车电器系统的特点

课程思政落脚点： 科技发展、努力学习、现代化

导引事例： 当今，从小型车辆到高级车辆都使用了大量的电子装置。可以预见，在未来几年内，车辆中的电子组件数量会明显增加。这一变革既受到政府部门的推动，也满足了客户的强烈需求。政府部门关注于降低废气排放和燃油消耗，而客户则希望不断改善驾驶舒适性和安全性。事实上，能够同时满足这些需求的控制单元早已存在并得到了应用。例如，数字式发动机电子系统和安全气囊系统就采用了控制单元。

由此实现的复杂功能必然要求控制单元之间进行数据交换。通常情况下，数据是通过信号线路传输的。但由于控制单元的功能越来越复杂，这种数据传输方式只能以更高的成本来实现，各个控制单元原本独立的处理过程需要通过各种总线系统相互联系起来。也就是说，需要对所有处理过程进行分配，在整个车载网络系统内完成处理过程，并使这些过程共同发挥作用。这不仅增加了车载网络内的数据交换量，还通过这种交换方式实现了很多新功能，如提高行驶安全性和行驶舒适性。以前使用的车载网络已无法实现这些功能。

以前所用车辆线路的局限性，由于各种原因限制了车辆电器化的进程。这些原因包括：①布线成本提高；②生产成本提高；③车内空间要求提高；④组件构造难以控制；⑤整个系统可靠性下降。为了尽可能地减少这些不利因素，针对车载网络的网络总线系统开始投入使用。

任务资讯

汽车整车电路的特点

2.1 汽车整车电路的特点

1. 直流、低压

由于汽车发动机要靠起动机启动，而起动机是直流串励电动机，因此必须由蓄电池供电。又因为蓄电池的电能消耗后，必须用直流电充电，因此汽车电器系统为直流电器系统。其电压有 6 V、12 V、24 V 三个等级，其中采用 12 V 电器系统的情况较为普遍，而重型柴油车则多采用 24 V 电器系统。汽车电器系统采用低压的主要原因是安全性好、蓄电池单格数少，这对于降低蓄电池的质量和尺寸也是非常有利的。

2. 并联单线制

汽车的用电设备较多，采用并联电路是为了确保各支路的电器设备能够独立控制。也就是说，在电路中，电源与电源采用并联连接，用电设备与用电设备多数也采用并联连接。

单线制是指从电源到用电设备只用一根导线连接，而汽车底盘、发动机等金属机体则作为另一根公用导线。这种单线制的设计节省导线、线路清晰、方便安装和维修，现代汽车普遍采用单线制。但在个别情况下，如安装在钣金件上、挂车上或非金属零件上的电器设备，为了保证其能够可靠地工作，必须采用双线制。另外，车载网络也采用双线制。

3. 负极搭铁

采用单线制时，蓄电池的一个电极需接至车架上，俗称"搭铁"。负极搭铁对无线电设备（如汽车音响、通信系统等）的干扰较小，还可以减少蓄电池电缆铜端子在车架与车身连接处发生的化学腐蚀，提高搭铁的可靠性。此外，采用负极搭铁的统一标准，便于汽车电子设备的生产、使用和维修。

2.2 汽车车载网络系统的特点

1. 车载网络系统功能

（1）多路传输功能。

为了减少车辆电器线束的数量，多路传输通信系统使得部分数字信号能够通过共用传输线路进行传输。当系统工作时，由各个开关发送的输入信号通过中央处理器（CPU）转换成数字信号，该数字信号以串行的方式从传感器传输至接收装置。在接收装置处，发送的信号将被转换为开关信号，再由开关信号对有关元件进行控制。

（2）"唤醒"和"休眠"功能。

"唤醒"和"休眠"功能用于减少在关闭点火开关时蓄电池的额外能量消耗。当系统处于"休眠"状态时，多路传输通信系统将停止诸如信号传输和CPU控制等功能，以节省蓄电池的电能；当系统有人为操作时，处于"休眠"状态的有关控制装置会立即开始工作，同时将"唤醒"信号通过传输线路发送给其他控制装置。

（3）失效保护功能。

失效保护功能包括硬件失效保护功能和软件失效保护功能。当系统的CPU发生故障时，硬件失效保护功能会使其以固定的信号进行输出，以确保车辆能继续行驶；当系统的某个控制装置发生故障时，软件失效保护功能将不再受来自有故障的控制装置的信号影响，以保证系统能继续正常工作。

（4）故障自诊断功能。

故障自诊断功能包括多路传输通信系统的自诊断模式和各系统输入线路的故障自诊断模式。这种功能使得系统既能对自身的故障进行自诊断，又能对其他系统进行故障诊断。

2. 车载网络传输媒体

按照传输方式的不同，车载网络可以分为有线网络和无线网络两种类型。目前，汽车上使用的大多数都是有线局域网。有线局域网常用的传输媒体包括双绞线、同轴电缆和光纤。

（1）双绞线。

如图1-1所示，双绞线是局域网中最常见的传输媒体，一般用于低速传输。双绞线成本较低，传输距离较近，非常适合汽车网络的应用场景，也是汽车网络中使用最多的传输媒体。

（2）同轴电缆。

同轴电缆的基本结构如图1-2所示。与双绞线类似，同轴电缆也是由两个导体组成，但其结构不同。

图1-1 双绞线

同轴电缆由一个空心的外圆柱面导体和其中包裹着的一条内部线形导体组成。外导体可以采用整体或金属编织结构，内导体可以采用整体或多股绞

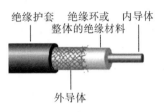

图 1-2 同轴电缆的基本结构

合形式。用均匀排列的绝缘环或整体的绝缘材料将内导体固定在合适的位置,外导体用绝缘护套覆盖。几个同轴电缆往往套在一个大的电缆内,有些里面还装有二芯扭绞线或四芯线组,用于传输控制信号。同轴电缆的外导体是接地的,由于它的屏蔽作用,外界噪声很少进入其内。

同轴电缆可以满足较高的性能要求,与双绞线相比,它可以提供较高的数据传输量,连接较多的设备,跨越更远的距离。同轴电缆可以传输模拟信号和数字信号。同轴电缆的频率特性比双绞线更优越,因而可以用于频率和数据传输率较高的应用场景。由于同轴电缆的同轴结构具有屏蔽作用,与双绞线相比,它对于串音干扰并不敏感。影响同轴电缆性能的主要因素是衰减、热噪声和交调噪声。

(3) 光纤。

光纤在电磁兼容性等方面有独特的优点,其数据传输速度快、传输距离远,在车载网络中,特别是在一些对传输速度要求较高的车载网络(如车载信息与多媒体网络)中有很好的应用前景。但受到成本和技术的限制,目前光纤的使用并不广泛。最常用的光纤类型是塑料光纤和玻璃纤维光纤,其中汽车上多用塑料光纤。光纤的基本结构如图 1-3 所示。

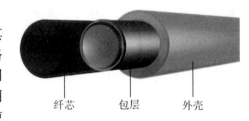

图 1-3 光纤的基本结构

3. 车载网络分类

早在 20 世纪 80 年代,国际上众多知名汽车公司就积极致力于汽车网络技术的研究及应用。迄今为止,已存在多种汽车网络标准,其各自侧重的功能有所不同。

根据系统的复杂程度、通信速率、必要的动作响应速度以及工作可靠性等因素,美国汽车工程师学会将汽车数据传输网划分为 A 类、B 类、C 类、D 类和 E 类五大类。汽车数据传输网络的类型见表 1-1。主要车载网络的基本情况见表 1-2。

表 1-1 汽车数据传输网络的类型

类型	功能
A 类	面向传感器/执行器控制的低速网络,数据传输位速率通常小于 10 kbit/s,主要用于后视镜调整、电动车窗、刮水器、空调、照明等车身低速控制
B 类	面向独立模块间数据共享的中低速网络,数据传输位速率为 10～125 kbit/s,主要用于车身电子舒适性模块、仪表显示等系统
C 类	面向实时性控制的中高速多路传输网络,数据传输位速率为 125 kbit/s～1 Mbit/s,主要用于牵引控制、发动机控制、自动变速器控制等系统
D 类	面向媒体信息的高速传输网络,数据传输位速率一般在 1 Mbit/s 以上,主要用于车载视频、车载音响、车载电话、车载导航等信息娱乐系统
E 类	面向乘员的安全系统高速、实时网络,数据传输位速率在 10 Mbit/s 以上,主要用于车辆被动性安全领域

表 1-2 主要车载网络的基本情况

车载网络的名称	概要	通信速度
控制器局域网络（CAN）	车身/动力传动系统控制用 LAN 协议，最有可能成为世界标准的车用 LAN 协议	1 Mbit/s
低成本串行通信网络（LIN）	车身系统控制用 LAN 协议，液压组件专用	20 kbit/s
Byteflight	重视安全、按用途分类的控制用 LAN 协议，通用时分多路复用	10 Mbit/s
FlexRay	重视安全、按用途分类的控制用 LAN 协议	5 Mbit/s
面向媒体的系统传输（MOST）	信息系统通信协议，以欧洲为中心，由克莱斯勒公司和宝马集团推动	22.5 Mbit/s

任务实施

任务准备
（1）防护装备：常规实训工作服、车内外三件套、隔离警示围栏。
（2）工具设备：汽车整车或实训台架、计算机或网络终端。
（3）辅助资料：卡片、记号笔、翻纸板、参考书。

实施步骤
（1）观察汽车线束，查找汽车电器系统线束和车载网络线束。
（2）根据观察和查找的信息，填写任务报告。

任务报告

任务 2　汽车电器系统的特点			
班级		姓名	
组别		组长	
1. 车辆信息采集（5分）		得分：	
整车型号			
车辆识别代码			
发动机型号			
2. 前期准备（15分）		得分：	
（1）	环车检查车身状况。□		
（2）	正确组装三件套（转向盘套、座套、换挡手柄套），翼子板布和前格栅布。□		
（3）	清理工位卫生。□		

（续表）

3. 信息收集（10分）	得分：
（1）汽车整车电路的特点是_____、_____和_____。 （2）车载网络系统的"_____"和"_____"功能用于减少在关闭点火开关时蓄电池的额外能量消耗。 （3）有线局域网常用的传输媒体包括_____、_____和_____。 （4）根据系统的复杂程度、通信速率、必要的动作响应速度、工作可靠性等因素，美国汽车工程师学会将汽车数据传输网划分为_____、_____、_____、_____和_____五大类。	

4. 制订计划（10分）	得分：

请根据工作任务制订工作计划及任务分工。

序号	工作内容	工作要点	负责人

5. 计划实施（50分）	得分：

任务	作业记录内容	配分
车辆线路	（1）蓄电池负极与车身的打铁点。□ （2）车辆电器部件正极线的颜色为_____，负极线的颜色为_____。	15
车载网络	（1）用于发动机控制的总线。□ 总线采用的是单线□　双绞线□　同轴电缆□　光纤□ （2）用于汽车电器系统控制的总线。□ 总线采用的是单线□　双绞线□　同轴电缆□　光纤□ （3）用于传感器/执行器控制的总线。□ 总线采用的是单线□　双绞线□　同轴电缆□　光纤□	35

6. 检查评价（10分）	得分：
请根据个人在完成任务过程中的表现及工作结果进行自我评价和小组评价。 自我评价：_____。 小组评价：_____。	

任务总成绩：

任务3　汽车电器系统常用检测工具

课程思政落脚点：专业能力、求真务实、科学素养

导引事例：在车辆故障检测过程中，操作者在上电测试电压的时候，由于误将万用表置于电流挡位，导致在测量的瞬间万用表烧毁。这一错误操作引起了表笔间的弧光短路，进而触发单位低压总闸跳闸，造成全车间断电。弧光短路造成操作者的双手烧伤，幸而弧光打眼并不会对操作者造成生命危险。操作者烧伤的双手可在几个月后恢复，眼睛也可以在几天后恢复。该故障的主要原因是在测试电压时，万用表处于电流挡位，万用表烧毁的声音惊吓到操作者，进而引发表笔间的短路。

任务资讯

3.1 跨接线

跨接线（如图1-4所示）是一根测试导线，不同形式的跨接线的主要区别在于其长度和两端接头的不同。跨接线两端的接头一般是不同形式的插头和鳄鱼夹，以适应对不同位置的跨接。使用跨接线，即用已知良好的导线来代替那些怀疑有故障的电路部分。这样可以使电流"绕过"那些被怀疑已开路或断路的电路部分，从而使电路形成回路。因此，跨接线的作用相当于导通性测试。

图1-4　跨接线

注意事项：

◆ 用跨接线将蓄电池的正极跨接到被检元件的电源端子上时，必须明确了解被检元件的规定电压值。否则，若将12 V电源直接施加在被检元件上，可能导致电控元件损坏。

◆ 跨接线仅用于旁通电路的非电阻性部件，如开关、插接器和导线等；禁止在任何负载两端使用跨接线，因为这样会导致蓄电池直接短路，并熔断熔丝或烧损相关电器元件。

3.2 试灯

图1-5　试灯

试灯（如图1-5所示）包括一只12 V灯泡和两条引线，主要用于测试电控元件电路是否有电压。在使用时，先将一条引线接地，然后用另一条引线沿电路接触不同的点，以检测这些接触点是否有电压。如果灯泡亮起，则表明该测试点有电压。

注意事项：

◆ 禁止在带有固态部件的电路上使用低阻抗试灯，否则会损坏这些部件。

◆ 在用试灯进行电路检测时，一定要确保试灯的功率和被

测电路中用电设备的功率相匹配。如果使用的试灯功率大于被测电路中用电设备的功率，则有可能损伤被测电路及其相关电器元件；如果使用的试灯功率远小于被测电路中用电设备的功率，则有可能使检测结果不真实。

3.3 数字式万用表

万用表主要用来测量电阻、电压、电流等参数，以此判断电路的通断和电器元件的技术状况。万用表可分为模拟式（指针式）万用表和数字式万用表两种。由于发动机控制系统中的大多数电路都具有高阻抗、低电压、低电流的特征，因此在实际的故障诊断与检修过程中，除维修手册有特别规定外，必须使用数字式万用表进行测试。

数字式万用表采用数字化测量技术和液晶显示器，具有测量精度高、测量范围广、输入阻抗高、抗干扰能力强、容易读数等优点，在汽车故障诊断与检修中应用广泛。

数字式万用表的使用方法如下。

1. 操作准备

（1）使用前应认真阅读有关的使用说明书，熟悉电源开关、转换开关、插孔、特殊插孔的作用。

数字式万用表的操作

（2）开机。打开数字式万用表的电源开关（将电源开关置于"ON"位置）。将转换开关置于"Ω"（欧姆）挡，对数字式万用表进行使用前的检查：将两只表笔短接，显示屏应显示"0.00"；将两只表笔开路，显示屏应显示"1"。以上两个显示都正常时，表明该数字式万用表可以正常使用，否则将不能使用。如果转换开关置于其他挡，当两只表笔开路时，显示屏将显示"0.00"。

（3）量程的选择。测量前，先预估被测量值的大小范围，尽可能选用接近满度的量程，这样可以提高测量精度。如在测量 1 kΩ 电阻时，宜用 2 kΩ 挡而不宜用 20 kΩ 挡或更高挡。如果预先不能估计被测量值的范围，可以从最高量程挡开始测量，逐渐减小到恰当的量程挡。当测量结果只显示"1"时，表明被测量值超出所在挡的测量范围，说明量程选得太小（如在测量 1 kΩ 电阻时，选择 200 Ω 挡），应将量程调高一挡。

（4）正确读数。在刚开始测量时，数字式万用表显示屏的数值会有跳动变化的现象，这属于正常现象（类似于指针式万用表的表针在摆动）。应等待显示数值稳定后再进行读数。切勿以最初跳动变化中的某一数值作为测量值读取。

2. 用数字式万用表测量电阻的方法

（1）将黑表笔插入"COM"插孔，红表笔插入"VΩ"插孔（红表笔极性为"+"）。

用数字式万用表测量电阻

（2）将转换开关旋至"Ω"挡，估计被测量值的大小，选择合适的量程。

（3）将数字式万用表与被测电阻并联，测量电阻值并读数。

注意事项：

◆ 所测得的电阻值无须乘以倍率，直接按所选量程及单位读数。

◆ 如果被测电阻值超出所选择量程的最大值，显示屏将显示"1"，此时应选择更高的量程。对于大于 1 MΩ 或阻值更高的电阻，要经过几秒钟的等待，数字稳定后才能读数。

◆ 当表笔没有连接好时，如开路的情况下，显示屏将显示"1"。

◆ 被测电阻不能带电，如电路中有电容器，应先将电容器完全放电后，再进行测量。

◆ 在实车上测量电阻时要注意去除其他并联设备，否则测出的是电路中总电阻的阻值。

◆ 不可以用两只手捏住表笔的金属部分来测量电阻，否则会将人体电阻并联在被测电阻上，引起测量误差。

3. 用数字式万用表测量直流电压的方法

（1）将黑表笔插入"COM"插孔，红表笔插入"VΩ"插孔。

（2）将转换开关旋至"V"或"DCV"挡，估计被测量值的大小，选择合适的量程。

用数字式万用表测量电压

（3）将数字式万用表与被测电路并联，根据显示屏显示的情况读数。显示屏除显示被测电路的电压外，同时会指示出红表笔的极性。如显示"-10.00"，则表明此次测量电压值为10 V，负号表示红表笔被接在被测电路的低电位端。

注意事项：

◆ 如果不能预估被测电压的范围，应先将转换开关置于最大量程处，并逐渐下调。

◆ 如果显示器只显示"1"，说明被测量值已超过量程，需将量程调高一挡，调挡时应切断输入电路。

◆ "△"表示不要测量高于1000 V的电压，虽然有可能读到数据，但可能损坏数字式万用表的内部线路。

◆ 当测量高电压时，要格外小心，保持一定的间距，注意避免触电。

4. 用数字式万用表测量交流电压的方法

（1）将黑表笔插入"COM"插孔，红表笔插入"VΩ"插孔。

（2）将转换开关旋至"V～"或"ACV"挡，估计被测量值的大小，选择合适的量程。

（3）将数字式万用表与被测电路并联，表笔不区分极性，根据显示屏显示的情况读数。

注意事项：

◆ 如果不能预估被测电压的范围，应先将转换开关置于最大量程处，并逐渐下调。

◆ 如果显示器只显示"1"，说明被测量值已超过量程，需将量程调高一挡。严禁在测量过程中拨动转换开关选择量程，避免产生电弧，烧坏转换开关的触点。

◆ 当测量高电压时，要格外小心，保持一定的间距，注意避免触电。

5. 用数字式万用表测量直流电流的方法

（1）将黑表笔插入"COM"插孔。当被测电流在200 mA以下时，将红表笔插入"mA"插孔；当被测电流在0.2～20 A时，将红表笔插入"20 A"插孔。

用数字式万用表测量电流

（2）将转换开关旋至"A～"或"DCA"挡，估计被测量值的大小，选择合适的量程。

(3) 将数字式万用表与被测电路串联,根据显示屏显示的情况读数。显示屏除显示被测电路的电流外,同时会指示出红表笔的极性。如显示"18.88",则表明此次测量电流值为 18.88 A,红表笔被接在被测电路的高电位端。

注意事项:
◆ 如果不能预估被测电流的范围,应先将转换开关置于最大量程处,并逐渐下调。
◆ 如果显示器只显示"1",说明被测量值已超过量程,需将量程调高一挡。严禁在测量过程中拨动转换开关选择量程。
◆ "△"表示最大输入电流为 200 mA,过量的电流将烧坏熔断器。
◆ 测量完成后,将红表笔插入"VΩ"插孔,或将两只表笔一同拔出。将转换开关旋至交流电压的最高挡。

任务实施

☞ 任务准备
(1) 防护装备:常规实训工作服、车内外三件套、隔离警示围栏。
(2) 工具设备:数字式万用表、汽车整车或实训台架、计算机或网络终端。
(3) 辅助资料:卡片、记号笔、翻纸板、参考书。

☞ 实施步骤
(1) 用数字式万用表测量电阻。
(2) 用数字式万用表测量电压。
(3) 用数字式万用表测量电流。
(4) 根据测量数据,填写任务报告。

任务报告

任务3 汽车电器系统常用检测工具				
班级			姓名	
组别			组长	
1. 车辆信息采集(5分)			得分:	
	整车型号			
	车辆识别代码			
	发动机型号			
2. 前期准备(15分)			得分:	
(1)	环车检查车身状况。□			
(2)	正确组装三件套(转向盘套、座套、换挡手柄套),翼子板布和前格栅布。□			
(3)	清理工位卫生。□			

(续表)

3. 信息收集（10分）	得分：

(1) 汽车电器系统常用检测工具有_____、_____、_____等。
(2) 万用表主要用来测量_____、_____、_____等参数。
(3) 在测量电阻时，将数字式万用表与被测物____联，同时要____电，去除其他并联设备。
(4) 在测量电压时，将数字式万用表与被测物____联，同时要____电。
(5) 在测量电流时，将数字式万用表与被测物____联，同时要____电。

4. 制订计划（10分）	得分：

请根据工作任务制订工作计划及任务分工。

序号	工作内容	工作要点	负责人

5. 计划实施（50分）	得分：

任务	作业记录内容	配分
测量电阻	(1) 选择测量部件：_____。 (2) 选择电阻量程：_____。 (3) 测量的数据：_____。	15
测量电压	(1) 选择测量部件：_____。 (2) 选择电压挡位：_____。 (3) 选择电压量程：_____。 (4) 测量的数据：_____。	15
测量电流	(1) 选择测量部件：_____。 (2) 选择电流挡位：_____。 (3) 选择电流量程：_____。 (4) 测量的数据：_____。	20

6. 检查评价（10分）	得分：

请根据个人在完成任务过程中的表现及工作结果进行自我评价和小组评价。
自我评价：_____。
小组评价：_____。

任务总成绩：

项目2
汽车蓄电池的维护与更换

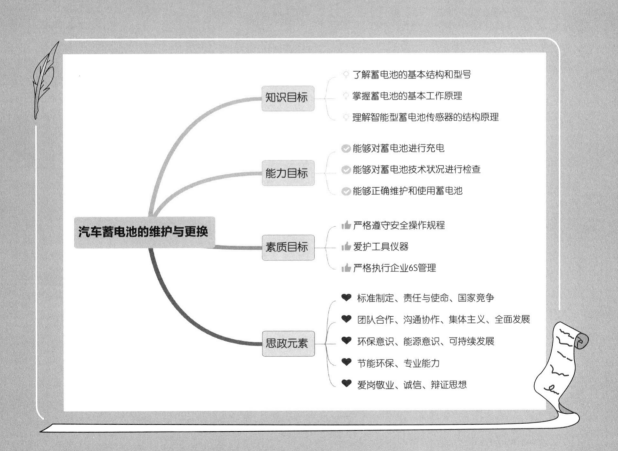

任务4　汽车蓄电池的基础知识

汽车蓄电池的
基础知识

课程思政落脚点：标准制定、责任与使命、国家竞争

导引事例：国际上与铅酸蓄电池相关的现行标准共有35项，其中包括国际电工委员会（IEC）、德国标准协会（DIN）等标准化机构制定的标准。此外，日本、俄罗斯等国家也制定了若干相关标准。与国外先进标准相比，我国的铅酸蓄电池标准在安全性上与国际标准水平相当，但在容量特性和可靠性上与国际标准仍有一定差距。

标准是企业产品生产的重要依据，是保证产品质量、提高产品市场竞争力的前提条件。行业和产品标准是产品质量的技术保障，同时也是生产技术和经济能力的综合反映。目前，标准已成为各国竞争的焦点，谁掌握了标准制定权，将技术转化为标准，谁就掌握了市场的主动权。

任务资讯

4.1 蓄电池的作用

（1）当发动机启动时，蓄电池向起动机和点火系统供电。

（2）当发电机电压低于蓄电池电压时，蓄电池向用电设备供电，并向交流发电机磁场绕组供电。

（3）当用电设备同时接入较多导致发电机超载时，蓄电池协助发电机共同向用电设备供电。

（4）当蓄电池的储存电能不足，而发电机的负载又较小时，可以将发电机剩余的电能转化为化学能储存起来，即进行蓄电池的充电过程。

（5）蓄电池相当于一个较大的电容器，能够吸收电路中出现的瞬时过电压，稳定电网电压，保护电子元件不被损坏。

（6）对于电子控制系统来说，蓄电池作为不间断闪存电源，为电子控制装置供电。

4.2 蓄电池的结构

蓄电池一般由6个（或3个）单格电池串联而成。每个单格电池的电压为2 V左右，6个单格电池串联后对外输出的标称电压为12 V左右。

蓄电池主要由极板、隔板、电解液和容器四部分组成。蓄电池的构造如图2-1所示。

（1）极板。

极板是蓄电池的核心部件，由栅架与活性物质组成。栅架由铅锑合金或铅钙锡合金浇铸或液体压铸而成，蓄电池栅架的结构如图2-2所示。在栅架中加入锑的目的是改善浇铸性能，并提高机械强度。现在有的蓄电池采用辐射状栅架，与常规蓄电池的非辐射状栅架相比，其电阻较低，可以更快地提供更大的电流。

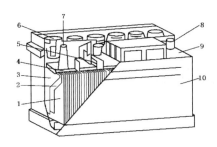

1—正极板；2—隔板；3—负极板；4—汇流条；5—穿壁连接条；
6—加液口；7—负极柱；8—正极柱；9—电池盖；10—壳体

图 2-1 蓄电池的构造

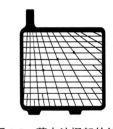

图 2-2 蓄电池栅架的结构

活性物质是指极板上参与化学反应的工作物质，主要由铅粉与一定密度的稀硫酸混合而成。

蓄电池的极板分为正极板和负极板。为了增大蓄电池的容量，将正极板焊接在一起形成正极板组，将负极板焊接在一起形成负极板组。图 2-3 展示了蓄电池极板组的结构。正负极板组被交叉组装在一起，并用隔板隔开。由于正极板更易损坏，所以正极板通常比负极板厚，负极板的厚度一般为正极板的 70%~80%。负极板的数量比正极板多一片，这样每片正极板均处于两片负极板之间，可以使正极板两侧放电均匀，防止极板的拱曲和活性物质的脱落。

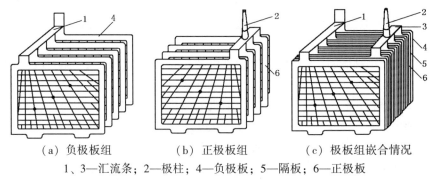

(a) 负极板组　　(b) 正极板组　　(c) 极板组嵌合情况
1、3—汇流条；2—极柱；4—负极板；5—隔板；6—正极板

图 2-3 蓄电池极板组的结构

（2）隔板。

为了减小蓄电池的内阻和尺寸，蓄电池内部的正负极板应尽可能地靠近。隔板的作用是将正负极板隔离，防止它们之间发生短路。隔板应具有多孔性，以便电解液渗透，还应具有良好的耐酸性和抗氧化性。目前，应用较为广泛的隔板材料是微孔塑料和微孔橡胶。

微孔塑料与微孔橡胶隔板如图 2-4（a）所示。在安装时，带槽的一面应面向正极板，以保证电化学反应中极板对硫酸的需求。一些蓄电池还在正极板和隔板之间使用玻璃纤维，以减少栅板上活性物质的损失。免维护蓄电池普遍采用聚氯乙烯袋式隔板，以避免活性物质脱落，防止极板之间发生短路。袋式隔板如图 2-4（b）所示。

(3) 电解液。

电解液由36%的蓄电池专用硫酸和64%的蒸馏水按照一定比例配制而成,其密度一般为 $1.24 \sim 1.30 \text{ g/cm}^3$。当电解液的密度较大时,可减少结冰的风险,并提高蓄电池的容量;当电解液的密度过大时,会导致黏度增加,流动变差,不仅会降低蓄电池的容量,还会由于腐蚀作用的增强而缩短极板和隔板的使用寿命。因此,电解液的密度对蓄电池的性能和寿命是有影响的。应按地区、气候条件和制造厂的要求来选择电解液的密度。

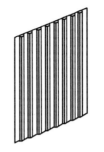
(a) 微孔塑料与微孔橡胶隔板

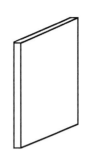
(b) 袋式隔板

图 2-4 蓄电池隔板的结构

(4) 容器。

容器(即壳体)是用来盛装电解液和极板组的。蓄电池外壳的结构如图2-5所示。它应耐酸、耐热、耐振动冲击。目前,这种容器多用聚丙烯塑料制成,不仅外观美观、重量轻,更主要的是易于热封合、生产效率高、便于表面清洁、减少自行放电。

在容器外部设有蓄电池正负极柱的安装平台,并保证容器的密封。在每个单格的顶部都设有加液口,以便添加电解液、补充蒸馏水和检测电解液的密度。蓄电池加液口的结构如图2-6所示。

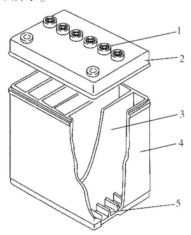

1—加液口;2—电池盖;3—隔板;4—壳体;5—肋条

图 2-5 蓄电池外壳的结构

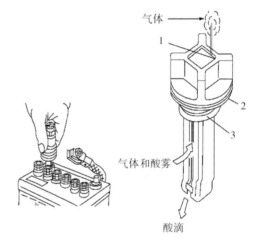

1—通气孔;2—密封垫;3—螺纹

图 2-6 蓄电池加液口的结构

4.3 蓄电池的工作原理

蓄电池的充放电过程是由蓄电池内部正负极板上的活性物质与电解液之间的电化学反应来完成的。根据双硫化理论,蓄电池的充放电过程是一个可逆的电化学反应过程,其方程式是:

$$\underset{\text{正极板}}{PbO_2} + \underset{\text{电解液}}{2H_2SO_4} + \underset{\text{负极板}}{Pb} \rightleftharpoons \underset{\text{正极板}}{PbSO_4} + \underset{\text{水}}{2H_2O} + \underset{\text{负极板}}{PbSO_4} \quad (2\text{-}1)$$

由式（2-1）可知，在接通用电设备时，蓄电池作为电源向外供电。在放电过程中，正极板上的活性物质由深褐色的二氧化铅（PbO_2）转变为白色的硫酸铅（$PbSO_4$），负极板上的活性物质由蓝灰色的金属铅 Pb 转变为 $PbSO_4$，将其内部的化学能转化为电能，电解液中的硫酸（H_2SO_4）转变为水（H_2O）。充电过程中的物质变化与放电过程相反。在正常使用条件下，国产蓄电池的充放电循环寿命为 250～500 次。实际上，极板上的活性物质仅有20%～30%参加反应，大部分活性物质由于充放电条件的限制未能进行电化学反应。因此，为提高活性物质的利用率，可采用薄极板蓄电池。

在蓄电池充放电过程中，由于电解液中的部分水变为硫酸或硫酸变为水，所以电解液的密度将上升或下降。因此，可以通过测量电解液密度来判断蓄电池的充放电程度。

4.4 蓄电池的型号、规格

蓄电池的生产厂商通常把标签贴在壳体的顶部或侧面，同时在壳体上注明蓄电池的生产日期及接线柱的极性。根据工业和信息化部《铅酸蓄电池名称、型号编制与命名办法》（JB/T 2599—2012）标准，蓄电池型号由三部分组成。

——第一部分为串联的单体蓄电池数；
——第二部分为蓄电池用途、结构特征代号；
——第三部分为该标准规定的额定容量。

图 2-7 所示为 6 个单体串联的额定容量为 100（A·h）的干式荷电启动型蓄电池的型号命名。

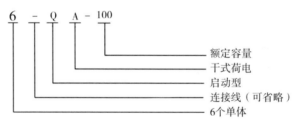

图 2-7 6 个单体串联的额定容量为 100（A·h）的干式荷电启动型蓄电池的型号命名

📝 任务实施

☞ 任务准备

（1）防护装备：常规实训工作服、车内外三件套、隔离警示围栏。
（2）工具设备：蓄电池、计算机或网络终端。
（3）辅助资料：卡片、记号笔、翻纸板、参考书。

☞ 实施步骤

（1）观察各类型的蓄电池，能分辨不同类型的蓄电池。
（2）观察不同型号的蓄电池，能向客户解释蓄电池型号的含义。
（3）根据观察和查询的信息，填写任务报告。

项目 2　汽车蓄电池的维护与更换

📖 任务报告

任务 4　汽车蓄电池的基础知识				
班级			姓名	
组别			组长	

1. 前期准备（10 分）	得分：
（1）　蓄电池的清洁和外观检查。□	
（2）　清理工位卫生。□	

2. 信息收集（20 分）	得分：
（1）蓄电池一般由____个单格电池串联而成，每个单格电池的电压为____。 （2）蓄电池主要由_____、_____、_____和_____四部分组成。 （3）蓄电池的极板分为____极板和____极板。 （4）电解液由 36% 的蓄电池专用_____和 64% 的_____按照一定比例配制而成。 （5）6-Q-120 型蓄电池的含义是：_____。	

3. 制订计划（10 分）		得分：	
请根据工作任务制订工作计划及任务分工。			
序号	工作内容	工作要点	负责人

4. 计划实施（50 分）		得分：	
任务	作业记录内容		配分
蓄电池的类型	（1）可维护蓄电池。□ 外部特征描述：_____。 （2）免维护蓄电池。□ 外部特征描述：_____。 （3）吸附式玻璃纤维蓄电池。□ 外部特征描述：_____。		10
蓄电池的结构	（1）在蓄电池上分辨出正负极柱。其标注方式是：_____。 （2）蓄电池上是否有电解液的加注口？　是□　否□ （3）在蓄电池上是否有排气口？　是□　否□		

(续表)

任务	作业记录内容	配分
	（4）在蓄电池分解件（如图2-8所示）上找出正负极板和隔板。 图 2-8　蓄电池分解件	20
蓄电池的型号	（1）蓄电池的型号：_____。 该型号的含义：_____。 （2）蓄电池的生产日期：_____。 （3）蓄电池能提供的最大电流：_____。	20

5. 检查评价（10分）	得分：
请根据个人在完成任务过程中的表现及工作结果进行自我评价和小组评价。 自我评价：_____。 小组评价：_____。	
任务总成绩：	

任务5　智能型蓄电池管理系统

课程思政落脚点：团队合作、沟通协作、集体主义、全面发展

导引事例：在课程的学习过程中，同学们要注意团队协作完成任务。在协作过程中，团队成员之间要相互信任，针对不同意见进行直接的讨论，积极投入到理论知识的学习和工作任务的实施中去，对任务实施中的不安全行为要及时相互提醒并报告老师。例如，春秋战国时期廉颇和蔺相如的故事就是很好的团队合作的案例。

任务资讯

5.1 安全型蓄电池接线柱

当蓄电池安装在车辆后备箱时，一些配备汽油发动机的车辆上的安全气囊控制单元会监控通往发动机室的蓄电池导线是否出现短路。对于蓄电池导线直接铺设在车辆底板且紧邻燃油管路的车辆，需要进行监控。如果出现短路，蓄电池导线将通过安全型蓄电池接线柱（SBK）断开。安全型蓄电池的结构如图2-9所示。

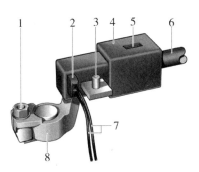

1—紧固螺钉；2—插接连接件；3—接线柱 B+；4—保护外壳；
5—卡爪；6—蓄电池导线；7—控制导线；8—蓄电池接线柱

图 2-9　安全型蓄电池的结构

如果安全气囊控制单元识别到足够冲击力的碰撞（前部、侧面或后部），则会针对不同的阈值触发 SBK。然后，根据车型系列和车辆装备，蓄电池和起动机以及发电机之间的连接将以燃爆方式断开。同时，发电机和电动燃油泵将根据碰撞信息关闭，高压车载网络也将关闭。

尽管 SBK 以燃爆方式断开，但仍可以继续为所有与安全相关的用电器供电，例如闪烁报警灯、车内灯和电话等。SBK 位于蓄电池正极旁。

SBK 通过一个二芯插头与安全气囊控制单元连接，其初始状态如图 2-10（a）所示；当车辆发生碰撞时，引爆装置触发燃爆式推动力，将导线与蓄电池正极断开，直到导线的凸缘被推到卡爪外，其断开过程和断开状态如图 2-10（b）和图 2-10（c）所示；燃爆断开结束后，由于卡爪和导线的凸缘的共同作用，导线与蓄电池正极将彻底断开，其锁止状态如图 2-10（d）所示。

（a）初始状态　　　（b）断开过程　　　（c）断开状态　　　（d）锁止状态

图 2-10　SBK 的工作过程

5.2 智能型蓄电池传感器

智能型蓄电池传感器（IBS）是一个用于监控蓄电池状态的机械电子部件。IBS 的安装位置如图 2-11 所示，将其安装在蓄电池负极，能够记录蓄电池的电流、电压、电极温度等物理参数。

IBS 的作用包括：持续测量车辆在各种行驶状态下蓄电池的充电/放电电流、端电压和温度；计算蓄电池的指示参数，作为判定蓄电池充电状态和健康状态的基础；平衡蓄电池充电/放电电流；当蓄电池充

1—蓄电池负极接线柱；2—IBS；
3—二芯插头；4—接地导线

图 2-11　IBS 的安装位置

电处于临界状态时，采取相应措施监测蓄电池充电，并使车辆处于工作状态；计算启动电流特性曲线，确定蓄电池的健康状态；对车辆休眠电流进行监控；向上级控制单元传输数据；故障自诊断；全自动更新规则系统和自诊断系统；睡眠模式下的自提醒和自诊断。

微控制器是 IBS 电子模块的组成部分，将一个测量电阻（用于电流测量的电阻）、一个温度传感器和一个线路板上的电子分析装置安装在 IBS 电子模块中，用微控制器对有时间要求的测量参数进行计算和评估，并将相关结果通过 LIN 总线传输给发动机控制单元（DME）。IBS 的工作原理如图 2-12 所示。

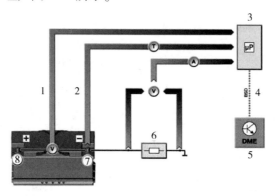

1—蓄电池电压测量；2—蓄电池温度测量；3—IBS 内的微控制器；
4—串行数据接口；5—DME；6—电流测量（分流器上的电压降）；
7—蓄电池负极接线柱；8—蓄电池正极接线柱

图 2-12　IBS 的工作原理

IBS 动力管理系统的功能如下。

（1）IBS 微控制器中的程序会持续测量车辆在各种运行状态下的蓄电池电流、电压和温度。当车辆处于驻车运行模式时，程序会每隔 4 s 查询一次测量值，以便节省能量。

（2）系统通过匹配发电机的充电电压与蓄电池的需要，实现充电电压可调功能。充电电压根据蓄电池温度和用电器电流这两个参数进行调整。IBS 在检测到蓄电池温度和用电器电流数据后，会通过数据线发送到 DME。系统由此计算出所需的充电电压额定值，该值将决定发电机发出的充电电压的大小。这一充电电压通过与其相关的蓄电池充电电流影响蓄电池的充电过程，并最终影响车辆的用电器电流。IBS 还会根据温度变化改变蓄电池的充电电压，以避免在充电过程中蓄电池温度过高。

（3）提高怠速以增大发电机的输出功率。当发电机已满负荷且蓄电池充电过低时，可以由 DME 将发动机怠速提到最高 750 r/min。

（4）如果在提升怠速转速后，蓄电池的充电状态仍未得到改善，则可以减小车载电源的峰值负荷。可以通过下列措施实现峰值负荷的减小：借助脉冲宽度调制使负荷间歇工作，即按规定的时间间隔接通和关闭用电器；或者将用电器负荷减小到一个规定的百分数。在极端情况下，如果通过间歇工作和减小用电负荷仍达不到减小功率的目的，将关闭某些用电器。

（5）确定启动能力极限。动力管理系统将为蓄电池分别计算出上下启动能力极限。启动能力下限相当于蓄电池可令车辆启动的最小充电状态。为了防止蓄电池放电至启动能力下限，系统会保留一定的电量储备。因此，还需要计算出启动能力上限。在停车时用电器激活的情况下，该数值将作为极限值，来请求停用总线端 KL.30B。启动能力极限通过对以下测量值的分析来进行计算。

①发动机关闭时的平均环境温度。
②前一次行车时的环境温度。
③蓄电池当前的充电状态。
④前一次发动机启动时的电压扰动（用以判断蓄电池的老化趋势）。

启动能力范围与环境温度有关：环境温度越低，发动机启动所需的能量就越高。所以，启动能力极限在环境温度低时更高。具体情况如下。

①在 15 ℃时，启动能力极限约等于蓄电池 30%的充电状态。
②在-15 ℃时，启动能力极限约等于蓄电池 50%的充电状态。

（6）当蓄电池达到发动机启动能力的极限时，系统会通过向车载网络发布信息来关闭停车时用电器。这些用电器可以按不同的标准断开，并被划分为以下类别。

①舒适性用电器，如后窗加热装置、座椅加热装置和转向盘加热装置。舒适性用电器在发动机关闭后自动断开，且已断开的舒适性用电器只有在发动机重新启动后才能被再次激活。

②停车时不会断开的用电器，如停车灯、闪烁报警灯。只要条件允许，原厂规定的停车时用电器在发动机关闭后必须仍保持就绪状态，即使在达到蓄电池的启动能力极限时，这些用电器也不会断开。

③停车时自动关闭的用电器，如停车预热和通风装置以及通信组件。这些用电器在发动机关闭后也可以接通，但在达到蓄电池的启动能力极限时，这些用电器将自动关闭。关闭操作由 DME 通过总线发出请求。

（7）在车辆处于静止状态时，系统会周期性地查询测量值（如空载电压测量），以便识别能量损耗。这些测量值将被输入至 IBS 内的存储器中，并在发动机重新启动后传输到 DME。为得到蓄电池充电状态的历史信息，最近 5 天的蓄电池充电状态值将被存储在 DME 内。

提示：

在车辆休眠后，由 IBS 测得的蓄电池电压会缓慢接近实际空载电压。因此，测量值的精度会随着休眠阶段的持续而提高。测量出的充电状态在经过至少 3 h 的休眠阶段后是可靠的。如果休眠阶段不够长或存在休眠电流故障，则不能正确确定蓄电池充电状态，即充电状态不可信。

（8）确定蓄电池状态。蓄电池状态无法仅根据蓄电池充电状态来确定。所有蓄电池都会由于正常老化过程而承受自然磨损。蓄电池内的化学过程（包括蓄电池充电和放电的循环）会在蓄电池内部形成沉积物。需要采取措施来阻止沉积物的形成，以使蓄电池维持满电量。

任务实施

☞ 任务准备

（1）防护装备：常规实训工作服、车内外三件套、隔离警示围栏。

(2) 工具设备：蓄电池、汽车整车、计算机或网络终端。

(3) 辅助资料：卡片、记号笔、翻纸板、参考书。

☞ **实施步骤**

(1) 分辨汽车上的蓄电池是否安装了 SBK 和 IBS。

(2) 分别解释 SBK 和 IBS 的作用。

(3) 根据观察和查询的信息，填写任务报告。

📖 任务报告

任务 5　智能型蓄电池管理系统			
班级		姓名	
组别		组长	
1. 车辆信息采集（5 分）			得分：
整车型号			
车辆识别代码			
发动机型号			
2. 前期准备（15 分）			得分：
(1)	环车检查车身状况。☐		
(2)	正确组装三件套（转向盘套、座套、换挡手柄套），翼子板布和前格栅布。☐		
(3)	清理工位卫生。☐		
3. 信息收集（10 分）			得分：
(1) SBK 位于蓄电池＿＿极旁。 (2) SBK 以＿＿＿＿方式断开与蓄电池正极的连接。 (3) IBS 位于蓄电池＿＿极。 (4) IBS 能够记录蓄电池的＿＿、＿＿、＿＿等物理参数。 (5) IBS 通过 LIN 总线将数据传输给＿＿＿＿控制单元。			
4. 制订计划（10 分）			得分：
请根据工作任务制订工作计划及任务分工。			
序号	工作内容	工作要点	负责人

(续表)

5. 计划实施（50分）		得分：	
任务	作业记录内容		配分
SBK	（1）蓄电池上是否有SBK？是□ 否□ （2）SBK 安装在蓄电池的哪个极上？正极□ 负极□ （3）SBK 的插头上有_____条线，分别是_____、_____。		25
IBS	（1）蓄电池上是否有IBS？是□ 否□ （2）IBS 安装在蓄电池的哪个极上？正极□ 负极□ （3）IBS 的插头上有_____条线，分别是_____、_____。		25

6. 检查评价（10分）	得分：
请根据个人在完成任务过程中的表现及工作结果进行自我评价和小组评价。 自我评价：_____。 小组评价：_____。	
任务总成绩：	

任务6　蓄电池的保养维护

课程思政落脚点：环保意识、能源意识、可持续发展

导引事例：废旧蓄电池中含有汞、铅、镉、镍等重金属及酸、碱等电解质溶液，对人体健康及生态环境有不同程度的危害。这些有害物质通过各种途径进入人体，一旦长期积累，便难以排出，会损害人的神经系统、造血功能和骨骼健康，干扰肾功能和生殖功能，容易使人慢性中毒、瘫痪，甚至致癌。

在控制废旧蓄电池对环境的污染时，主要考虑铅、镉元素和电解质溶液等有害物质。蓄电池在充放电数百次后，极板会逐渐受到污染，导致蓄电池无法再次充电而报废。报废的蓄电池一般含有20%～25%的电解液，经过静置澄清后，含铅的质量浓度高达7～10 g/L。铅及铅化合物会影响人的神经、生殖、心血管等系统，导致智力下降、不育及高血压等问题。很多企业在蓄电池生产过程中添加镉以延长电池寿命，而镉对环境的危害更加严重。国际癌症研究署已将镉归类为第一类人类致癌物，使得废旧蓄电池的污染问题更加严峻。

废旧蓄电池中的酸、碱电解质溶液会影响土壤和水系的pH值，使其酸碱性发生变化，而电解液中的可溶重金属则会给环境带来严重的重金属污染。渗出的汞及其他重金属物质也会污染土壤和地下水，进而进入鱼类、农作物中，破坏人类的生存环境。因此，我们要加强对废旧蓄电池污染的重视力度。

任务资讯

一些车辆上的蓄电池因使用和维护不当，尤其是出现故障后未能及时排除，导致使用寿命缩短，进而增加了运输成本。因此，车用蓄电池的使用、维护与修理应当受到驾驶人

员的重视。

蓄电池的容量、电器性能和使用寿命不仅取决于产品设计、产品结构和制造质量，同时也取决于使用与维护的得当性，还与用户的使用条件有关。

6.1 蓄电池的安全警告

由于蓄电池内部含有酸液，工作时会释放出可燃气体，所以使用蓄电池时要注意安全。一般情况下，蓄电池上都标有安全警告图标。

6.2 蓄电池的正确使用

蓄电池在使用过程中应注意以下事项。

（1）配用硅整流发电机的车辆，蓄电池必须采用负极搭铁，否则会烧坏硅整流发电机的二极管而损坏发电机。

（2）新蓄电池（普通干封蓄电池除外）启用时，应按气温条件选用适当密度的电解液加入蓄电池内，液面高度应为 10～15 mm，最好浸泡 2～3 h 后再装车使用。

（3）蓄电池使用期间，应根据气温的变化及时调整电解液的密度。

（4）定期检查液面高度，若液面高度低于规定值，应及时添加蒸馏水，不得添加电解液和纯硫酸。因为液面下降仅是由于蒸发或电解水损失了电解液中的水，如加电解液将会提高电解液的密度。

（5）定期检查蓄电池的存电程度，及时进行补充充电。蓄电池在使用过程中，处于时而充电、时而放电的状态，如果充电不完全、不及时，将使极板上的部分活性物质得不到充电。经过一定时间，这部分活性物质会发生再结晶，导致极板硫化、容量降低、使用寿命缩短。当蓄电池达到允许放电量的极限值时，应及时对蓄电池进行补充充电。应每月进行补充充电，避免只顾使用而不考虑放电程度，从而克服因蓄电池充电不足而出现的亏电现象，防止极板硫化。

（6）防止蓄电池过充电。蓄电池过充电不但会导致电解液的过量消耗，而且容易造成活性物质脱落。因此，应严格调整发电机配用的电压调节器。例如，当电子调节器的电压不可调整，确认发电机电压失控时，应及时更换。

（7）防止蓄电池长时间大电流放电。启动时，应正确合理地使用起动机，同时应避免盲目连续、长时间使用起动机。

（8）不能大电流或过电压充电。实践证明，当充电电压高出正常范围 10%～15% 时，蓄电池的寿命将缩短 2/3 左右。

（9）避免蓄电池过放电和长期在欠充电状态下工作，应及时进行补充充电。放完电的蓄电池应在 24 h 内充电。

（10）应避免启动型蓄电池长期在小电流或放电状态下工作。

（11）在换用蓄电池时，其容量必须符合原厂规定，不允许装用容量过大或过小的蓄电池。如果容量过大，将导致蓄电池长期处于久充电状态，使蓄电池发生硫化，容量下降；如果容量过小，又将使蓄电池产生过度放电，影响用电设备正常工作，同时缩短其使用寿命。

（12）蓄电池应合理存放。对于停止使用 1～2 个月的蓄电池，应按补充充电工艺进行充电，确保蓄电池充足电，并将电解液的密度和液面高度调至规定值后方可存放。对于需存放 3 个月以上的蓄电池，应在充足电后将液面高度调至规定值，将电解液的密度调至 $1.10\ g/cm^3$，待再次使用时，再调至规定值。对于需存放 6 个月以上的蓄电池，应当采用干储存。上述短期存放的蓄电池应封严加液口螺塞的通气孔，并放置于室内通风良好的暗处。

（13）储存期超过两年的干荷蓄电池，由于极板上有部分活性物质发生氧化，使用前应以补充充电的电流充电 5～10 h 后再装车使用。

（14）蓄电池不使用时，应保存在阴凉、干燥的地方，但不宜直接放在地面上。因为地面与空气的温度差异可能会导致蓄电池顶部（较暖）和底部（较冷）产生电势差，从而造成蓄电池的自放电。

6.3 蓄电池的维护

（1）保持蓄电池外部的清洁。
（2）观察蓄电池的外壳是否有裂纹和电解液泄漏。
（3）检查蓄电池的安装是否牢固，接线柱是否松动，接线是否紧固。
（4）经常清除蓄电池上的灰尘、泥土，清理接线柱和线头上的氧化物，并涂上润滑脂。
（5）检查和调整各单格电池内电解液的液面高度。
（6）根据当时的季节，及时调整电解液的密度。
（7）检查加液口盖及盖上的通气孔。

6.4 蓄电池技术状态的检查

蓄电池技术状态的检查

（1）蓄电池液面高度的检查。

蓄电池中的电解液一般应高出极板 10～15 mm。电解液不足时应加注蒸馏水，一般不允许加注硫酸溶液（已知电解液溅出除外）。

有经验的操作人员仅凭肉眼就可以从加液口看出液面的高度。对于塑料外壳的蓄电池，从外面也可以看出液面高度，只要液面高度达到规定的刻度线即可。图 2-13 所示为蓄电池液面高度的检查，具体测量方法如下。

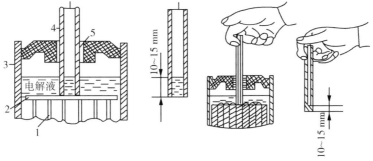

1—极板；2—极板上沿；3—蓄电池外壳；4—玻璃量管；5—加液口

图 2-13 蓄电池液面高度的检查

①取一根孔径为 3~5 mm 的玻璃量管，洗净并擦干。
②清洗蓄电池的顶部。
③打开蓄电池的加液口盖。
④将玻璃量管从加液口插入蓄电池，直至达到极板处。
⑤用大拇指堵住玻璃量管的上口，然后取出玻璃量管。
⑥此时，玻璃量管中液面的高度即为蓄电池的液面高度，观察其是否在规定值范围内。

（2）蓄电池密度的检测。

用吸式密度计测量电解液的密度和温度，如图 2-14 所示。先吸入电解液，使吸式密度计中的浮子浮起，电解液液面所在的刻度即为密度值。图 2-15 所示为吸式密度计的读数方法。

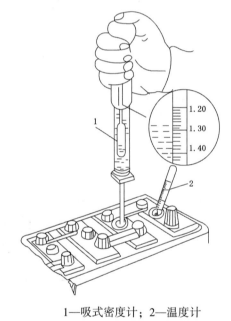

1—吸式密度计；2—温度计

图 2-14　用吸式密度计测量电解液的密度和温度

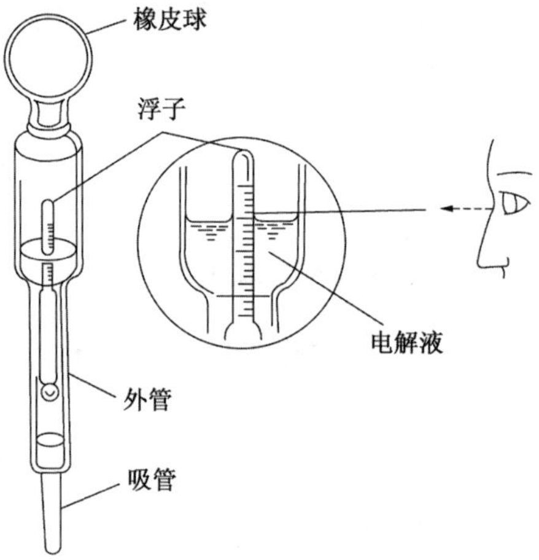

图 2-15　吸式密度计的读数方法

由于电解液的密度会随电解液温度的变化而变化，因此应同时测量电解液的温度，并将实测的电解液密度值换算为 298 K（1 K = -272.15 ℃）时的密度，具体测量方法如下。

①取出吸式密度计，洗净并擦干。
②将吸式密度计和温度计一同插入蓄电池电解液中。
③挤压橡皮球，将电解液吸入吸式密度计中。
④当浮子所指刻度与液面平齐时，即为测出的电解液密度值。
⑤查看温度计指示的电解液温度。
⑥将实际测得的电解液密度换算成 298 K 时的电解液密度。

有些蓄电池的内部安装有电解液密度计（俗称电眼），可自动显示蓄电池的存电状态和电解液的液面高度。图 2-16 所示为电解液密度计的蓄电池状态指示。

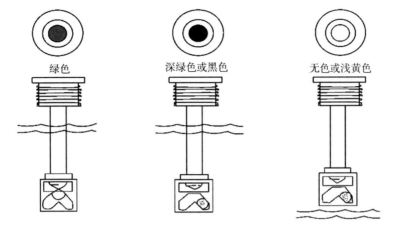

(a) 蓄电池存电充足　　(b) 蓄电池存电不足　　(c) 电解液密度低于极限值
或电解液不足

图 2-16　电解液密度计的蓄电池状态指示

如果电解液密度计的观察窗呈绿色，表明蓄电池存电充足，可以正常使用；若观察窗呈深绿色或黑色，表明蓄电池存电不足，应补充充电；若观察窗呈无色或浅黄色，表明蓄电池的电解液密度低于极限值或电解液不足，应更换或补加蒸馏水。

（3）用高率放电计测量放电电压。

高率放电计（如图 2-17 所示）测量出的电压，是蓄电池接近起动机工作负荷下的电压。这一数值能明显地反映单格电池的放电程度及有无故障。

在使用 12 V 高率放电计测试时，应用力将放电针插入正负极柱，并保持 15 s。若电压保持在 9.6 V 以上，说明蓄电池性能良好，但存电不足；若电压稳定在 10.6～11.6 V，说明蓄电池存电充足；若电压迅速下降，说明蓄电池已损坏。

需要注意的是，此项测量不能连续进行，必须间隔 1 min 后才可以再次检测，以防止蓄电池损坏。

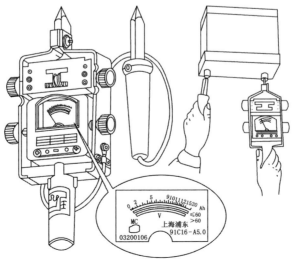

图 2-17　高率放电计

任务实施

任务准备

(1) 防护装备:常规实训工作服、车内外三件套、隔离警示围栏。
(2) 工具设备:高率放电计、吸式密度计、蓄电池、计算机或网络终端。
(3) 辅助资料:卡片、记号笔、翻纸板、参考书。

实施步骤

(1) 使用设备仪器检查蓄电池的状态。
(2) 介绍蓄电池保养维护的相关信息。
(3) 根据检查、测量和查询的信息,填写任务报告。

任务报告

<table>
<tr><td colspan="4">任务6 蓄电池的保养维护</td></tr>
<tr><td>班级</td><td></td><td>姓名</td><td></td></tr>
<tr><td>组别</td><td></td><td>组长</td><td></td></tr>
<tr><td colspan="3">1. 车辆信息采集(5分)</td><td>得分:</td></tr>
<tr><td colspan="2">检测仪型号</td><td colspan="2"></td></tr>
<tr><td colspan="2">蓄电池类型</td><td colspan="2"></td></tr>
<tr><td colspan="2">蓄电池型号</td><td colspan="2"></td></tr>
<tr><td colspan="3">2. 前期准备(15分)</td><td>得分:</td></tr>
<tr><td>(1)</td><td colspan="3">蓄电池检测仪状态检查。□</td></tr>
<tr><td>(2)</td><td colspan="3">蓄电池的清洁和正负极柱的检查。□</td></tr>
<tr><td>(3)</td><td colspan="3">清理工位卫生。□</td></tr>
<tr><td colspan="3">3. 信息收集(10分)</td><td>得分:</td></tr>
<tr><td colspan="4">(1) 蓄电池中的电解液一般应高出极板_____mm。电解液不足时应加注_____。
(2) 如果电解液密度计的观察窗呈____色,表明蓄电池存电充足,可以正常使用;若观察窗呈____色,表明蓄电池存电不足,应补充充电;若观察窗呈____色,表明蓄电池的电解液密度低于极限值或电解液不足,应更换或补加蒸馏水。
(3) _____测量出的电压,是蓄电池接近起动机工作负荷下的电压。
(4) 在使用 12 V 高率放电计测试时,应用力将放电针插入_____极柱,并保持____s。若电压保持在____V 以上,说明蓄电池性能良好,但存电不足;若电压稳定在_____V,说明蓄电池存电充足;若电压迅速下降,说明蓄电池已损坏。需要注意的是,此项测量不能连续进行,必须间隔____min 后才可以再次检测,以防止蓄电池损坏。</td></tr>
</table>

（续表）

4. 制订计划（10 分)		得分：	
请根据工作任务制订工作计划及任务分工。			
序号	工作内容	工作要点	负责人

5. 计划实施（50 分)		得分：	
任务	作业记录内容		配分
蓄电池液面高度的检查	（1）蓄电池上是否有液面刻度线？是 □ 否 □ （2）用仪器检查可维护蓄电池的液面高度。 记录读数：_____。		15
蓄电池密度的检测	（1）用吸式密度计检查可维护蓄电池的电解液密度。 记录读数：_____。 （2）观察内置式电解液密度计的观察窗。 记录颜色：_____。解释颜色含义：_____。		15
蓄电池放电电压的检测	用 12 V 高率放电计测试放电电压。 记录读数：_____。解释数据含义：_____。		20

6. 检查评价（10 分)	得分：
请根据个人在完成任务过程中的表现及工作结果进行自我评价和小组评价。 自我评价：_____。 小组评价：_____。	
任务总成绩：	

任务 7　蓄电池的充电

蓄电池的充电

课程思政落脚点：节能环保、专业能力

导引事例：蓄电池一般都存在浮充情况，这可以简单地理解为即使在蓄电池充满电的情况下，还会对其进行微量的电量补充。但是，很多人并不清楚长期浮充对蓄电池的影响，所以在蓄电池充满电后一直不拔掉电源。其实，这种做法是不推荐的。

（1）影响蓄电池使用寿命。过度充电会加速板栅腐蚀，进而影响蓄电池的使用寿命。充电时间过长，或者常常不充满电就使用蓄电池，都不利于蓄电池的保养。

(2) 浪费电量。充电器的功率通常为 300 W，即使在充好电后的空载损耗功率也在 100 W 左右。如果持续充电十几个小时，用电量相当可观。从资源利用的角度来看，这是一种资源的浪费。

通常情况下，蓄电池充电 8 h 就可以充满，上下浮动时间最好不要超过 2 h。

任务资讯

7.1 定流充电法

在充电过程中，使充电电流保持恒定不变的充电方法为定流充电法，如图 2-18 所示。随着蓄电池电动势的升高，逐渐升高充电电压。当蓄电池单格电压上升至 2.4 V 左右时，开始电解水并产生气泡，此时将充电电流减少至原来的一半并保持恒定，直至蓄电池充满电。应根据蓄电池的容量选择充电电流的大小。充电时间过长或充电电流过大，都可能会降低蓄电池的性能；充电电流过小，会使充电时间过长。

(1) 蓄电池的连接方式。

①同容量蓄电池的连接。

蓄电池单格数＝充电机额定电压/2.7

②不同容量蓄电池的连接。

将容量相同的蓄电池串联，并使各串联组内单格电池的总数相等，然后将它们并联起来，接到充电电源上。

串联 6 V 的电池数＝充电机额定电压×3/2.7

串联 12 V 的电池数＝充电机额定电压×6/2.7

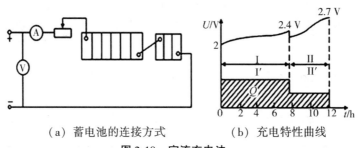

(a) 蓄电池的连接方式　　(b) 充电特性曲线

图 2-18　定流充电法

(2) 充电电流的选择。

①新蓄电池初充电。

第一阶段，将充电电流设定为额定容量的 1/15，充至单格电压达到 2.4 V 左右；第二阶段，将充电电流减小至原来的一半，当充至单格电压达到 2.7 V，并保持 2~3 h 不变时，即表示已充满电。一般新蓄电池初充电需要 45~65 h。

②普通蓄电池补充充电。

第一阶段，将充电电流设定为额定容量的 1/10，充至单格电压达到 2.4 V 左右；第二阶段，将充电电流减小至原来的一半，直至充满。整个充电过程通常需要 13~16 h。

7.2 定压充电法

在充电过程中，使加在蓄电池两端的充电电压保持恒定不变的充电方法为定压充电法，如图2-19所示。随着蓄电池电动势的升高，充电电流逐渐减小，如果充电电压调节得适当，则在蓄电池充满电时，充电电流将为零。因此，这种方法充电安全、充电速度快，而且不需要照管和调整充电电流，适用于补充充电。但是由于充电电流不可调节，不能将蓄电池完全充足，所以这种方法不适用于其他类型的充电。

（1）蓄电池的连接方式。

要求各并联支路的电池总数相等，而电池型号、容量及放电程度可以不同。还可以在某个支路上添加一个变阻器，对不同蓄电池的容量进行调节，达到更好的充电效果。

（2）充电电压的选择。

以单格电压2.5 V为基准，即12 V蓄电池的充电电压为15 V；6 V蓄电池的充电电压为7.5 V。

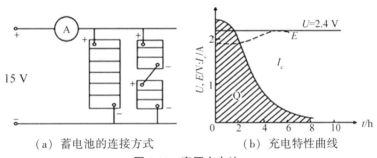

（a）蓄电池的连接方式　　　（b）充电特性曲线

图2-19　定压充电法

7.3 快速充电法

快速充电法是采用专门的快速充电机进行充电的一种充电方法。该充电方法的显著特点是充电速度快，即充电时间大大缩短。一次初充电只需要5 h左右，补充充电只需要1 h。采用这种方法充电，不仅可以使蓄电池的容量增加，还可以明显使极板去硫化。同时，它还具有省电节能、空气污染小的优点。但其缺点是不能将蓄电池完全充满电。此外，由于充电速度快，析出的气体总量虽然减少了，但出气率较高，对极板活性物质的冲刷力较强，容易导致活性物质脱落，从而对蓄电池的寿命产生一定的影响。并且，快速充电机的结构复杂、价格昂贵，适用于电池集中、充电频繁、需要应急的场合。

7.4 蓄电池的充电设备

常用的充电设备有以下两类。

（1）车上的充电设备，主要包括交流发电机与整流器。

（2）专用充电设备，主要包括硅整流充电机、晶闸管整流充电机、脉冲快速充电机、智能充电机等。

目前，使用较多的是GCA系列硅整流充电机。这种充电设备可以将交流电转化为直流电，主要用于各种蓄电池的定流充电和定压充电。它具有操作简单、体积小、维护方便、整流效率高、寿命长等优点。

7.5 充电注意事项

（1）如果遇到下列情况，应立即对蓄电池进行充电。
①电解液密度降至 1.2 g/cm³ 以下。
②车灯明显暗淡。
③起动机无力。
④冬季放电超过额定容量的 25%，夏季超过 50%。
（2）充电过程中，应经常测量电解液的温度，保证其在 45 ℃ 以下，若温度过高，应采取降温措施或停止充电。
（3）充电结束后，若电解液密度不符合规定，应使用蒸馏水或密度为 1.4 g/cm³ 的电解液进行调整，然后再充电 24 h。若此时还不符合要求，应继续调整至符合规定为止。
（4）蓄电池充满电的判断方法。
①单格电压达到 2.7 V，并且在接下来的 2 h 内不再增加。
②电解液密度达到最大值，并且在接下来的 2 h 内保持不变。
③电解液产生大量气泡，呈沸腾状态。
（5）蓄电池在充电时严禁烟火。

任务实施

任务准备

（1）防护装备：常规实训工作服、车内外三件套、隔离警示围栏。
（2）工具设备：充电机、蓄电池、计算机或网络终端。
（3）辅助资料：卡片、记号笔、翻纸板、使用手册。

实施步骤

（1）设置充电机的充电参数。
（2）正确操作充电机给蓄电池充电。
（3）根据检查、测量和查询的信息，填写任务报告。

任务报告

任务 7　蓄电池的充电				
班级			姓名	
组别			组长	
1. 设备信息采集（5 分）			得分：	
充电机型号				
蓄电池类型				
蓄电池型号				

（续表）

2. 前期准备（15分）		得分：
（1）	检查充电机导线的连接。☐	
（2）	检查蓄电池的清洁和正负极柱的连接。☐	
（3）	清理工位卫生。☐	

3. 信息收集（10分）	得分：
（1）蓄电池在充电方法有_____、_____和_____。 （2）专用充电设备主要包括_____、_____、_____、_____等。 （3）遇到哪些情况时，应立即对蓄电池进行充电？_____。 （4）蓄电池在充电时严禁_____。	

4. 制订计划（10分）			得分：
请根据工作任务制订工作计划及任务分工。			
序号	工作内容	工作要点	负责人

5. 计划实施（50分）		得分：	
任务	作业记录内容		配分
充电机的参数设定	（1）充电方式选择为_____。 （2）充电挡位选择为_____。 （3）充电电压设定为_____。 （4）充电电流设定为_____。 （5）充电时间设定为_____。		25
充电机的连接	（1）连接充电线时，应先连接蓄电池_____极，然后连接_____极。 （2）取下充电线时，应先取下蓄电池_____极，然后取下_____极。 这样做的原因是：_____。		10
充电数据	（1）充电过程中，充电器显示电压为_____V，充电电流为_____A。 （2）充电结束后，充电器显示电压为_____V，充电电流为_____A，蓄电池的电压为_____V。		15

(续表)

6. 检查评价（10分）	得分：
请根据个人在完成任务过程中的表现及工作结果进行自我评价和小组评价。 自我评价：_____。 小组评价：_____。	
任务总成绩：	

任务8 蓄电池的更换注册

课程思政落脚点：爱岗敬业、诚信、辩证思想

导引事例：无论是独立的修理厂，还是汽车修理连锁店，近期因为蓄电池故障进店维修的客户数量均有小幅攀升。在为客户更换蓄电池时，很多经验不足的维修技师通常会忽略"注册"这一重要环节，尤其是宝马品牌的汽车，后续引发客户投诉的概率很大。未经注册的蓄电池，可能会造成两个问题：一是发动机节能启停控制功能可能失灵，二是新换的蓄电池可能因未得到合理充电而过早损坏，其使用寿命可能缩短至不到一年。

任务资讯

8.1 拆装电控汽车蓄电池的注意事项

（1）先读取系统的故障代码，然后再拆下蓄电池连接线，以免造成电子控制单元（ECU）信息丢失。

（2）当点火开关接通时，禁止拆卸蓄电池，防止ECU及相关传感器等微电子器件严重损坏。

（3）在进行燃料系统相关作业时，应拆下蓄电池连接线。

（4）若蓄电池断开后再重新装复，可能出现发动机工况不如蓄电池断开前的现象。此时，不要盲目更换零部件，因为这有可能是由于蓄电池断电后，将ECU的"学习记忆"功能也一并消除的缘故。

8.2 蓄电池的更换

1. 拆卸蓄电池

拆卸蓄电池

首先，将蓄电池负极柱上的电缆拆下来。然后，将蓄电池从托架内移出。

2. 清洗蓄电池

拆下蓄电池后，用热的小苏打溶液清洗整个蓄电池壳体上的腐蚀性沉积物，然后用纸巾或旧毛巾将壳体擦干。清洗前要拧紧加液口盖，防止小苏打溶液进入电池内部。同时，用专门的清洗工具和毛刷清洗电缆端的连接头和蓄电池电极极柱。

在将蓄电池装回汽车之前，应清洗蓄电池托架。首先，用腻子刀刮掉托架上的厚腐蚀物，然后用小苏打溶液清洗托架，用水冲洗干净后晾干。待托架完全干燥后，喷涂防腐漆，在漆面干燥后用硅基喷涂液覆盖托架。

3. 安装蓄电池

在安装前，应检查待用蓄电池型号是否与本车型相符，电解液密度和高度是否符合规定。在将蓄电池重新安装到车上时，必须保证将其牢固地安装到托架上，如果蓄电池松动，则可能造成短路或倾倒。在连接电缆时，应先接正极，再接负极，并在蓄电池的电缆接头处喷涂保护涂层或涂抹润滑油来防腐。此外，在电极柱周围和卡子下方安装保护垫也可以起到防腐保护的作用。

安装蓄电池

8.3 蓄电池的注册

对于带有动力管理系统（包括IBS、供电模块）的车辆，新的蓄电池必须通过诊断系统进行注册。因为汽车配线过程需要了解蓄电池的特征数据，例如型号、尺寸、使用时间和瞬时最大电流等。如果这些数值低于规定的最小值，系统就会生成一条提示驾驶员必须更换蓄电池的检查控制信息。

蓄电池的注册

在安装新的蓄电池时，必须将这个蓄电池的信息进行记录，并在汽车配线过程中进行注册。只有通过这种记录注册，才能确保相应的检查控制信息消失，使车辆功能恢复正常。

如果不对新的蓄电池进行记录注册，则可能因电源管理系统中的数据没有更新而导致车载显示器的显示屏出现错误提示（尽管蓄电池是新的，仍有可能出现"为蓄电池充电"的检查控制信息）。此外，所有舒适性功能和安全性功能都是基于已注册且符合规定的带有动力管理系统（包括IBS、供电模块）的蓄电池。如果不进行注册，这些舒适性功能和安全性功能的使用都将受限，例如使用时间等。

任务实施

任务准备

（1）防护装备：常规实训工作服、车内外三件套、隔离警示围栏。
（2）工具设备：诊断设备、汽车整车、计算机或网络终端。
（3）辅助资料：卡片、记号笔、翻纸板、使用手册。

实施步骤

（1）正确拆装蓄电池。
（2）进行蓄电池的注册。
（3）根据实操内容和查询的信息，填写任务报告。

任务报告

任务8　蓄电池的更换注册			
班级		姓名	
组别		组长	

(续表)

1. 车辆信息采集（5分）		得分：
整车型号		
车辆识别代码		
发动机型号		

2. 前期准备（15分）		得分：
（1）	环车检查车身状况。□	
（2）	正确组装三件套（转向盘套、座套、换挡手柄套），翼子板布和前格栅布。□	
（3）	清理工位卫生。□	

3. 信息收集（10分）	得分：

（1）拆卸蓄电池时，应先拆_____极，然后再拆_____极。
（2）安装蓄电池时，应先接_____极，然后再接_____极。
（3）对于带有动力管理系统（包括_____、_____模块）的车辆，新的蓄电池必须通过诊断系统进行注册。
（4）如果不对新的蓄电池进行记录注册，尽管蓄电池是新的，仍有可能出现"_____"的检查控制信息。
（5）如果不对新的蓄电池进行记录注册，_____功能和_____功能的使用都将受限，例如使用时间等。

4. 制订计划（10分）	得分：

请根据工作任务制订工作计划及任务分工。

序号	工作内容	工作要点	负责人

5. 计划实施（50分）		得分：

任务	作业记录内容	配分
蓄电池的更换	（1）拆卸蓄电池。 ①检查蓄电池电缆。清洁 □ 更换 □ ②检查蓄电池极柱。完好 □ 磨损 □ ③检查蓄电池外壳。完好 □ 裂纹 □ ④检查紧固螺栓。完好 □ 更换 □ ⑤清洗蓄电池。温开水 □ 小苏打溶液 □	20

(续表)

任务	作业记录内容	配分
	（2）安装蓄电池。 ①测量蓄电池电压：_____ V。 ②检查蓄电池托架的紧固。□ ③检查蓄电池电缆的紧固。□	
蓄电池的注册	（1）连接诊断设备。□ （2）快速测试，记录故障信息并删除。□ （3）记录客户信息，例如：电台。□ （4）选择诊断系统服务功能，进行蓄电池的注册。□ （5）注册时需要输入的参数：_____。 （6）回复客户信息，例如：电台。□ （7）检查其他方面是否需要初始化，如天窗位置等。如果需要初始化，则要进行初始化操作。□	30

6. 检查评价（10分）	得分：

请根据个人在完成任务过程中的表现及工作结果进行自我评价和小组评价。
自我评价：_____。
小组评价：_____。

任务总成绩：

项目3
汽车充电系统的维护与检修

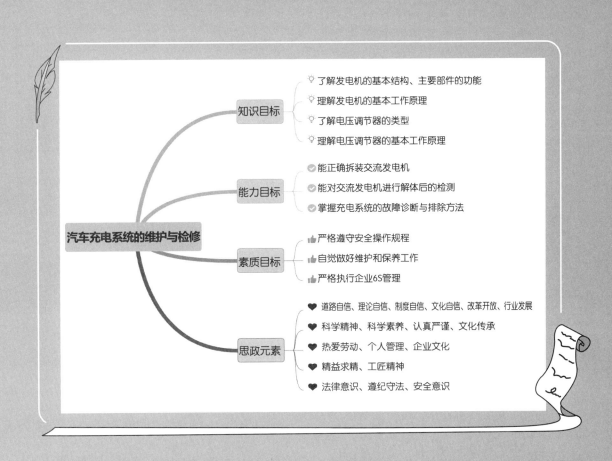

任务 9　交流发电机的结构

课程思政落脚点：道路自信、理论自信、制度自信、文化自信、改革开放、行业发展
导引事例：长沙汽车电器厂是新中国第一个制造车用磁电机的厂家，填补了国产发电机生产的空白。此后，在改革开放的春风下，国内的民族企业在国际竞争中不断壮大、为国争光，创建自己的民族品牌。

任务资讯

9.1 交流发电机的概述

汽车上虽装有蓄电池，但蓄电池储存的电能有限，并且它在放电以后必须进行补充充电。因此，汽车上除装有蓄电池外，还必须装有充电系统。充电系统由发电机、调节器和充电状态指示装置组成。

交流发电机的概述

发电机作为汽车运行中的主要电源，负责向启动系统以外的所有用电设备供电，并同时向蓄电池充电。车用发电机有直流发电机和交流发电机两种，目前，大多数汽车采用交流发电机。交流发电机主要由三相同步交流发电机和二极管整流器组成，一般称为硅整流交流发电机（简称交流发电机）。由于现代汽车的各种功能越来越完善，自动化程度越来越高，导致用电设备的数量越来越多。因此，发电机应具有较大的输出功率。传统的整流子换向式直流发电机由于发电量小、体积大，已基本被交流发电机所取代。

9.2 交流发电机的优点

（1）体积小、质量轻。例如，车用 220 W 的 112 型直流发电机，其质量为 10 kg；而 350 W 的 JF132 型交流发电机，其质量只有 4.5 kg。

（2）结构简单、故障少、维修方便、使用寿命长。交流发电机的转子结构简单，滑环与电刷的耐磨性好，维护周期长，二极管的寿命可达 10 000 多小时。

（3）输出功率大、低速充电性能好。交流发电机开始发电时采用蓄电池供给的磁场电流，此时的磁场较强。由于发动机与发电机的转速比大，在发动机低速运转时，发电机已达到一定的发电电压，即可向蓄电池充电。

（4）配用的调节器结构简单。直流发电机所用的调节器由节流器、限流器和电压调节器三部分组成，结构复杂，因此故障较多；而交流发电机只采用一组电压调节器，因此结构简单，维修方便。

（5）无整流火花，对无线电干扰小。直流发电机换向火花发出的电磁波会对周围的无线电接收机产生电磁干扰；而交流发电机的滑环与电刷没有换向火花，因此对无线电的干扰要小得多。

9.3 交流发电机的结构

交流发电机的结构

车用交流发电机是三相同步交流发电机，主要由转子、定子、二极管整流器、端盖、电刷、风扇与传动带轮等组成。JF132型交流发电机的构造如图3-1所示。

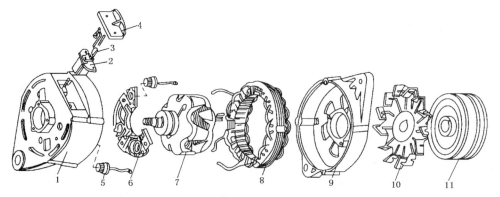

1—后端盖；2—电刷架；3—电刷；4—电刷弹簧盖板；5—二极管整流器；6—散热板；
7—转子；8—定子；9—前端盖；10—风扇；11—传动带轮

图3-1 JF132型交流发电机的构造

（1）转子。

转子是交流发电机的磁场部分，它主要由磁轭、磁场绕组、爪极、集电环和转子轴组成。转子的结构如图3-2所示。

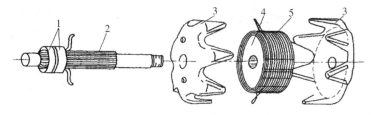

1—集电环；2—转子轴；3—爪极；4—磁轭；5—磁场绕组

图3-2 转子的结构

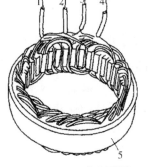

1、2、3、4—绕组引线；
5—定子铁芯

图3-3 定子的结构

爪极用10号钢制成，压装在转子轴上，其内腔装有磁轭，磁轭上绕有磁场绕组，磁场绕组两端的引线分别焊接在与转子轴绝缘的两个集电环上。6对爪极均为鸟嘴形，以便改变磁场方向，并使交流发电机产生正弦交流电。当转子线圈通电产生磁场后，爪极被磁化，形成N极、S极交叉排列的次序。相邻爪极之间的侧隙均匀，以防漏磁。转子线圈的两端分别焊接于集电环上。集电环用黄铜制成，其外表面与电刷配合，要保证75%的接触面积，且平整光滑。爪极、线圈等在转子轴上的位置由定位圈来保证。

（2）定子。

定子是交流发电机的电枢，是产生三相交流电的部件，定子由铁芯与绕组引线组成。定子的结构如图3-3所示。铁芯由带内圆槽的硅钢片或低碳钢板叠合而成。为防止磁损失，铁芯的两侧会喷涂绝缘漆或进行氧化处理。铁芯的内圆槽用于安装电枢线圈，即三相绕组。三相绕组的连接方法可分为星形连接和三角形连接两种。三相绕组多数采用星形连接，如图3-4（a）所示。星形连接是将每相绕组的一根线头都连接至一个公共接点（即中性点），另外三根线头分叉成Y形。所以星形连接又称Y形连接。在中性点处，输出电流是发电机额定输出电流的一半。一些发电机制造商利用星形连接的中性点电压来控制充电指示灯，电压调节器也可以利用该电压来控制转子励磁电流。同时，星形连接具有低速发电性能好的优点，所以目前车用发电机多采用星形连接。

如图3-4（b）所示，三角形连接是将三相绕组的首尾线头彼此相接，其形状类似于三角形，所以称为三角形连接。三角形连接的优点是发电机内部损失较小，在高转速时能产生较大的输出电流，比采用星形连接的发电机多输出73%。因此，三角形连接主要用在高转速时要求有高输出功率的交流发电机上，例如东风富康轿车等。三角形连接的缺点是在低转速时输出电压较低。

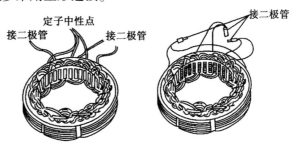

(a) 星形连接　　　　(b) 三角形连接

图3-4　定子绕组的连接方法

（3）二极管整流器。

二极管整流器的作用是将三相定子绕组产生的三相交流电变为直流电。二极管整流器由压装在元件板上的3只正二极管和端盖上的3只负二极管组成。元件板被安装在整流端盖内并与其绝缘，如图3-5（a）所示。这6只二极管中，有3只为正二极管，其引线为二极管的正极，管壳为负极；另外3只为负二极管，其引线为二极管的负极，管壳为正极。图3-5（b）所示为整流二极管的安装，此种接法构成了一个三相桥式整流电路。

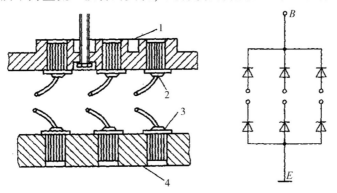

(a) 元件板的安装　　　　(b) 整流二极管的安装

1—绝缘散热板；2—正二极管；3—负二极管；4—后端盖（或接地散热板）

图3-5　二极管整流器

（4）端盖与电刷。

交流发电机的前、后端盖采用铝合金铸造，主要目的是防止漏磁，同时减轻发电机重量，并使其具有良好的散热性。端盖上开有通风孔，配合驱动传动带轮后端的风扇，共同实现发电机的冷却。端盖上还装有轴承和轴承盖，用于支承转子总成。电刷、电刷弹簧以及电刷架组成一个组合件，如图 3-6 所示，它们被安装在后端盖上，借助弹簧的弹力与滑环保持接触。

电刷的作用是将电源通过滑环引入磁场绕组。目前，国产电刷架的结构形式有两种。一种是外装式，即电刷的拆装在发电机外部进行，如图 3-6（a）所示。这种形式方便检修，因此使用较多。另一种是内装式，即电刷不能直接在发电机外部进行拆装，需将发电机解体后才能拆下，如图 3-6（b）所示。在这两个电刷中，与外壳绝缘的称为绝缘电刷，其引线接到发电机后端盖外部的绝缘接线柱"F"上，作为发电机的磁场接柱。另一个电刷用于搭铁，称为搭铁电刷。搭铁电刷的搭铁方式有两种：一种是内搭铁，即其引线通过螺钉固定在后端盖上直接搭铁；另一种是外搭铁，即搭铁引线与机壳绝缘，接到后端盖外部的绝缘接线柱"F"上，并通过调节器搭铁。

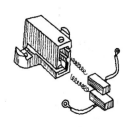

（a）外装式　　（b）内装式

图 3-6　电刷、电刷弹簧以及电刷架

（5）风扇与传动带轮。

风扇的作用是在发电机工作时，强制通风以使发电机内部冷却。风扇为叶片式，一般由 1.5 mm 的钢板冲制而成或用铝合金压铸而成。

传动带轮的作用是利用传动带将发动机的转矩传给发电机的转子轴。它通常由铸铁制成，利用半圆键安装在风扇外侧的轴上，再利用弹簧垫圈和螺母进行紧固。

任务实施

任务准备

（1）防护装备：常规实训工作服、车内外三件套、隔离警示围栏。
（2）工具设备：车用交流发电机、拆装工具、计算机或网络终端。
（3）辅助资料：卡片、记号笔、翻纸板、参考书。

实施步骤

（1）观察车用交流发电机的各个部件。
（2）根据观察和查找的信息，填写任务报告。

任务报告

任务9　交流发电机的结构			
班级		姓名	
组别		组长	

（续表）

1. 前期准备（10分）		得分：
（1）	车用交流发电机。□	
（2）	清理工位卫生。□	

2. 信息收集（20分）	得分：
（1）三相同步交流发电机主要由_____、_____、_____、_____、_____、_____与_____等组成。 （2）转子主要由_____、_____、_____、_____和_____组成。 （3）定子由_____与_____组成。 （4）二极管整流器由____只二极管组成，其中____只为正二极管，____只为负二极管。	

3. 制订计划（10分）	得分：

请根据工作任务制订工作计划及任务分工。

序号	工作内容	工作要点	负责人

4. 计划实施（50分）		得分：	
任务	作业记录内容		配分
交流发电机各部件的名称	根据实物和图3-7写出交流发电机各部件的名称。 ①_____；②_____；③_____；④_____；⑤_____； ⑥_____；⑦_____；⑧_____；⑨_____。 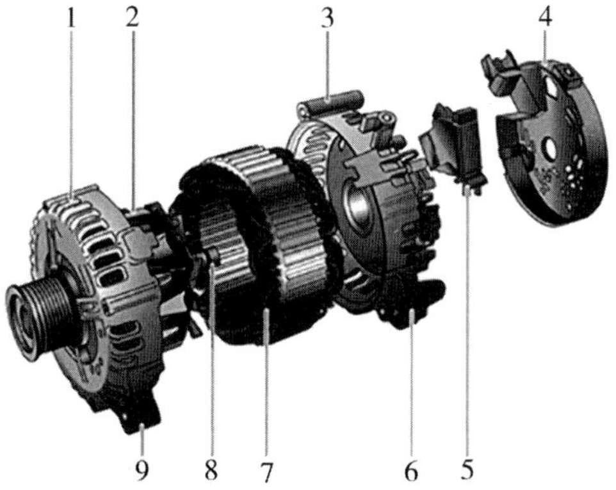 图3-7 交流发电机的组成		20
交流发电机各部件的作用	根据图3-7，写出交流发电机各部件的作用。 ①_____。		

(续表)

任务	作业记录内容	配分
	② _____。 ③ _____。 ④ _____。 ⑤ _____。 ⑥ _____。 ⑦ _____。 ⑧ _____。 ⑨ _____。	30

5. 检查评价（10 分）	得分：
请根据个人在完成任务过程中的表现及工作结果进行自我评价和小组评价。 自我评价：_____。 小组评价：_____。	
任务总成绩：	

任务 10　交流发电机与调压器的工作原理和工作特性

课程思政落脚点：科学精神、科学素养、认真严谨、文化传承

"北有朱自清，南有朱物华，一文一武，一南一北，双星闪耀"，这是我国知识界、教育界对朱家两兄弟的赞誉。

朱物华是我国电子学科与水声学科奠基人。20 世纪 80 年代，朱物华出国访问时，曾看到有媒体报道称他不仅能说一口流利的英语，还用 3 个月的时间掌握了俄语。朱物华知道后非常生气地说："胡说八道，我哪有这样的本事！"他让人去和媒体交涉，要求更正。在朱物华 80 多岁时，学校看他年事已高，给他配了专车。他不肯要，再三推辞，终于拗不过众人，被大家拥进车里。车子载他回家以后，他一下车，便做了一件惊人的事：立即步行返回学校，再步行回家，以此证明"我还有行走能力，不必乘车"的决心。

任务资讯

10.1　交流发电机的工作原理

交流发电机的
工作原理

图 3-8 所示为交流发电机的工作原理。发电机的三相定子绕组按一定的规律排列在发电机的定子槽中，相位互差 120°。

（1）发电原理。

当蓄电池或发电机作用于磁场绕组两端时，磁场绕组中就有电流流过，使得转子的爪极被磁化，从而产生磁场。这些磁力线通过定子铁芯构成闭合回路。交流发电机的导磁回路如图 3-9 所示。

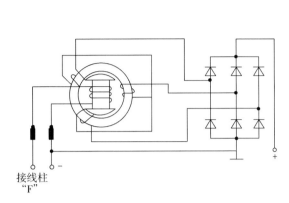

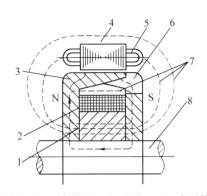

1—磁轭；2—磁场绕组；3—N极；4—定子铁芯；
5—定子绕组；6—S极；7—漏磁通；8—转子轴

图 3-8 交流发电机的工作原理　　　图 3-9 交流发电机的导磁回路

当发动机驱动转子旋转时，磁力线便会切割定子绕组，使三相绕组中产生频率相同、幅值相等、相位互差 120°的三相交流电动势 e_A、e_B、e_C。三相绕组中产生的感应电动势可以用下列方程式表示：

$$\begin{cases} e_A = E_m \sin\omega t = \sqrt{2} E_\Phi \sin\omega t \\ e_B = E_m \sin\omega t = \sqrt{2} E_\Phi \sin(\omega t - 120°) \\ e_C = E_m \sin\omega t = \sqrt{2} E_\Phi \sin(\omega t - 240°) \end{cases} \quad (3\text{-}1)$$

式中　E_m——相电动势的最大值；

E_Φ——相电动势的有效值；

ω——电角速度（$\omega = 2\pi f$）。

发电机每相绕组所产生的电动势有效值为：

$$E_\Phi = 4.44\, KfN\Phi \quad (3\text{-}2)$$

式中　K——定子绕组系数，一般小于 1；

f——感应电动势的频率（Hz），$f = Pn/60$［其中 P——磁极对数、n——转速（r/min）］；

N——每相绕组的匝数；

Φ——磁极的磁通量（Wb）。

转子的转速越高，产生的电动势就越大。因磁极被制成鸟嘴形，其磁通密度近似正弦规律分布，所以在三相绕组中产生交流电动势的波形近似于正弦波形。三相交流电动势如图 3-10（b）所示。

（2）整流原理。

交流发电机定子绕组产生的三相交流电，是通过 6 只二极管组成的三相桥式整流电路转变为直流电的。利用二极管的单向导电性，可以将交流电转变为直流电。图 3-10（a）所示为三相桥式整流电路。整流二极管的导通原理如下。

在 $t_1 \sim t_2$ 时间段内，A 相电压 U_A 最高，B 相电压 U_B 最低，因此二极管 VD_1 与 VD_4 导通。电流经过 VD_1 和负载电阻 R_L，由 VD_4 流回 B 相，此时 A、B 相的线电压 U_{AB} 加在

R_L 上。

在 $t_2 \sim t_3$ 时间段内，A 相电压 U_A 仍最高，C 相电压 U_C 最低，因此二极管 VD_1、VD_6 导通。A、C 相的线电压 U_{AC} 加在 R_L 上。

在 $t_3 \sim t_4$ 时间段内，二极管 VD_3、VD_6 导通。

在 $t_4 \sim t_5$ 时间段内，二极管 VD_3、VD_2 导通。

在 $t_5 \sim t_6$ 时间段内，二极管 VD_5、VD_2 导通。

……

以此类推，不断反复循环，在负载电阻 R_L 两端就可以得到一个比较平稳的直流脉动电压。整流后的输出电压波形如图 3-10（c）所示。

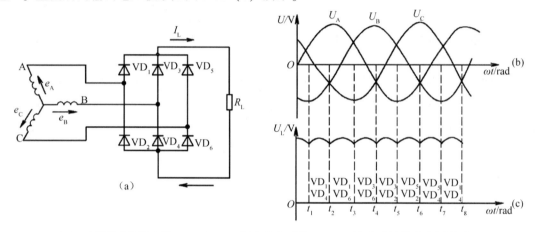

（a）三相桥式整流电路　　（b）三相交流电动势　　（c）整流后的输出电压波形

图 3-10　三相桥式整流电路及电压波形

（3）中性点电压。

交流发电机定子绕组采用星形连接时，从三相绕组的中性点引出一个中心抽头至后端盖，设置中性点接线柱，其标记为"N"。中性点对发电机外壳（即搭铁）之间的电压称为中性点电压 U_N，因为 U_N 是通过 VD_2、VD_4、VD_6 这 3 只二极管进行半波整流后得到的直流电压，所以：

$$U_N = 1/2 \times U \tag{3-3}$$

中性点电压 U_N 等于发电机输出电压的一半。利用中性点电压可以控制各种用途的继电器，如磁场继电器、充电指示灯等。

（4）励磁方式。

当交流发电机低速运转时，如果发电机电压低于蓄电池电动势，此时由蓄电池供给磁场绕组励磁电流，这种方式称为他励。由于励磁电流较大，磁极磁场会变得很强，从而使发电机能够很快建立电压。当发电机转速升高，其电压高于蓄电池电动势时，磁场绕组的励磁电流由发电机自身提供，这种方式称为自励。

由于交流发电机在低速运转时，由蓄电池向磁场绕组供电，建立电压速度快，发动机与发电机之间的转速比大，所以交流发电机的低速充电性能好。

交流发电机励磁电流的通、断路由开关控制。当车辆停驶且发动机熄火后，应将点火开关断开,以确保蓄电池不再对磁场绕组供电,从而避免烧坏磁场绕组。

10.2 交流发电机的工作特性

车用交流发电机的转速变化范围很大。汽油机的转速调整倍数一般可以达到 6~8 倍,柴油机可以达到 3~5 倍。因此,其特性的表示方法一般以转速为基准来表示各参数间的关系。

交流发电机的特性有输出特性、空载特性和外特性,其中输出特性尤为重要。

1. 输出特性

输出特性主要研究的是,当发电机的输出电压 U 保持一定时,其输出电流 I 与转速 n 之间的关系,即当 U 为常数时,$I=f(n)$ 的曲线。交流发电机的输出特性如图 3-11 所示。

由图 3-11 可以看出,当发电机的输出电压保持一定时,其输出功率随转速的升高而增加,并且:

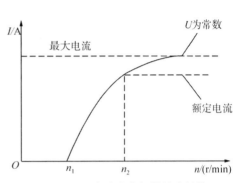

图 3-11　交流发电机的输出特性

(1) 发电机达到额定电压时的初始转速为空载转速 n_1,这个转速常用来作为选择发动机与发电机转速比的主要依据。

(2) 发电机达到额定电流时的转速为满载转速 n_2,额定电流一般定为最大输出电流的 2/3。

(3) 空载转速与满载转速是测定交流发电机性能的重要依据,这两个数据在产品说明书上均有规定。使用中,只要测得这两个数据,即可对发电机的性能进行判定。

(4) 当转速 n 达到一定值后,发电机的输出电流不再随转速的升高而增加。此时的电流又称为发电机的最大输出电流或限流值。由此可见,交流发电机自身具有限制最大输出电流以防止过载的能力。交流发电机自动限流的原理可简述如下。

交流发电机定子绕组的阻抗 Z 由绕组的电阻 R 及感抗 X_L 合成,即:

$$\begin{cases} Z=\sqrt{R^2+X_L^2} \\ X_L=2\pi fL \end{cases} \tag{3-4}$$

式中　L——相定子绕组的电感;

　　　f——感应电动势的频率。

由于 X_L 与 n 成正比,故发电机定子绕组的阻抗 Z 随发电机转速的升高而增加。在高速运转时,由于 R 与 X_L 相比可以忽略不计,故认定 Z 与 n 也成正比。此外,随着发电机输出电流的增大,电枢反应会加强,导致磁场减弱,进而使定子绕组中的感应电动势下降。因此,当发电机的转速升高且输出电流达到一定值时,即使继续升高转速,发电机的输出电流也不再增加。

2. 空载特性

空载特性主要研究的是发电机在空载运行时其端电压随转速的变化关系,即 $I=0$ 时,$U=f(n)$ 的曲线。交流发电机的空载特性如图3-12所示。从图中可以看出,随着转

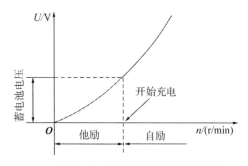

图 3-12 交流发电机的空载特性

速的升高,蓄电池电压上升较快。这意味着在较低转速下,发电机就能从他励发电转为自励发电,进而向蓄电池充电。因此,通过空载特性可以判定发电机的低速充电性能是否良好。

3. 外特性

外特性主要研究的是,当发电机的转速保持一定时,其端电压与输出电流之间的关系,即 n 为常数时,$U=f(I)$ 的曲线。交流发电机的外特性如图 3-13 所示。

由外特性曲线分析可知,当负载增加时,发电机的输出电流会随之增加,发电机的端电压会随之下降。引起端电压下降的原因可以归纳如下。

（1）发电机的输出电流增加使得发电机的内压降增大,引起端电压下降。

（2）当端电压下降较多时,由于磁场电流减小,引起磁场减弱,因而使发电机的电动势减小,导致端电压进一步下降。

（3）当发电机的输出电流增大较多时,随着电枢反应的增强,定子绕组中的感应电动势会下降,引起端电压进一步下降。

此外,当发电机的输出电流随负载增加到一定值时,若继续增加负载,输出电流将不再增加,反而与端电压一同下降,此时的电流可称为转折电流。当转速升高时,感抗的增加会使得外

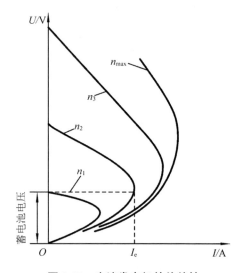

图 3-13 交流发电机的外特性

特性曲线中电压下降的斜率随转速升高而增加,导致各等速曲线的转折点逐渐靠拢,逐步接近发电机的最大电流值。由此同样可以证明,交流发电机具有限制输出电流的能力。当发电机发生短路时,因剩磁电势的作用可产生短路电流。

由此可知,当发电机高速运转时,应避免突然失去负载,否则其端电压会急剧上升,致使发电机的二极管或其他电子元件有被击穿损坏的风险。

10.3 八管、九管、十一管交流发电机

1. 八管交流发电机

目前,新型的汽车交流发电机都在定子三相绕组的星形连接点引出连接线,并加装 2 只中性点二极管。这样连同原有的 6 只二极管,就组成了八管交流发电机。这样做是为了提高发电机的输出功率,以满足现代汽车用电设备增加、用电量增大的需求。八管交流发电机及其电流通路如图 3-14 所示。

从发电原理可知,汽车交流发电机的中性点电压为发电机输出电压的一半,这是基于发电机输出电压的平均值计算的。实际上,中性点电压含有交流成分,即它是以输出直流

电压的一半为中心线的交流电压。不同转速时中性点电压的波形如图 3-15 所示。由此可见，当发电机高速运转时，中性点电压的最高瞬时值可能会高于输出电压的平均值，而最低瞬时值可能会低于搭铁电压。

当中性点电压高于输出电压时，二极管 VD_7 会导通，此时发电机除已有的直流输出以外，还能提供额外的输出电压。当中性点电压低于搭铁电压时，二极管 VD_8 会导通，此时发电机也能向负载提供额外的输出电压。

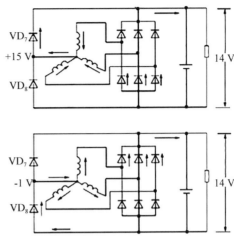

图 3-14 八管交流发电机及其电流通路

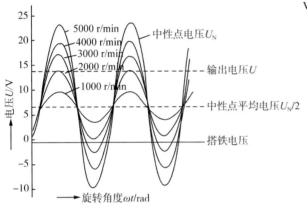

图 3-15 不同转速时中性点电压的波形

试验表明，在不改变交流发电机结构的情况下，加装中性点二极管后，当发动机转速超过 2000 r/min（发电机转速约超过 900 r/min）时，其输出功率与额定功率相比，可以提高 11%～15%。因此，许多新型交流发电机都装有中性点二极管，如日本电装、三菱公司以及德国博世集团的交流发电机。

2. 九管交流发电机

在一些交流发电机中，除了普通交流发电机常用的 6 只二极管外，又多装了 3 只功率较小的二极管，组成九管交流发电机。这 3 只功率较小的二极管专门供给磁场电流，所以又被称为励磁二极管。现代汽车上的电源系统常采用充电指示灯来指示发电机的工作状态，九管交流发电机控制充电指示灯的方式更为方便。图 3-16 所示为九管交流发电机充电系统电路。

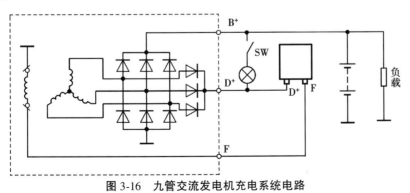

图 3-16 九管交流发电机充电系统电路

当点火开关 SW 接通时，电流会依次经过点火开关 SW、充电指示灯、调节器、励磁绕组，最后搭铁构成回路。此时，充电指示灯会亮起，指示励磁绕组由蓄电池供电（处于他励状态）。当发动汽车后，随着发电机转速的升高，充电指示灯两端的电位差会逐渐减小，直至为零，故充电指示灯由亮变暗直至熄灭，此时表明交流发电机正常工作。电流依次经过发电机正极、调节器、励磁绕组，最后搭铁构成回路（转入自励状态）。

当发电机转速降低时，充电指示灯两端会出现电位差，此时充电指示灯会开始微亮，指示励磁绕组正处于他励状态。当发电机出现故障时，发电机正极无电压输出，此时充电指示灯两端的电位差会更大，此时充电指示灯会明显发亮，警告驾驶员应及时停车，排除电源系统故障。

另外，加装 3 只励磁二极管后，可以省去控制充电指示灯的继电器。这样，充电指示灯既可以指示发电机的工作情况，又可以在停车后提醒驾驶员及时关闭点火开关，避免浪费蓄电池的电能。

3. 十一管交流发电机

有些交流发电机不仅具有中性点二极管，同时还具有励磁二极管，因此整个发电机共有 11 只二极管。例如，上海桑塔纳、一汽奥迪以及许多进口轿车都采用了十一管交流发电机。十一管交流发电机充电系统电路如图 3-17 所示。这种发电机不仅能满足输出功率的要求，而且可以通过充电指示灯来指示发电机的工作状况，达到较完美的水平。

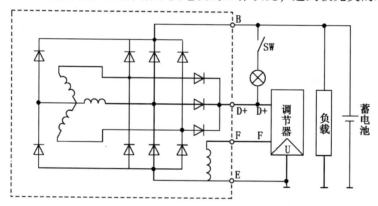

图 3-17　十一管交流发电机充电系统电路

10.4　交流发电机电压调节器的作用

发电机在汽车上是按固定的传动比驱动旋转的，其转速随发动机转速的变化而在很大范围内变化。根据电磁感应原理，交流发电机发出的电压随发电机转速和负载（输出电流）的变化而变化。由于发动机的转速不断变化，交流发电机的转速很难保持不变。因此，为了使发电机能提供恒定不变的电压，必须采用调节器来控制电压。一般情况下，充电系统使用发电机的电压调节器来保持系统的电压稳定。

电压调节器是把发电机输出电压控制在规定范围内的调节装置，其主要功能是：在发电机的转速和负载发生变化时，自动调节发电机电压，使其保持恒定，防止发电机电压过高而烧坏用电设备和导致蓄电池过量充电，同时也防止发电机电压过低而导致用电设备工作失常和蓄电池充电不足。

根据电磁感应原理，发电机的感应电动势与发电机的转速和磁通量成正比；发电机的空载电压与感应电动势相等。由于发电机在汽车上是按固定的传动比驱动旋转的，其转速随发动机转速的变化而在很大范围内变化。如果要在转速变化时维持发电机电压恒定，就必须相应地改变磁通量。因为磁通量取决于磁场电流的大小，所以在发电机转速变化时，只要自动调节磁场电流，就能使发电机电压保持恒定。电压调节器就是利用自动调节磁场电流以改变磁通量这一原理来调节发电机电压的。

10.5 计算机调压电路

如今，越来越多的汽车已经取消了分立式的电压调节器，而是将电压调节器电路接在汽车上的电子控制模块或组件中，其中模块式计算机用于控制通过转子中磁场绕组的电流。

这种系统的显著特点就是能根据车辆的需求和环境温度的变化来改变输出电压。这种精确的控制使得车辆可以采用小一些、轻一些的蓄电池。这种系统还能减少磁性阻力，从而增加发动机的功率输出。由于它能精确地管理充电速率，因此还能增加单位油量的行驶距离，消除潜在的由低怠速时的附加电压降引起的怠速粗暴问题。更为重要的是，这种系统能发挥计算机的诊断能力，用于诊断充电系统中诸如低输出电压或高输出电压之类的故障。

任务实施

☞ 任务准备

（1）防护装备：常规实训工作服、车内外三件套、隔离警示围栏。
（2）工具设备：示波器、汽车整车、计算机或网络终端。
（3）辅助资料：卡片、记号笔、翻纸板、参考书。

☞ 实施步骤

（1）对示波器的各项参数进行设置。
（2）使用示波器进行发电机发电电压波形的测量。
（3）根据测量和查询的信息，填写任务报告。

任务报告

任务 10 交流发电机与调压器的工作原理和工作特性			
班级		姓名	
组别		组长	
1. 车辆信息采集（5分）		得分：	
整车型号			
车辆识别代码			
发动机型号			

（续表）

2. 前期准备（15分）		得分：
（1）	环车检查车身状况。□	
（2）	正确组装三件套（转向盘套、座套、换挡手柄套），翼子板布和前格栅布。□	
（3）	清理工位卫生。□	

3. 信息收集（10分）	得分：
（1）当发动机驱动_____旋转时，_____便会切割定子绕组，使三相绕组中产生频率_____、幅值_____、相位互差_____°的三相交流电动势。 （2）交流发电机定子绕组产生的____相____电，是通过6只二极管组成的三相桥式整流电路转变为_____电的。 （3）中性点电压U_N等于发电机输出电压的_____。 （4）由_____供给磁场绕组励磁电流，这种方式称为____励。 （5）磁场绕组的励磁电流由_____自身提供，这种方式称为____励。	

4. 制订计划（10分）			得分：
请根据工作任务制订工作计划及任务分工。			
序号	工作内容	工作要点	负责人

5. 计划实施（50分）		得分：

任务	作业记录内容	配分
示波器参数设置	（1）示波器振幅设置为：_____V。 （2）示波器频率设置为：_____Hz。	10
发电机发电电压波形的测量	（1）红表笔连接位置：_____。 （2）黑表笔连接位置：_____。 （3）车辆状态：_____。 （4）将测量的波形与发电机发电电压特性曲线（如图3-18所示）进行比较。	20

（续表）

	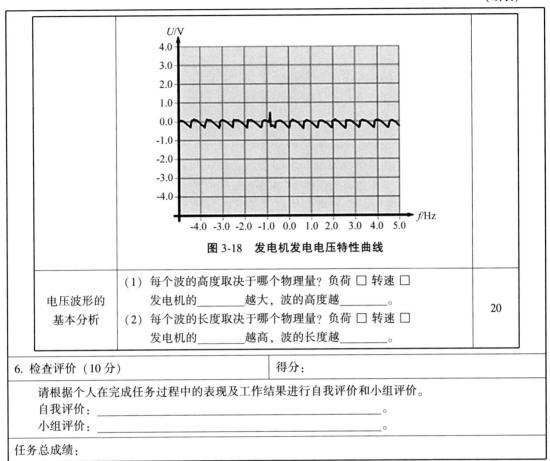图 3-18 发电机发电电压特性曲线	
电压波形的基本分析	（1）每个波的高度取决于哪个物理量？负荷 □ 转速 □ 发电机的_____越大，波的高度越_____。 （2）每个波的长度取决于哪个物理量？负荷 □ 转速 □ 发电机的_____越高，波的长度越_____。	20

6. 检查评价（10分）	得分：
请根据个人在完成任务过程中的表现及工作结果进行自我评价和小组评价。 自我评价：_____。 小组评价：_____。	
任务总成绩：	

任务 11　交流发电机的拆装

课程思政落脚点：热爱劳动、个人管理、企业文化

导引事例：企业实施 6S 管理主要是为了营造舒适的工作环境、提供安全的职业场所、调动员工的工作情绪、提高现场的工作效率、提升产品的质量水平、增强设备的使用寿命、塑造良好的企业形象，这些都是每个企业不断追求并致力于持续改进的目标。

实施 6S 管理对于企业形象的提升具有显著的作用。一个整洁的工作环境可以给员工带来饱满的工作情绪，有秩序的管理模式也会让人眼前一亮，从而吸引顾客，增强他们的合作信心。通过老客户的推荐，企业可以无偿地扩大客户基础，实现口碑传播。这种连锁反应不仅增加了客户群体，还能吸引更多杰出人才加入企业。共同的目标促进了员工间的紧密联系，激发了团队精神，推动员工持续进步，让员工获得成就感。

任务资讯

11.1 交流发电机的拆卸

将交流发电机从汽车上拆下时，应按照以下步骤进行。

(1) 读出故障代码。目前，现代汽车上都装有电子控制系统，如果拆下蓄电池搭铁电缆接头，将会使 ECU 内存中的故障代码消失。所以在拆下蓄电池搭铁电缆接头时，必须首先读出 ECU 中的故障代码。

(2) 拆下蓄电池负极柱上的搭铁电缆接头。因为汽车上蓄电池的正极与发电机的输出接线柱"B"是直接相连的，如果不先拆下搭铁电缆接头，那么在拆卸发电机接线柱"B"上的导线接头时，一旦扳手搭铁，将会导致短路放电，从而损坏蓄电池正极与发电机接线柱"B"之间的导线和电缆。因此，必须先拆下搭铁电缆接头或断开电源总开关。

(3) 拆下发电机的导线接头或接插器插头。

(4) 拆下发电机的紧固螺栓和传动带张力调节螺栓，并松开传动带。

(5) 取下发电机，用干净的棉纱擦拭发电机表面的尘土及油污，以便进行后续的解体与检修工作。

11.2 交流发电机的拆解与装配

(1) 交流发电机的拆解。

①拆下电刷及电刷架（外装式）的紧固螺钉，取下电刷架总成。电刷架的拆解如图3-19所示。

②在前、后端盖上做好记号，拆下连接前、后端盖的紧固螺栓，将其分解为与转子结合的前端盖和与定子连接的后端盖两大部分。前、后端盖的拆解如图3-20所示。

注意：不能单独将后端盖分离出来，否则会扯断定子绕组与整流器的连接线（即三相定子绕组端头）。

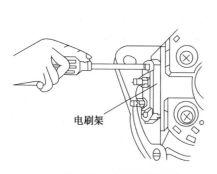

图 3-19 电刷架的拆解

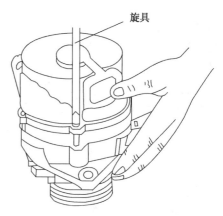

图 3-20 前、后端盖的拆解

③将转子固定在台虎钳上，拆下传动带轮紧固螺母后，可依次取下传动带轮、风扇、半圆键、定位套。传动带轮的拆解如图3-21所示。

④将前端盖与转子分离，若该部分装配过紧，可用拉器拉开，或用木槌轻轻敲打，使之分离。前端盖的拆解如图3-22所示。

注意：铝合金端盖容易变形，因此拆卸时应均匀用力。

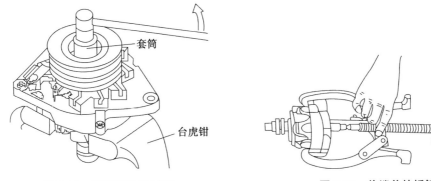

图3-21 传动带轮的拆解　　　　　图3-22 前端盖的拆解

⑤拆掉防护罩，并拆下后端盖上的三个螺钉，即可将后端盖取下。后端盖的拆解如图3-23所示。

对于整体式发电机，首先，拧下接线柱"B"端子上的固定螺母并取下绝缘套管，再拧下后防尘盖上的3个带垫片的固定螺母，取下后防尘盖；其次，拆下电刷组件的2个固定螺钉和电压调节器的3个固定螺钉，取下电刷组件和电压调节器总成；最后，拧下整流器二极管与定子绕组的引线端子的连接螺钉，取下整体式整流器总成。

⑥拆下定子绕组上4个接线端（三相绕组首端及中性点）在散热板上的连接螺母，使定子绕组与整流器分离。定子绕组与整流器的拆解如图3-24所示。

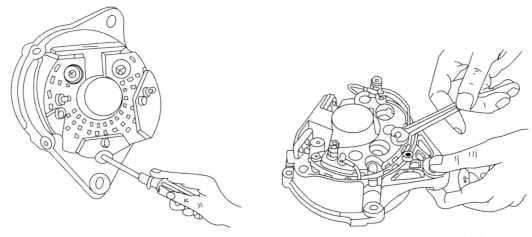

图3-23 后端盖的拆解　　　　　图3-24 定子绕组与整流器的拆解

⑦拆下后端盖上紧固整流器总成的螺钉，取下整流器总成。整流器的拆解如图3-25所示。

注意： 若经检验，所有整流器二极管均良好，此步骤可不进行。

⑧清洗零部件。机械部分可用煤油或清洗液清洗，电器部分如绕组、散热板及全封闭轴承等宜用干净的棉纱擦拭，去除表面尘土、脏污。

在拆解发电机时，要按照工艺要求进行，禁止生敲硬卸，以免损坏机件。拆解的零件要按照规范清洗并按顺序摆放。对于有问题的零件和复杂部位的拆解顺序和连接方法，必要时要有详细记录。

交流发电机的装配

（2）交流发电机的装配。按照拆解的相反顺序进行组装。组装完毕后，使用万用表检测各接线柱与外壳间的电阻值，应确保符合参数要求，否则应该拆解重装。

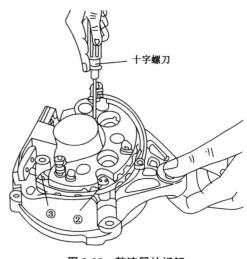
图 3-25 整流器的拆解

任务实施

☞ 任务准备

(1) 防护装备：常规实训工作服、车内外三件套、隔离警示围栏。
(2) 工具设备：交流发电机、拆装工具、计算机或网络终端。
(3) 辅助资料：卡片、记号笔、翻纸板、使用手册。

☞ 实施步骤

(1) 正确拆装交流发电机。
(2) 根据检查、测量和查询的信息，填写任务报告。

任务报告

任务 11　交流发电机的拆装			
班级		姓名	
组别		组长	
1. 设备信息采集（5分）		得分：	
发电机型号				
2. 前期准备（15分）		得分：	
(1)	检查拆装工具。☐		
(2)	清理工位卫生。☐		

(续表)

3. 信息收集（10分）	得分：
从汽车上拆下发电机时，要先拆下蓄电池____极柱上的搭铁电缆接头，如果不先拆下搭铁电缆接头，那么在拆卸发电机接线柱"B"上的导线接头时，一旦扳手搭铁，将会导致_____放电，从而损坏蓄电池正极与发电机接线柱"B"之间的导线和电缆。	
4. 制订计划（10分）	得分：

请根据工作任务制订工作计划及任务分工。

序号	工作内容	工作要点	负责人

5. 计划实施（50分）		得分：	
任务	作业记录内容		配分
交流发电机的拆解与装配	（1）检查发电机外壳。良好 □ 破损 □ 变形 □ （2）检查发电机定子。良好 □ 破损 □ 变形 □ （3）检查发电机转子。良好 □ 破损 □ 变形 □ （4）检查转子集电环。良好 □ 破损 □ 变形 □ （5）检查整流器。良好 □ 破损 □ 变形 □ （6）检查电刷及电刷架。良好 □ 破损 □ 变形 □ （7）检查传动带轮及风扇叶片。良好 □ 破损 □ 变形 □		40
交流发电机装配后的检查	（1）螺栓禁锢是否牢固？ 是 □ 否 □ （2）发电机转动是否灵活、无卡滞？是 □ 否 □		10

6. 检查评价（10分）	得分：
请根据个人在完成任务中的表现及工作结果进行自我评价和小组评价。 自我评价：_____。 小组评价：_____。	
任务总成绩：	

任务12 交流发电机的车上检测与解体检测

课程思政落脚点：精益求精、工匠精神

导引事例：在进行部件检测时，要精准读取测量值，即便是 0.1 Ω 的误差，也可能导

致测量诊断结果出现错误。我们要继承和发扬原子弹研制过程中周光召参与的"九次计算"精神。

当时，原子弹研制过程中的一个计算结果与苏联专家给出的数据大相径庭。在接下来的三个月里，工作人员又三班倒进行了三次计算。朱光亚、程开甲、彭恒武、郭永怀等众多专家纷纷参与进来。然而，经过一个月的艰苦努力，计算结果还是与苏联专家给出的数据相差甚远。

直到第七次计算，结果还是与前面的情况一样。是计算过程出了问题，还是苏联专家给出的数据有误？大家莫衷一是。邓稼先又带领年轻人进行了第八次、第九次计算，还是跟前面的情况一样。

就在这时，周光召从苏联回来了，他一头钻进了堆积如山的计算稿纸中。经过反复审核，他以深厚的理论物理功底论证了中国人的计算结果是正确的。周光召一锤定音："苏联这份材料有错误。"

这就是我国第一颗原子弹研制过程中被广为称道的"九次计算"事件。

任务资讯

12.1 交流发电机的车上检测

检查传动带

（1）检查传动带。

用肉眼观察传动带有无磨损，以及带与带轮的啮合是否正确。如有裂纹或磨损过度，应及时更换同种规格型号的传动带，其中 V 形带应两根同时更换。

若带过松，则会造成带轮与带之间打滑，使发电机输出功率降低，发动机水温过高；若带过紧，则易使带早期疲劳损坏，加速水泵及发电机轴承的磨损。所以应定期检查带的挠度。检查方法是：在发电机带轮和风扇带轮中间用 30～50 N 的力按下带，带的挠度应为 10～15 mm。传动带的挠度检查如图 3-26 所示。若带过松或过紧，应松开发电机的前端盖与撑杆的锁紧螺栓，扳动发电机进行调整，调整至松紧度合适后，重新旋紧锁紧螺栓。

目前，许多轿车发电机的 V 形带上都装有张紧轮，如桑塔纳 2000 轿车。对于装有张紧轮的 V 形带，其挠度的要求与不装张紧轮时有所不同。检查时，在水泵带轮与张紧轮或张紧轮与发电机带轮之间的 V 形带的中间部位，用拇指施加 100 N 左右的压力，检查此时发动机 V 形带的挠度。装有张紧轮的发电机 V 形带的挠度检查如图 3-27 所示。新带的挠度应为 2 mm，旧带的挠度不超过 5 mm，其中新带是指从未使用过的 V 形带，旧带是指装到车上随发动机转动过 5 min 及以上的 V 形带。

（2）检查发电机有无噪声。

当交流发电机出现故障（特别是机械故障，如轴承破损、轴弯曲等）后，发电机在运转时会产生异常噪声。检查时，可以逐渐踩下发动机加速踏板，使发电机的转速逐渐升高，同时监听发电机有无异常噪声。如果有异常噪声，则应将发电机拆下并分解检修。如果 V 形带运转时有异响并伴有异常磨损，则应检查曲轴带轮、水泵带轮、发电机带轮是否在同一旋转平面内。

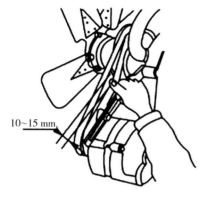

图 3-26 传动带的挠度检查

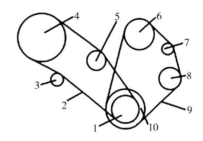

1、10—曲轴齿轮；2—齿形带；3、7—张紧轮；
4—凸轮轴齿轮；5—中间轴齿轮；6—发电机带轮；
8—水泵带轮；9—V 形带

图 3-27 装有张紧轮的发电机 V 形带的挠度检查

（3）检查导线连接情况。
①检查各导线端头的连接部位是否正确；
②发电机接线柱"B"的插座与插头的连接必须锁紧，不得有松动现象。
（4）检查发电机能否正常发电。
发电机能否正常发电，直接影响到蓄电池启动性能的好坏以及使用寿命的长短，可以通过以下方法进行检查。
①观察充电指示灯的熄灭情况。点火开关接通后，充电指示灯亮起，启动发动机并逐渐升高转速，当发动机转速达到怠速转速时，若充电指示灯熄灭，则说明发电机能够正常发电。若充电指示灯一直亮着，则说明电源系统有故障，应及时维修。
②用万用表直流电压挡测量电压。首先，在发电机未转动时测量蓄电池的端电压；其次，启动发动机并将转速升高到怠速以上的转速；最后，再次测量蓄电池的端电压，若数值高于前一次的测量值，则说明发电机能够正常发电。

12.2 发电机拆解前的检测

使用万用表对发电机外接线柱进行测量，可以初步判定发电机的状态。对于普通发电机拆解前的测量，建议使用指针式万用表。由于所使用的万用表型号不同，其测量结果可能略有差异。

（1）硅整流交流发电机的车上检测。
①首先调整好发电机传动带的张紧度，然后拆除发电机上的所有导线。
②用一根导线把发电机的"电枢"接线柱与"磁场"接线柱连接起来。
③把万用表拨至直流电压 0~50 V 挡，将正测试棒连接至"电枢"接线柱，负测试棒连接至发电机外壳。
④启动发动机，并用从发电机"电枢"接线柱拆下的来自蓄电池的火线触碰发电机的"磁场"接线柱，对发电机进行他励。然后将它移去，缓缓提高发动机转速。
⑤观察电压表，若电压表所指示的电压值随转速升高而增大，则说明发电机良好；若电压表无指示，则说明发电机不发电，应进一步检查。

⑥若上述过程中无电压表，可以用试灯代替。若试灯亮起，则表明发电机良好；若试灯不亮，则表明发电机有故障。

(2) 硅整流发电机的不拆卸检查。

可以利用万用表进行检查，检查步骤如下。

①用万用表 R×1 挡测试发电机"F"磁场与"-"搭铁之间的电阻值。
②用万用表 R×1 挡分别测试发电机"+"电枢与"-"搭铁之间的正、反向电阻值。
③用万用表 R×1 挡分别测试发电机"+"电枢和"F"磁场之间的正、反向电阻值。

在正常情况下，交流发电机各接线柱之间的电阻值应符合表 3-1。

表 3-1 交流发电机各接线柱之间的电阻值

发电机型号	"F"磁场与"-"搭铁之间的电阻值（Ω）	"+"电枢与"-"搭铁之间的电阻值（Ω）		"F"磁场与"+"电枢之间的电阻值（Ω）	
		正向	反向	正向	反向
JF11 JF13 JF15 JF21	5～6	40～50	>10 k	50～60	>10 k
JF12 JF22 JF23 JF25	19.5～21	40～50	>10 k	50～70	>10 k

注意：用不同种类的万用表测量得到的电阻值并不完全相同，但其变化趋势是相同的。

若"F"磁场与"-"搭铁之间的电阻值超过规定值，则说明电刷与滑环之间接触不良；若电阻值小于规定值，则表明励磁绕组有匝间短路；如电阻值为 0，则说明滑环之间短路或接线柱"F"搭铁。

用万用表的负测试棒连接发电机外壳，正测试棒连接发电机"+"电枢，若表针指示在 40～50 Ω 之间，则说明二极管正常；若指示在 10 Ω 左右，则说明有个别的二极管已被击穿或短路；若指示为 0 或接近于 0，则说明装在端盖上或元件板上的二极管均已被击穿或短路。

如果发电机具有中性点接线柱"N"，则可以用万用表 R×1 挡来测量"N"与"+"，以及"N"与"-"之间的正、反向电阻值，从而进一步判断故障的位置。发电机"N"与"+"及"N"与"-"之间的电阻值如表 3-2 所示。

表 3-2 发电机"N"与"+"及"N"与"-"之间的电阻值

测试部位	正向电阻值（Ω）	反向电阻值（Ω）	诊断
"N"与"+"之间	10	1000	元件板上正极型二极管良好
	0	0	元件板上正极型二极管短路
"N"与"-"之间	10	1000	后端盖上负极型二极管良好
	0	0	后端盖上负极型二极管短路或搭铁

12.3 发电机拆解后的检测

发电机在拆解后,为了检测转子、定子的电阻值及绝缘电阻,既可以使用指针式万用表,也可以使用数字式万用表。对于线圈电阻的测量,为取得较准确的数值,建议使用数字式万用表。

(1) 检查转子。

①转子绕组(磁场绕组)短路与断路检查。

用万用表 R×1 挡检测两集电环之间的电阻,应符合相关技术标准。若阻值为"∞",则说明转子线路的接头已腐蚀或断开;若阻值过小,则说明存在短路。一般来说,通用公司的转子绕组电阻约为 2.4～3.5 Ω,福特公司的约为 3.0～5.5 Ω,大众公司的约为 2.2～3.0 Ω。

②转子绕组搭铁检查。

转子绕组的搭铁检查(如图 3-28 所示)即检查转子绕组与铁芯(或转子轴)之间的绝缘情况。用万用表的最大电阻挡检测两集电环与铁芯(或转子轴)之间的电阻。若表针有偏转,则说明有搭铁故障。在正常情况下,应指示为"∞"。

③集电环(滑环)检查。

转子上的滑环是一个光滑的圆形(圆度公差为 0.05 mm),滑环表面应平整光滑,无明显烧损。滑环加工出的槽

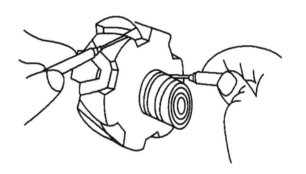

图 3-28 转子绕组的搭铁检查

可以给电刷提供一个合适的工作表面,两滑环的间隙处应无污垢。加工后的滑环尺寸不能小于制造商规定的最小尺寸。滑环的圆度误差不超过 0.025 mm,厚度不小于 1.5 mm。

如果滑环已变色或变脏,可以用 400 号粒度或细金刚砂布进行清洗。在清洗时,应不断旋转转子以避免滑环上出现平点。

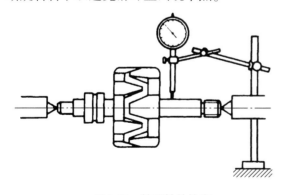

图 3-29 转子轴的检查

④转子轴检查。

转子轴的检查如图 3-29 所示。检查时应使用百分表检查轴的弯曲度,确保弯曲度不超过 0.05 mm(径向圆跳动公差不超过 0.1 mm),否则应进行校正。爪形磁极在转子轴上应固定牢靠,间距相等。

(2) 检查定子。

检查前,要把二极管从定子上拆下,因为定子的三个绕组都有电器连接。

①定子绕组短路与断路检查。

用数字式万用表对定子绕组的 3 个接线端进行两两之间的检测。定子绕组短路与断路的检查如图 3-30（a）所示。在正常情况下，阻值应小于 1 Ω 且相等。如果指针不动或阻值过大，则说明存在断路；如果阻值过小（近似等于 0），则说明存在短路。

②定子绕组搭铁检查。

定子绕组的搭铁检查即检查定子绕组与定子铁芯之间的绝缘情况，如图 3-30（b）所示。用数字式万用表的最大电阻挡检测定子绕组接线端与定子铁芯之间的电阻。若绝缘电阻小于或等于 100 KΩ，则说明有搭铁故障，正常应指示趋于"∞"。

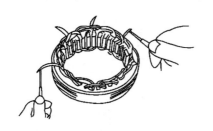 

（a）定子绕组短路与断路的检查　　　　（b）定子绕组的搭铁检查

图 3-30　定子绕组的检查

如果发电机所有的组成部件经过检查后都正常，但发电机的输出值仍然很低，这时就需要换上一个好的定子重新进行检查。如果定子变黑或闻起来有烧焦的味道，则要检查汽车的蓄电池是否放电或出现故障。如果蓄电池的电压一直达不到电压调节器的截止点，则发电机将持续在定子绕组中产生电流，这种持续的充电常导致定子过热。

如果定子采用三角形连接，则万用表检查不出定子的断路故障。因为这种连接方法使 3 个绕组相互之间都有电器连接，所以万用表的读数会一直很小。

（3）检查整流器二极管。

在检查整流器二极管时，既可以使用指针式万用表，也可以使用数字式万用表。需要注意的是：数字式万用表的红表笔是内部电池的正极，当使用其二极管挡位测量时，显示的数值表示的是二极管的正向压降值，单位是 mV。

在拆解发电机的后端盖和整流器时，应将每个二极管的中心引线从接线柱上拆下或焊下，逐一进行检查。

当使用指针式万用表检查二极管时，二极管的阻值随万用表内部电压和挡位的不同而不同。通常使用 R×1 挡或者 R×10 挡测量正向电阻值，一般电阻值为几十欧姆；反向电阻值一般在几十千欧姆以上。若正、反向电阻值一大一小差异很大，说明二极管良好。若正、反向电阻值均为 ∞，说明存在断路；若正、反向电阻值均为 0，说明存在短路。当使用数字式万用表检查二极管时，质量良好的二极管正向压降一般为 500～700 mV，反向电阻为几百千欧姆。

对于焊接式整流二极管来说，只要有一只二极管短路或断路，该二极管所在的正或负整流器总成就需要更换新品。如果二极管是压装在整流器或后端盖上，那么在二极管短路或者断路后，只需用同型号规格的二极管替换故障二极管即可。

(4) 检查电刷组件。

电刷表面不得有油污,且应在电刷架中活动自如。电刷磨损不得超过原高度的 1/2(用游标卡尺或钢板尺检测),一般不小于 13 mm。检测电刷弹簧压力时,当电刷从电刷架中露出长度为 2 mm 时,电刷弹簧力一般为 2~3 N。电刷架应无烧损、破裂或变形。

(5) 检查其他零件。

检查轴承的轴向和径向间隙,均不应大于 0.2 mm,滚珠、滚道应无斑点,轴承转动时应无异响。前、后端盖和传动带轮等应无裂损,绝缘垫应完好。

任务实施

任务准备

(1) 防护装备:常规实训工作服、车内外三件套、隔离警示围栏。
(2) 工具设备:交流发电机、万用表、汽车整车、计算机或网络终端。
(3) 辅助资料:卡片、记号笔、翻纸板、使用手册。

实施步骤

(1) 对交流发电机进行车上检测。
(2) 对交流发电机进行解体检测。
(3) 根据检查、测量和查询的信息,填写任务报告。

任务报告

任务 12 交流发电机的车上检测与解体检测				
班级			姓名	
组别			组长	
1. 设备信息采集(5 分)				得分:
发电机型号				
2. 前期准备(15 分)				得分:
(1)	检查万用表。□			
(2)	清理工位卫生。□			
3. 信息收集(10 分)				得分:
若带过松,则会造成带轮与带之间打滑,使发电机输出功率_____,发动机水温_____;若带过紧,则易使带早期疲劳损坏,加速水泵及发电机轴承的磨损。				
4. 制订计划(10 分)				得分:
请根据工作任务制订工作计划及任务分工。				
序号	工作内容		工作要点	负责人

(续表)

序号	工作内容	工作要点	负责人

5. 计划实施（50分）　　　　　　　得分：

任务	作业记录内容						配分
交流发电机万用表检测	部件名称	万用表挡位	测量值	标准值	是否正确	不正确的原因	40
	磁场绕组						
	定子绕组						
	整流器						
交流发电机其他部件检测	（1）检查滑环：_____。 （2）检查转子轴：_____。 （3）检查电刷组件：_____。						10

6. 检查评价（10分）　　　　　　　得分：

请根据个人在完成任务过程中的表现及工作结果进行自我评价和小组评价。
自我评价：_____。
小组评价：_____。

任务总成绩：

任务13　充电系统的故障诊断与排除

充电系统的故障诊断与排除

课程思政落脚点：法律意识、遵纪守法、安全意识

导引事例：一辆汽车的充电指示灯无法熄灭，经维修人员检查，发现是由于加装音响系统造成的放电问题。

目前，大多数汽车改装人员未受到过正规的培训，缺乏对汽车整车线路的深入了解，又无正确的原理图等参考资料，对车辆线束的负载能力、布线方向、保护措施等一无所知，常常随意从车辆上引接电源线，有的破坏了车上的原有线束，有的直接从熔丝上引出电源线，严重破坏了整车的电路平衡。汽车上的所有线束和熔丝都是根据负载的情况严格设计的，每一条线路都有规定的额定电流标准，如果在这种线路

上随意增加负载，势必导致线路过载，轻则熔丝熔断，重则可能引发车辆火灾。

所以，消费者在购车时，为了自身的安全，请务必选购整车厂的标准配置，避免自行改装或加装电器设备。如果确实需要改装，请选择正规的改装厂，并选择高质量的零部件。在改装的过程中，应对线路加以最合理的保护。然而，很多汽车制造商都明确规定，因改装引起的后果由车主自行承担。

任务资讯

13.1 充电指示灯不熄灭

如果在接通点火开关时，仪表板上的充电指示灯亮起，但发动机启动后，充电指示灯不熄灭；或是在发动机正常运转过程中，充电指示灯亮起，这都说明充电系统出现了不充电故障。

充电指示灯不熄灭

（1）故障原因。

①发电机故障。如定子绕组或磁场绕组发生短路、断路或搭铁，发电机中的多个整流二极管出现断路或短路等，造成发电机不发电。

②调节器故障。如调节器内部的电子元件发生短路，导致大功率开关三极管不能饱和导通或不导通，造成发电机不发电或输出电压很低，而调节器内部的短路则使充电指示灯亮起。

③发电机传动带松弛。由于传动带打滑，导致发电机不转或转速过低而不发电。

（2）故障诊断。

检查发电机传动带有无打滑。若传动带正常，则应拆检发电机及调节器。

13.2 充电指示灯不亮

接通点火开关直到发动机正常运转时，充电指示灯始终不亮。

（1）故障原因。

①发电机电刷与滑环之间接触不良或发电机磁场绕组存在断路，使发电机无法产生励磁电流而不发电。同时，充电指示灯也因搭铁不良而无法亮起。

②调节器内部电子元件损坏，导致三极管不导通或三极管本身断路，也使发电机无法产生励磁电流而不发电。同时，充电指示灯因搭铁不良而无法亮起。

③发电机内部的整流二极管短路，使充电指示灯两端均为蓄电池电压，导致其无法亮起。

④充电指示灯电路存在断路，可能涉及熔丝、充电指示灯、发电机磁场接线柱到点火开关之间的线路连接等问题。

（2）故障诊断。

①在未接通点火开关时，检测发电机磁场接线柱对搭铁的电压。在正常情况下，该电压应为0。若检测到蓄电池电压，则说明发电机内部的整流二极管存在短路，应拆修或更换发电机；若电压为0，则进行下一步诊断。

②在接通点火开关后，再次测量发电机磁场接线柱对搭铁的电压。在正常情况下，该电压应为蓄电池电压。若电压仍然为0，则需检查充电指示灯电路；若电压正常，则进行

下一步诊断。

③拆检发电机的电刷与滑环，判断其接触是否良好和磁场绕组有无断路，若无问题，则需要检修或更换调节器。

13.3 充电不足

接通点火开关时充电指示灯能亮起，发动机启动后和运转时充电指示灯也能熄灭，但蓄电池很快出现亏电现象。

（1）故障原因。

①发电机发电不良，可能是由于发电机定子绕组存在短路、断路或搭铁，发电机磁场绕组存在短路或搭铁，整流二极管断路或短路，以及发电机电刷与滑环接触不良等问题，使发电机经常处于不充电或充电电流过小的运行状态。

②调节器调节电压过低或内部电路有故障，造成发电机不充电或充电电流过小。

③发电机至蓄电池的充电线路接触不良。

④蓄电池极板严重硫化。

⑤蓄电池有自放电故障或线路和开关中有漏电之处。

（2）故障诊断。

①用万用表直流电压挡检查发电机定子接线柱对搭铁的电压。在正常情况下，该电压应为蓄电池电压。若电压为0，则说明发电机定子接线柱至蓄电池之间的线路存在断路，应对其进行检修；若电压正常，则进行下一步检查。

②使发动机以中速运转，充电指示灯熄灭时，检测发电机定子接线柱对搭铁的电压。如果该电压仍为蓄电池电压，则需检修或更换发电机与调节器；若电压有所升高，则进行下一步检查。

③在发动机以中速以上的速度运转时，检测发电机的输出电流和端电压。若电压在发动机转速升高时能达到13.8~14.5 V（发电机电压为12 V），且电流表指示有较大的充电电流，则说明发电机及调节器正常，蓄电池很快亏电的原因可能是蓄电池本身的故障或汽车电器设备和线路有漏电故障，应对其进行检查；若电压能迅速达到13.8~14.5 V，但无充电电流或充电电流很小，则应检查发电机定子接线柱至蓄电池之间的充电线路连接处有无接触不良。若无接触不良，则可能是蓄电池极板严重硫化。

13.4 充电电压过高

充电指示灯能正常亮起和熄灭，但汽车灯泡很容易烧坏，且易出现蓄电池温度过高、电解液消耗过快等现象，这说明发电机电压过高或失控，导致充电电流过大。

（1）故障原因。

发电机充电电流过大的情况，一般是由调节器调节电压过高或调节器失效所引起的。

（2）故障诊断。

确认灯泡易烧坏、蓄电池温度过高和电解液消耗过快等现象是否由其他异常原因造成。若无其他原因，则应拆解发电机，更换调节器。

13.5 充电指示灯时明时暗

在发动机稳定运转时,充电指示灯时明时暗,这说明发电机电压波动很大,导致充电电流不稳定。

(1) 故障原因。
①发电机电刷与滑环接触不良。
②发电机电压调节器工作不良。
③发电机外接线路或内部线路存在连接松动,导致接触不良。

(2) 故障诊断。
将一个前照灯灯泡直接连接在发电机定子接线柱与搭铁之间,并使发动机中速稳定运转,若灯泡仍明暗闪烁,则说明发电机内部线路、电刷与滑环的接触或电压调节器存在问题,需拆检发电机;若灯泡亮度稳定,则有可能是充电线路连接有松动之处,应予以检修。

13.6 发电机工作中有异响

(1) 故障现象。
发电机在运转过程中有不正常的响声。

(2) 原因分析。
①传动带过紧或过松。
②发电机轴承损坏或松旷缺油。
③发电机转子与定子相碰、电刷磨损过度,或电刷与滑环接触角度偏斜、电刷在电刷架内倾斜摆动。
④发电机总装时部件安装不到位,使机体倾斜或发电机电枢弯曲。
⑤发电机传动带轮与轴松旷,使带轮与散热片发生碰撞。

(3) 故障诊断。
①检查传动带的松紧度。
②检查发电机传动带轮与轴安装是否松旷。
③用手触摸发电机外壳和轴承部位,感受其温度是否烫手或有无振动感。若烫手,则说明定子与转子相碰或轴承损坏。用一字旋具在发电机轴承部位进行听诊,若声音清脆且不规则,则说明轴承缺油或滚珠已损坏。
④拆下电刷,检查其磨损程度和接触情况。
⑤拆检发电机,检查其内部机件配合和润滑是否良好。如果发电机噪声细小而均匀,则应检查二极管和定子线圈是否存在短路或断路。

📋 任务实施

☞ 任务准备

(1) 防护装备:常规实训工作服、车内外三件套、隔离警示围栏。
(2) 工具设备:示波器、汽车整车、计算机或网络终端。
(3) 辅助资料:卡片、记号笔、翻纸板、参考书。

☞ 实施步骤

（1）对示波器的各项参数进行设置。
（2）使用示波器进行发电机负荷控制线波形的测量。
（3）根据测量和查询的信息，填写任务报告。

📖 任务报告

任务 13 充电系统故障诊断与排除			
班级		姓名	
组别		组长	
1. 车辆信息采集（5分）			得分：
整车型号			
车辆识别代码			
发动机型号			
2. 前期准备（15分）			得分：
（1）	环车检查车身状况。□		
（2）	正确组装三件套（转向盘套、座套、换挡手柄套），翼子板布和前格栅布。□		
（3）	清理工位卫生。□		
3. 信息收集（10分）			得分：
（1）在接通点火开关时，仪表板上的充电指示灯亮起，但发动机启动后，充电指示灯不熄灭；或是在发动机正常运转过程中，充电指示灯亮起，是_____故障。 （2）接通点火开关时充电指示灯能亮起，发动机启动后和运转时充电指示灯也能熄灭，但蓄电池很快出现亏电的现象，是_____故障。 （3）充电指示灯能正常亮起和熄灭，但汽车灯泡很容易烧坏，且易出现蓄电池温度过高、电解液消耗过快等现象，是_____故障。			
4. 制订计划（10分）			得分：
请根据工作任务制订工作计划及任务分工。			
序号	工作内容	工作要点	负责人

(续表)

5. 计划实施（50分）		得分：	
任务	作业记录内容		配分
示波器参数设置	（1）示波器振幅设置为：_____ V。 （2）示波器频率设置为：_____ Hz。		10
发电机负荷控制线波形测量	（1）红表笔连接位置：_____。 （2）黑表笔连接位置：_____。 （3）检测工况。ON挡 □ 怠速 □		20
画出波形并判断	（1）画出波形。 （2）判断波形。正常□ 异常□		20

6. 检查评价（10分）	得分：
请根据个人在完成任务过程中的表现及工作结果进行自我评价和小组评价。 自我评价：_____。 小组评价：_____。	
任务总成绩：	

项目4
汽车启动系统的维护与检修

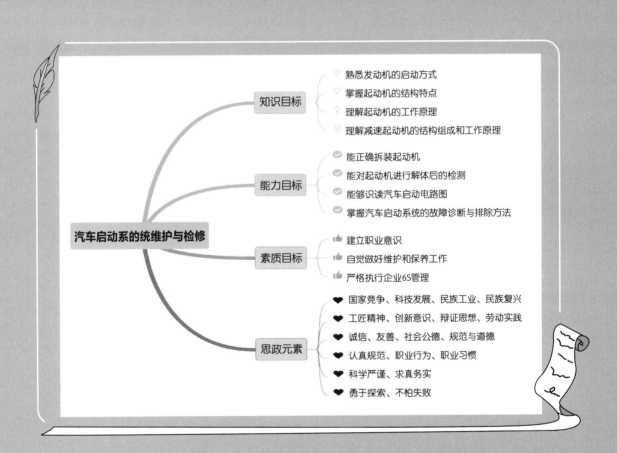

任务14　启动系统的基本概述与减速起动机

课程思政落脚点：国家竞争、科技发展、民族工业、民族复兴

导引事例：燃油汽车使用的是发动机，新能源汽车使用的则是永磁电机。新能源汽车的加速度之所以比燃油汽车快，得益于我国的永磁电机技术。如今，中国企业已牢固占据新能源汽车行业的领先地位。

但谁能想到，就在十多年前，中国的永磁电机技术还处于全球技术链的底端，备受国内外的质疑。而当时的日本，靠着强大的研发能力，掌握了全球40%的稀土永磁体专利，这是制造钕铁硼永磁电机核心部件的关键技术。在过去的几年里，日本垄断了全球90%的钕铁硼市场，中国企业想要生产这项材料，必须获得日本企业的授权，这种受制于人的局面让人倍感无奈。

那么，中国是如何打破这一技术垄断的呢？关键的转折点在高铁项目的发展上。十多年前，中国大力发展高铁，要求中国企业在牵引电机领域实现技术突破。当时，南车株洲公司承担这一业务，开始攻克永磁电机技术。在吸收国外先进技术以及专业团队的辛勤努力后，南车株洲公司不仅打破了日本企业的垄断，还一跃成为电机行业的领军企业。

如今，中国企业的永磁电机已经站在世界舞台的中央，不仅将日本企业远远甩在身后，还为我国新能源汽车的发展打下了坚实的基础。除了中期实力强大外，稀土资源优势也是关键因素。我国是稀土储量最多的国家，其中钕铁硼的产能更是占据全球85%的份额，这为技术突破提供了资源保障。

任务资讯

14.1 启动系统的作用与组成

发动机必须依靠外力带动曲轴旋转后，才能进入正常工作状态。通常，将汽车发动机曲轴在外力作用下，从开始转动到怠速运转的全过程，称为发动机的启动。启动系统的作用是将蓄电池的电能转化为机械能，产生扭矩，用来启动发动机。当发动机进入自由运转状态后，启动系统便结束任务，立即停止工作。

汽车启动系统的主电路由蓄电池、起动机、点火开关（或启动开关）、导线等组成。现代汽车装有起动机的驱动保护电路，其中装有控制继电器（或组合继电器）以保护驱动电路。部分汽车还装有启动电压转换开关和启动预热器，以便在启动时将两个并联的蓄电池改为串联状态向起动机供电，启动后再将串联状态改为并联状态向其他用电设备供电。

起动机在点火开关或启动按钮的控制下，将蓄电池的电能转化为机械能，并通过飞轮齿圈带动发动机曲轴转动。为了增大转矩，便于启动，不同情况下起动机与曲轴的传动比有所不同，汽油机的传动比一般为13∶1～17∶1，柴油机的传动比一般为8∶1～10∶1。

14.2 起动机的组成及分类

(1) 起动机的组成。

起动机以蓄电池为电源,以直流电动机为动力源,通过传动机构和控制装置进行工作。

起动机主要由直流电动机、传动机构和控制装置三部分组成。QD1215型起动机的结构如图4-1所示。

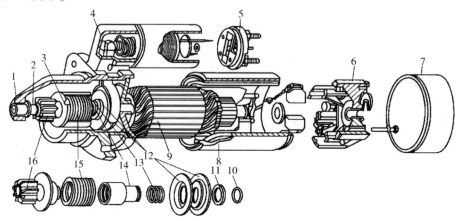

1—驱动端盖；2—电枢轴；3—单向离合器；4—拨叉；5—电磁开关接线柱总成；
6—电刷端盖；7—防尘罩；8—电动机壳体及磁极；9—电枢；10—卡环；11—挡圈；
12—滑环；13—弹簧；14—传动套筒；15—单向离合器弹簧；16—驱动齿轮

图4-1 QD1215型起动机的结构

(2) 起动机的分类。

按照控制装置的不同,起动机可分为以下两种。

①机械控制式起动机。它是由驾驶员通过脚踏(或手动)直接操纵机械式启动开关,从而接通或切断启动电路的,通常又被称为直接操纵式起动机。

②电磁控制式起动机。它是由驾驶员旋动点火开关或按下启动按钮,通过电磁开关接通或切断启动电路的,通常又被称为电磁操纵式起动机。

按照传动机构的不同,起动机可分为以下五种。

①惯性啮合式起动机。这种起动机的离合器依靠惯性力的作用产生轴向移动,使驱动齿轮啮入或退出飞轮齿圈。由于可靠性差,现代汽车已不再使用。

②强制啮合式起动机。这种起动机依靠人力或电磁力经拨叉推动离合器,强制性地使驱动齿轮啮入或退出飞轮齿圈。因其具有结构简单、动作可靠、操纵方便等优点,被现代汽车普遍采用。

③电磁啮合式起动机。这种起动机依靠电动机内部辅助磁极的电磁力,吸引电枢做轴向移动,将驱动齿轮啮入飞轮齿圈,启动结束后再由回位弹簧使电枢回位,让驱动齿轮退出飞轮齿圈,所以又称电枢移动式起动机,多用于大功率的柴油汽车。

④永磁起动机。这种起动机的电动机磁极用永磁材料制成,取消了磁场线圈,可以使结构简化,体积小、质量轻。

⑤减速起动机。这种起动机采用高速、小型、低力矩电动机,并在传动机构中设有减速装置。其质量和体积相比普通起动机可减小30%～35%,但结构和工艺比较复杂。

14.3 对起动机的要求

(1) 能够随时启动发动机,在低温下还有足够的启动功率。
(2) 启动时应该平顺,起动机的齿轮与发动机的飞轮齿圈啮合要柔和,不应发生冲击。
(3) 发动机启动后,起动机的小齿轮应能自动打滑或脱离啮合。
(4) 在发动机运行过程中,起动机的小齿轮不应再进入啮合状态,防止发生冲击。
(5) 结构应简单,工作要可靠,使用方便,启动迅速。
(6) 质量轻、体积小、免维护、寿命长,保证足够多的启动次数。
(7) 结实,经得起啮合、转动、振动以及发动机室内湿气、盐雾、脏污和温度变化等不利因素的影响。

14.4 减速起动机

减速起动机与常规起动机的主要区别是在传动机构和电枢轴之间安装了一套齿轮减速装置,通过齿轮减速装置把力矩传递给单向离合器,降低电动机的转速,增大输出力矩,减小起动机的体积和重量。齿轮减速装置主要有平行轴外啮合齿轮减速装置和行星齿轮减速装置两种形式。

目前,采用减速起动机的汽车越来越多,如北京现代索纳塔、北京吉普切诺基,以及奥迪、本田、丰田等品牌的汽车都采用了减速起动机。下面将结合实例,分别讲解减速起动机的结构和组成。

(1) 平行轴式减速起动机。

平行轴式减速起动的结构如图4-2所示,主要包括电动机(含励磁绕组、电枢、电刷弹簧、电刷等),平行轴减速装置(含电枢轴齿轮、惰轮等),传动机构和控制装置(含滚柱式单向离合器、电磁开关、活动铁芯等)。

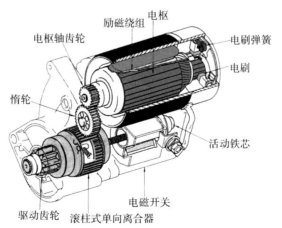

图4-2 平行轴式减速起动机的结构

①电动机。该电动机采用 4 个磁场绕组相互并联后再与电枢绕组串联的设计，仍为串励式电动机。绕组的连接如图 4-3 所示。其基本部件与常规起动机相似，此处不再重复其工作原理。

②传动机构及减速装置。图 4-4 所示为减速装置中齿轮的啮合关系和传动机构中单向离合器示意。

滚柱式单向离合器设置在减速齿轮内毂中，其内毂制成楔形空腔。当传动导管装入时，空腔被分割成 5 个楔形腔室，腔室内放置滚柱和弹簧。在弹簧的张力作用下，滚柱会滚向楔形腔室的窄端。在传递动力时，滚柱会将传动导管和减速齿轮卡紧成一体。该离合器的工作原理与常规起动机中的滚柱式单向离合器的工作原理相同，此处不再进行分析。

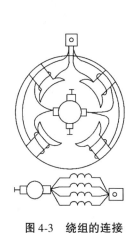

图 4-3　绕组的连接

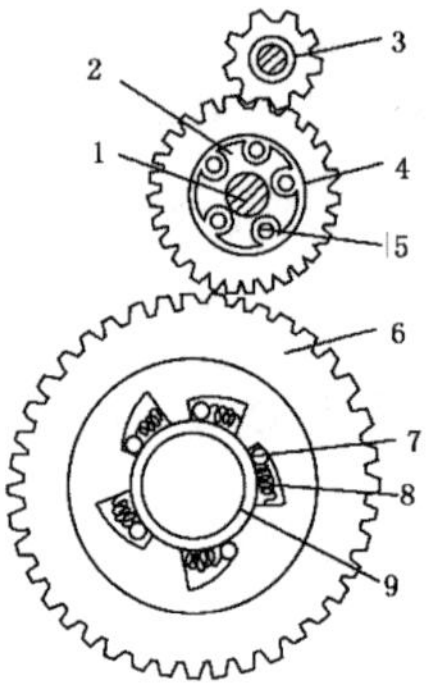

1—中间轴；2—尼龙骨架；3—电枢轴齿轮；
4—中间齿轮；5—圆柱滚子轴承；6—减速齿轮；
7—滚柱；8—弹簧；9—传动导管

图 4-4　减速装置中齿轮的啮合关系和
传动机构中单向离合器示意

齿轮减速装置采用平行轴外啮合齿轮减速装置，该装置中设有 3 个齿轮，即电枢轴齿轮、惰轮（中间齿轮）及减速齿轮。从图 4-4 中可以看出，与常规起动机相比，该减速装置的传动比较大，输出力矩也较大。

（2）行星齿轮式减速起动机。

行星齿轮式减速起动机的结构如图 4-5 所示。

①电动机。该电动机的结构有两类。一类与常规起动机中的电动机类似，采用励磁线圈产生磁场，此处不再赘述。另一类采用永久磁铁磁场代替励磁绕组，这样的设计减小了起动机的体积，提高了启动性能。

②传动机构及减速装置。该起动机的传动机构采用滚柱式单向离合器，通过拨叉拨动驱动齿轮使之移动。其结构与工作过程和传统式起动机类似。

图 4-6 所示为行星齿轮减速装置的结构，其中设有 3 个行星轮、1 个太阳轮（电枢轴齿轮）及 1 个固定的内齿圈。内齿圈固定不动，行星齿轮支架是一个具有一定厚度的圆盘，圆盘和驱动齿轮轴制成一体。3 个行星齿轮连同齿轮轴一起压装在圆盘上，行星齿轮可以在轴上一边自转一边公转。驱动齿轮轴一端制有螺旋键齿，与离合器传动导管内的螺旋键槽相配合。

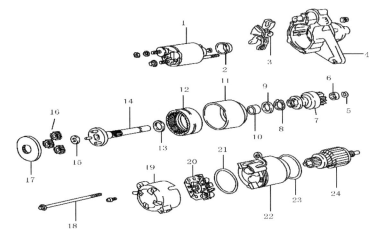

1—电磁启动开关；2—活动铁芯罩；3—驱动杆；4—起动机壳；5、8—弹簧卡环；
6—止动套圈；7—起动机离合器；9、13、15—板垫圈；10—中间轴承；11—减振器；
12—内齿轮；14—行星齿轮架轴；16—行星齿轮；17—压板；18—贯穿螺钉；
19—换向器端框架；20—电刷座；21、23—O环杯；22—励磁线圈；24—电枢

图4-5 行星齿轮式减速起动机的结构

图4-7所示为减速装置中内齿圈的结构。为了防止起动机中过大的扭力对齿轮造成损坏，弹簧垫圈将离合器片压紧在内齿轮上。这样一来，当内齿圈受到的扭力过大时，离合器片和弹簧垫圈可以吸收过大的扭力。

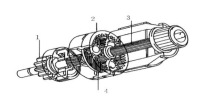 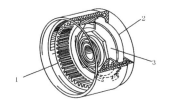

1—小齿轮；2—内齿轮；3—电枢轴；4—行星齿轮　　　1—内齿轮；2—离合器片；3—弹簧垫圈

图4-6 行星齿轮减速装置的结构　　　　　　图4-7 减速装置中内齿圈的结构

(3) 永磁式减速起动机。

大众桑塔纳、北京吉普切诺基等汽车均采用了永磁式减速起动机，这种起动机不仅提高了性能，还简化了结构。图4-8所示为北京吉普切诺基BJ2021型汽车的12VDW1.4型永磁式减速起动机的结构。该起动机内部装有6块永久磁铁，用弹性保持片固定在机壳内，N极、S极交错排列，形成3对磁极。传动机构为滚柱式单向离合器，配以行星齿轮减速机构。其中，电枢齿轮为太阳轮，另有3个行星齿轮和1个固定齿圈。太阳轮有11个齿，固装在电枢轴上，与3个行星齿轮同时外啮合。这3个行星齿轮套装在一个有内齿圈的圆盘上，行星齿轮可以灵活自转，该齿轮减速装置的减速比约为4.4∶1。圆盘与驱动齿轮制成一体。该起动机的工作过程与一般的起动机基本相同，不同之处在于电枢轴产生的转矩需经过行星齿轮减速装置才能传递给起动机的驱动齿轮。转矩的传递过程为：电枢轴齿轮（太阳轮）→行星轮及支架→驱动轮轴→滚柱式单向离合器→驱动齿轮→飞轮。最

终，起动机驱动发动机曲轴旋转。

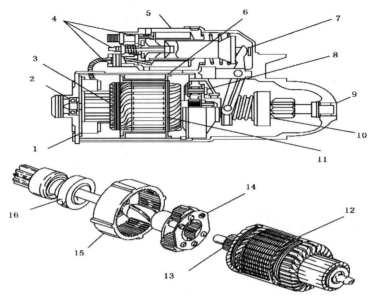

1—电刷；2—滚珠轴承；3—电枢绕组焊接点；4—导线插头；5—电磁开关；
6—永久磁铁磁极；7—拉杆与拨叉；8—减速器总成；9—轴承；10—单向离合器；
11、12—电枢总成；13—主动齿轮；14—行星齿轮组；15—固定内齿圈；16—拨叉环

图4-8　北京吉普切诺基BJ2021型汽车的12VDW1.4型永磁式减速起动机的结构

任务实施

☞ 任务准备

（1）防护装备：常规实训工作服、车内外三件套、隔离警示围栏。
（2）工具设备：车用起动机、拆装工具、计算机或网络终端。
（3）辅助资料：卡片、记号笔、翻纸板、参考书。

☞ 实施步骤

（1）观察汽车各类型起动机及其型号。
（2）根据观察和查找的信息，填写任务报告。

任务报告

任务14　启动系统的基本概述与减速起动机			
班级		姓名	
组别		组长	
1. 前期准备（10分）			得分：
（1）	准备车用起动机。□		
（2）	清理工位卫生。□		

（续表）

2. 信息收集（20分）	得分：

（1）不同情况下起动机与曲轴的传动比有所不同，汽油机的传动比一般为_____，柴油机的传动比一般为_____。
（2）起动机主要由_____、_____和_____三部分组成。
（3）减速起动机与常规起动机的主要区别是在传动机构和电枢轴之间安装了一套_____减速装置。
（4）减速起动机的类型主要有_____、_____和_____。

3. 制订计划（10分）	得分：

请根据工作任务制订工作计划及任务分工。

序号	工作内容	工作要点	负责人

4. 计划实施（50分）	得分：

任务	作业记录内容	配分
起动机的类型及型号	根据起动机实物分辨其是哪种类型的减速起动机。 平行轴式 □ 行星齿轮式 □ 永磁式 □ 记录起动机的型号：_____。 解释该型号的含义：_____。	20
起动机各部件的名称	根据起动机实物和图4-9写出起动机各部件的名称。 ①_____；②_____； ③_____；④_____； ⑤_____；⑥_____； ⑦_____；⑧_____； ⑨_____；⑩_____； ⑪_____；⑫_____。 图4-9 起动机部件	30

5. 检查评价（10分）	得分：

请根据个人在完成任务过程中的表现及工作结果进行自我评价和小组评价。
自我评价：_____。
小组评价：_____。

任务总成绩：

任务 15 启动用直流电动机的结构与原理

课程思政落脚点：工匠精神、创新意识、辩证思想、劳动实践

导引事例：观察起动机等部件的结构，不仅有助于学生理解其工作原理，也为他们未来的创新创造活动奠定了基础。

古时候，鲁班到一座高山上去寻找木料，突然脚下一滑，他急忙伸手抓住路旁的一丛茅草，不料手被锋利的茅草划破了，渗出血来。

这不起眼的茅草怎么这么锋利呢？鲁班忘记了伤口的疼痛，拔起一把茅草细细端详，发现茅草叶子边缘布满了锋利的细齿。他用这些细齿在手背上轻轻一划，居然划开了一道伤口。

鲁班心想：要是我也用带有许多细齿的工具锯木头，不就可以很快地锯断木头吗？这无疑比用斧头砍伐要省力得多。

于是，鲁班请铁匠师傅打制了几十根边缘上带有锋利的细齿的铁片。他将这些铁片带到山上进行实验，很快就把木头锯断了。

鲁班给这种新发明的工具起了一个名字，叫作"锯"。

鲁班造锯的故事给人们的启示是：劳动创造财富，实践出真知，而创造往往来源于观察和想象。

任务资讯

直流电动机的主要作用是产生力矩。通常，直流电动机采用直流串励式设计。"串励"是指电枢绕组与磁场绕组串联。

15.1 直流电动机的结构

直流电动机由磁极、电枢、电刷和换向器，以及机壳等部件组成。起动机用直流电动机的结构如图 4-10 所示。

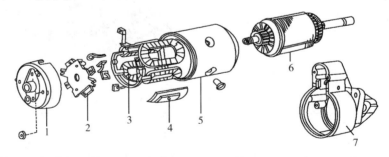

1—前端盖；2—电刷及电刷架；3—磁场绕组；4—磁极铁芯；5—机壳；6—电枢；7—后端盖

图 4-10 起动机用直流电动机的结构

（1）磁极。

磁极（如图4-11所示）的作用是产生磁场，它由磁极铁芯、磁场绕组和外壳组成。为了加强磁场并增大转矩，通常采用4个磁极铁芯的设计。功率超过7.35 kW的起动机一般采用6个磁极铁芯的设计。每个磁极铁芯上均绕有磁场绕组，通电后形成N极、S极相间的排列，并利用外壳形成磁路。

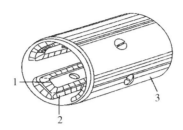

1—磁极铁芯；2—磁场绕组；3—外壳

图4-11　磁极

磁场绕组的连接方式有两种：一种是4个磁场绕组相互串联；另一种是2个磁场绕组先串联再并联，这种方式可以在绕组铜条截面尺寸相同的情况下增大启动电流，从而增大转矩。磁场绕组的连接方式如图4-12所示。

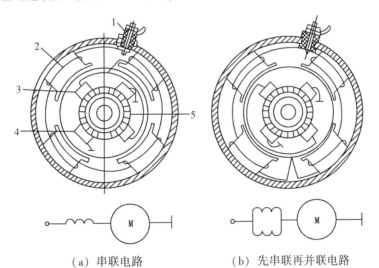

(a) 串联电路　　　　　(b) 先串联再并联电路

1—接线端子；2—磁场绕组；3—正电刷；4—负电刷；5—换向器

图4-12　磁场绕组的连接方式

（2）电枢。

电枢由电枢总成和换向器组成。电枢的结构如图4-13所示。电枢铁芯由硅钢片叠压而成，通过内部的花键固定在电枢轴上，电枢铁芯的外槽内绕有电枢绕组，电枢绕组采用粗大的矩形截面铜条绕制成波形绕组。

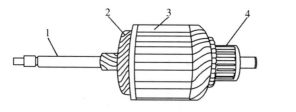

(a) 电枢总成　　　　　　　　(b) 换向器

1—电枢轴；2—电枢绕组；3—电枢铁芯；4—换向器铜片；
5—换向片；6—轴套；7—压环；8—焊线凸缘

图 4-13　电枢的结构

换向器由换向片和云母片叠压而成，压装于电枢轴的一端，片间绝缘并与电枢轴绝缘。电枢绕组的各端头均焊接在换向器上，通过换向器与电刷的接触，将蓄电池的电能引入电枢绕组。电枢轴的另一端制有螺旋键槽，用于在发动机启动过程中加速驱动齿轮与飞轮的啮合和分离。电枢轴由石墨青铜轴承支撑，轴的轴向间隙由肩部与后端盖间的止推垫圈来调整。

电刷和换向器

（3）电刷和换向器。

电刷和换向器配合使用，用来连接磁场绕组和电枢绕组的电路，并使电枢轴上的电磁力矩保持固定方向。

电刷安装在端盖上的电刷架中，电刷弹簧使电刷与换向片之间具有适当的压力以保持配合。电刷及电刷架的组合如图 4-14 所示。

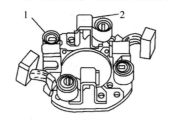
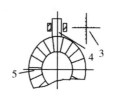

1—电刷弹簧；2—电刷架；3—盘形弹簧；4—电刷；5—换向器

图 4-14　电刷及电刷架的组合

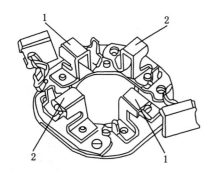

1—负电刷架；2—正电刷架

图 4-15　电刷组件的结构

以四磁极电动机为例，其中两个电刷与机壳绝缘，电流通过这两个电刷进入电枢绕组；另外两个电刷为搭铁电刷，通过电枢绕组的电流通过这两个电刷搭铁。电刷组件的结构如图 4-15 所示。

（4）机壳。

机壳是电动机磁极和电枢的安装基座，其中一端设有 4 个检查窗口，便于对电刷和换向器进行维护。同时，起动机的电磁开关也安装在机壳上，其上有一个绝缘接线端，是电动机电流的引入点。

15.2 直流电动机的工作原理

直流电动机的工作原理（如图4-16所示）是通电的导体在磁场中会受电磁力作用。电磁力的方向遵循左手定则。

由图4-16可知，两片换向片分别与环状线圈的两端连接，电刷的一端与两片换向片相触，另一端分别连接蓄电池的正极和负极。在环状线圈中，电流的方向交替变化。用左手定则判断可知，环状线圈会在电磁力矩的作用下按顺时针方向连续转动。在电源连续对电动机供电时，线圈会不停地朝同一方向转动。

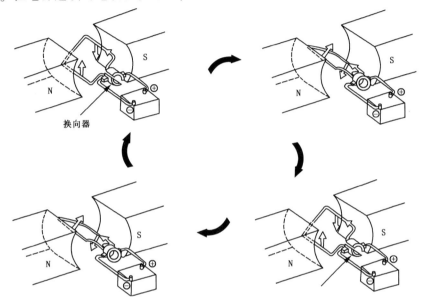

图4-16 直流电动机的工作原理

为了增大输出力矩并使运转更加平稳，实际电动机中的电枢采用多匝线圈。随着线圈匝数的增多，换向片的数量也要相应增多。

15.3 直流电动机的工作特性

直流电动机的工作特性如下。
（1）电动机中的电流越大，电动机产生的扭矩越大。
（2）电动机的转速越高，电枢线圈中产生的反电动势就越大，电流也随之下降。
起动机在初始启动期间和正常启动期间各项指标的比较见表4-1。

表4-1 起动机在初始启动期间和正常启动期间各项指标的比较

项目	阶段	
	初始启动期间	正常启动期间
电动机的转速	较低	较高
电动机中的电流	较大	较小

（续表）

项目	阶段	
	初始启动期间	正常启动期间
电动机产生的扭矩	较大	较小
电枢线圈中的反向电动势	较小	较大

15.4 串励式直流电动机的特性

（1）直流电动机转矩自动调节原理。

根据上述原理分析，电枢在电磁力矩 M 的作用下产生转动。由于绕组在转动的同时切割磁力线，会产生感应电动势，并根据右手定则判定其方向与电枢电流 I_S 的方向相反，故称其为反电动势 E_f。反电动势 E_f 与磁极的磁通量 φ 和电枢的转速 n 成正比，即：

$$E_\mathrm{f} = C_\mathrm{e} \varphi n \tag{4-1}$$

式中的 C_e 为直流电动机的结构常数。由此可以推出电枢回路的电压平衡方程式，即：

$$U = E_\mathrm{f} + I_\mathrm{s} R_\mathrm{s} \tag{4-2}$$

式中的 R_s 为电枢回路电阻，包括电枢绕组的电阻及电刷与换向器的接触电阻。

在直流电动机刚接通电源的瞬间，电枢转速为 0，因此电枢反电动势也为 0。此时，电枢绕组中的电流达到最大值，即 $I_\mathrm{s_{max}} = U/R_\mathrm{s}$，将相应产生最大电磁转矩 M_max。若此时的电磁转矩大于直流电动机的阻力矩 M_z，电枢就开始加速转动起来。随着电枢转速的上升，E_f 增大，I_s 下降，电磁转矩 M 也就随之下降。当 M 下降至与 M_z 相平衡（$M = M_\mathrm{z}$）时，电枢就以此转速稳定运转。如果直流电动机在工作过程中负载增大，就会出现如下的变化：

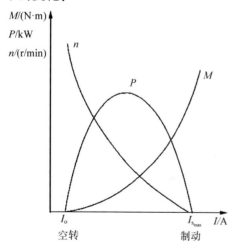

图 4-17 串励式直流电动机的转矩特性

$M < M_\mathrm{z} \rightarrow n \downarrow \rightarrow E_\mathrm{f} \downarrow \rightarrow I_\mathrm{s} \uparrow \rightarrow M \uparrow \rightarrow M = M_\mathrm{z}$，达到新的稳定。

或直流电动机的工作负载减小，则会出现如下的变化：

$M > M_\mathrm{z} \rightarrow n \uparrow \rightarrow E_\mathrm{f} \uparrow \rightarrow I_\mathrm{s} \downarrow \rightarrow M \downarrow \rightarrow M = M_\mathrm{z}$，达到新的稳定。

可见，当负载变化时，直流电动机能通过转速、电流和转矩的自动变化来满足负载的需要，使之能在新的转速下稳定工作。因此，直流电动机具有自动调节转矩的功能。

（2）转矩特性。

串励式直流电动机的转矩特性如图 4-17 所示。在起动机启动的瞬间，电枢转速为 0，电枢电流达到最大值，力矩也相应达到最大值，这使得发动机的启动变得容易，这也是汽车起动机采用串励式直流电动机的主要原因。

(3) 转速特性。

当串励式直流电动机的输出力矩较大时,电动机的转速随电枢电流的增加而急剧下降;反之,当输出力矩较小时,电动机电枢转速随电枢电流的减小而快速上升。

串励式直流电动机具有轻载时转速高、重载时转速低的特点,可以保证电动机在启动(重载)时不会超出额定功率而烧毁,使启动过程安全可靠。但由于其轻载或空载时转速很高,容易造成"飞散"事故,因此功率较大的串励式直流电动机不允许在轻载或空载状态下运行。

只有在磁场饱和后,串励式直流电动机的电磁转矩才与电枢电流成正比。而当电枢电流相同时,串励式直流电动机产生的电磁转矩要显著大于其他类型的电动机,这是起动机采用串励式直流电动机的原因之一。

(4) 功率特性。

直流电动机的功率 P(kW)可由下式确定:

$$P=\frac{Mn}{9550} \tag{4-3}$$

式中　M——起动机的输出转矩(N·m);
　　　n——起动机的转速(r/min)。

由式(4-3)和串励式直流电动机的特性曲线可知,电动机在全制动($n=0$)和空载($M=0$)时,其输出功率均为0,而在电枢电流 I_s 接近全制动电流的一半时,电动机的输出功率最大。因为电动机工作时间通常较为短暂,所以允许其在最大功率状态下工作。因此,电动机的额定功率通常为其最大功率或接近于最大功率。

(5) 影响起动机功率的因素。

起动机在工作过程中电流特别大,所以其输出功率受启动线路中的电阻影响较大。除此之外,还受以下几方面因素的影响。

①接触电阻和导线电阻。接触电阻包括导线与蓄电池极柱、起动机接线柱以及电动机内部电刷与换向器等的接触电阻。接触电阻过大、导线截面积过小或过长,都会造成较大的电压降,从而使起动机功率下降。

②蓄电池的容量。蓄电池的容量越小,其内阻越大,启动时电动机上的端电压就越低,供给起动机的电流也就越小,这会引起起动机的输出功率下降。

③温度。温度低时会引起蓄电池的内阻变大,容量下降,导致起动机的输出功率下降。因此,在冬天对蓄电池进行适当保温可以提高起动机的输出功率,改善启动性能。

任务实施

任务准备

(1) 防护装备:常规实训工作服、车内外三件套、隔离警示围栏。
(2) 工具设备:起动机、连接线、电源、计算机或网络终端。
(3) 辅助资料:卡片、记号笔、翻纸板、参考书。

实施步骤

(1) 正确连接导线准备进行测试。
(2) 判断起动机的空载性能。
(3) 根据测量和查询的信息,填写任务报告。

任务报告

任务 15 启动用直流电动机的结构与原理			
班级		姓名	
组别		组长	
1. 前期准备（15 分）		得分：	
(1)	准备车用起动机。□		
(2)	准备电源、连接线。□		
(3)	清理工位卫生。□		
2. 信息收集（15 分）		得分：	

(1) 直流电动机的主要作用是产生_____。
(2) 直流电动机由_____、_____、_____，以及_____等部件组成。
(3) 直流电动机的工作原理是_____的导体在磁场中会受电磁力作用。
(4) 电动机中的电流越大，电动机产生的扭矩_____。
(5) 电动机的转速越高，电枢线圈中产生的反电动势就越大，电流也随之_____。
(6) 影响起动机功率的因素有_____、_____、_____。

3. 制订计划（10 分）			得分：

请根据工作任务制订工作计划及任务分工。

序号	工作内容	工作要点	负责人

4. 计划实施（50 分）			得分：

任务	作业记录内容	配分
连接电源与起动机	(1) 固定起动机。 (2) 按图 4-18 所示连接导线。 图 4-18 起动机的空载测试	20

（续表）

任务	作业记录内容	配分
起动机空载特性检查	（1）起动机是否平稳运转？是 □ 否 □ （2）驱动齿轮是否移出？是 □ 否 □ （3）读取电流表的数值：_____ A。 与标准值对比是否正常？是 □ 否 □ （4）断开端子 50 后： 起动机是否立即停止转动？是 □ 否 □ 同时驱动齿轮是否缩回？是 □ 否 □	30

5. 检查评价（10 分）　　　　　　　得分：

请根据个人在完成任务过程中的表现及工作结果进行自我评价和小组评价。
自我评价：_____。
小组评价：_____。

任务总成绩：

任务 16　传动机构与控制装置的结构与原理

课程思政落脚点：诚信、友善、社会公德、规范与道德

导引事例：当车辆无法启动时，维修人员发现问题是由于控制装置的端子 50 不供电引起的，只需要维修线路就可以解决问题。但是，维修人员却告诉客户起动机损坏，需要更换，这明显违反了职业道德和社会公德。对于汽车维修人员而言，职业道德的一项基本要求是避免客户多花一分冤枉钱。我们应该向下面的汽修店老板学习。

有一天，一位董姓老人的孙子（一名留守儿童）在放学途中，不慎用石子将停靠在路边的一辆奔驰轿车划伤。双方经过协商，由老人替孙子赔偿 3000 元修理费。后来，车主的朋友给车主推荐了一位汽修店老板，车主将受损车辆送至该汽修店老板的店里进行维修。老板在了解事情的原委后，认为原先的 3000 元赔偿金额过高，决定仅收取 600 元来修复车辆。他希望车主能够谅解孩子的无心之失。原本约定的 3000 元赔偿金降至 600 元，老人对此非常感激，他激动地硬塞给车主 600 元后匆匆离去。车主及其朋友对此却感到不满，认为汽修店老板不够朋友，车辆也并未在他的店里维修便愤然离去。后来，汽修店老板耐心地与他们解释，车主及其朋友终于理解了他的好意，他们的关系得以恢复。

任务资讯

16.1　传动机构

传动机构的作用是：在发动机启动时，通过驱动齿轮与飞轮齿圈的啮合，将起动机的转矩传递给曲轴；在发动机启动后，将驱动齿轮和电枢轴的联结切断，防止电枢绕组因超速旋转而损坏。传动机构主要有以下几种类型。

（1）滚柱式单向离合器。

滚柱式单向离合器的结构如图 4-19 所示。驱动齿轮与外座圈制成一体，十字块与传动导管制成一体。十字块与外座圈配合，将外座圈分割成 4 个楔形腔室，腔室内装有滚柱和滚柱弹簧。

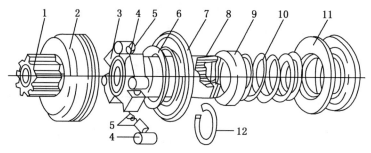

1—驱动齿轮；2—外座圈；3—十字块；4—滚柱；5—滚柱弹簧；6—垫圈；7—护盖；
8—传动导管；9—弹簧座；10—缓冲弹簧；11—拨叉环；12—卡簧

图 4-19　滚柱式单向离合器的结构

滚柱式单向离合器的工作原理如图 4-20 所示。发动机启动时，传动导管随电枢轴旋转，带动十字块迫使滚柱位于腔室窄端，从而将十字块和外座圈卡紧成一体，迫使驱动齿轮与传动导管一起旋转，将电枢产生的电磁转矩传递给驱动齿轮。当发动机启动后，曲轴飞轮带动驱动齿轮高速旋转，迫使滚柱位于腔室宽端，从而将驱动齿轮和传动导管分离，以防止电枢超速旋转造成损坏。

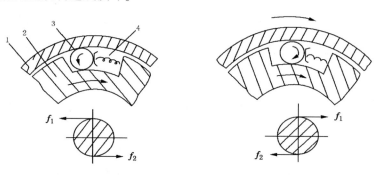

（a）发动机启动时　　　（b）发动机启动后
1—外壳；2—十字块；3—滚柱；4—压帽及弹簧

图 4-20　滚柱式单向离合器的工作原理

滚柱式单向离合器结构简单、工作可靠，但不能传递大扭矩，因此一般应用于小功率（2 kW 以下）的起动机，否则滚柱易变形、卡死，造成单向离合器分离不彻底。目前，这种离合器广泛应用于汽油发动机。

（2）摩擦片式单向离合器。

摩擦片式单向离合器的结构如图 4-21 所示。主动盘上制有 4 个缺口，与主动摩擦片外缘的 4 个凸起嵌合，以带动主动摩擦片转动。被动盘外制有 4 条键槽，与被动摩擦片内缘的 4 个凸起嵌合。另外，被动盘内制有左螺旋键槽，与驱动齿轮轴套一端的螺旋键齿相匹配。转矩的传递过程是：主动盘→主动摩擦片→被动摩擦片→被动盘→驱动齿轮轴套。

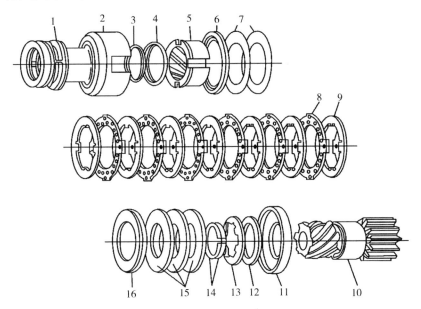

1—拨叉环；2—主动盘；3—卡簧；4—锁圈；5—被动盘；6—压盘；7—调整垫片；
8—主动摩擦片；9—被动摩擦片；10—驱动齿轮轴套；11—后端盖；12—挡圈；
13—锥面盘；14—半圆卡环；15—保险弹性垫圈；16—承推环

图 4-21　摩擦片式单向离合器的结构

发动机启动后，飞轮带动驱动齿轮高速旋转，当其转速超过电枢转速时，由于被动盘的惯性作用，使被动盘在驱动齿轮轴套的螺旋键槽上向放松摩擦片的方向移动，从而实现打滑，防止超速旋转。

摩擦片式单向离合器传递的最大转矩可以通过增减调整垫片的数量进行调整，但其结构较为复杂，多用于柴油发动机使用的功率较大的起动机。

（3）弹簧式单向离合器。

弹簧式单向离合器的结构如图 4-22 所示。驱动齿轮与传动导管靠两个月牙形键对接，使二者只能做相对转动而不能做轴向移动。离合器弹簧的两端各有 1/4 圈，其内径小于传动导管和驱动齿轮尾端的外径，分别箍紧传动导管和驱动齿轮。

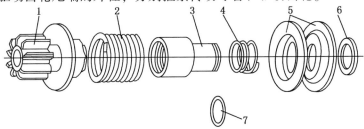

1—驱动齿轮；2—离合器弹簧；3—传动导管；4—缓冲弹簧；5—拨叉环；6—锁环挡圈；7—锁环

图 4-22　弹簧式单向离合器的结构

当发动机启动时，离合器弹簧直径缩小，将驱动齿轮和传动导管抱紧成一个刚体，电枢产生的转矩经传动导管、离合器弹簧传递给驱动齿轮，从而带动飞轮旋转。发动机启动后，离合器弹簧扭力放松，使弹簧直径变大，使驱动齿轮和传动导管之间产生相对滑动。防止电枢超速旋转。

弹簧式单向离合器具有结构简单、使用寿命长、成本低等特点。因扭力弹簧圈数较多、轴向尺寸较大，多用于大中型起动机。

16.2 控制装置

控制装置

控制装置的作用是控制驱动齿轮与飞轮齿圈的啮合与分离，并同时控制电动机电路的接通与切断。在现代汽车上，起动机普遍采用电磁式控制装置。电磁式控制装置又被称为电磁开关，它利用电磁力控制拨叉，使驱动齿轮与飞轮啮合或分离。

（1）电磁开关的组成。

电磁开关的结构如图 4-23 所示。电磁开关主要由吸引线圈、保持线圈、回位弹簧、活动铁芯、接触片等组成。端子 C 连接点火开关，再通过点火开关连接电源；端子 30 直接连接电源。

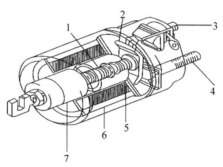

1—回位弹簧；2—接触片；3—端子 30；4—端子 C；5—吸引线圈；6—保持线圈；7—活动铁芯

图 4-23　电磁开关的结构

（2）电磁开关的工作过程。

电磁开关的工作过程要结合电路进行分析，此处不对其进行单独的分析。驱动齿轮与飞轮齿圈的啮合过程如图 4-24 所示。当启动电路接通后，保持线圈的电流经端子 50 流入，通过线圈后直接搭铁；吸引线圈的电流也经端子 50 流入，但通过线圈后未直接搭铁，而是经电动机的励磁线圈和电枢后再搭铁。两线圈通电后产生的电磁力较强，能够克服回位弹簧的弹力，使活动铁芯移动。一方面，通过拨叉的作用，驱动齿轮向飞轮齿圈移动并与之啮合；另一方面，接触片被推至端子 50 和端子 C 的触点，当驱动齿轮与飞轮齿圈完全啮合后，接触片将这两个主触点接通，使电动机通电运转。

在驱动齿轮进入啮合状态之前，由于经过吸引线圈的电流也经过了电动机，所以电动机在这个电流的作用下会产生缓慢的旋转，以便于驱动齿轮与飞轮齿圈进入啮合状态。在两个主触点接通之后，蓄电池的电流直接通过主触点和接触片进入电动机，使电动机正常运转。此时，吸引线圈所在的电路处于短路状态，因此吸引线圈中无电流通过，主触点接通的位置依靠保持线圈来保持。当发动机启动后，切断启动电路，保持线圈断电，活动铁芯在弹簧的作用下回位，这不仅切断了电动机的电路，也使得驱动齿轮与飞轮齿圈分离。

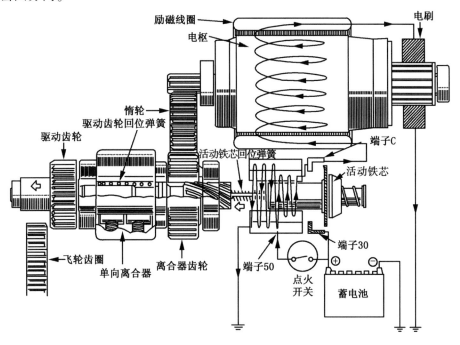

图 4-24　驱动齿轮与飞轮齿圈的啮合过程

📝 任务实施

☞ 任务准备

（1）防护装备：常规实训工作服、车内外三件套、隔离警示围栏。

（2）工具设备：起动机、连接线、电源、计算机或网络终端。

（3）辅助资料：卡片、记号笔、翻纸板、参考书。

☞ 实施步骤

（1）正确连接导线准备进行测试。

（2）判断起动机控制装置的好坏。

（3）根据测量和查询的信息，填写任务报告。

📖 任务报告

任务 16　传动机构与控制装置的结构与原理			
班级		姓名	
组别		组长	

（续表）

1. 前期准备（15分）		得分：
（1）	准备车用起动机。□	
（2）	准备电源、连接线。□	
（3）	清理工位卫生。□	

2. 信息收集（15分）	得分：
（1）单向离合器主要有_____、_____、_____三种类型。 （2）控制装置的作用是控制驱动齿轮与飞轮齿圈的_____与_____，并同时控制电动机电路的_____与_____。 （3）电磁开关主要由_____线圈、_____线圈、回位弹簧、活动铁芯、接触片等组成。 （4）电磁开关上三个端子分别是_____、_____和_____。	

3. 制订计划（10分）			得分：
请根据工作任务制订工作计划及任务分工。			
序号	工作内容	工作要点	负责人

4. 计划实施（50分）		得分：
任务	作业记录内容	配分
吸引线圈的性能测试	（1）将励磁线圈的引线断开。 （2）按照图4-25所示的方法连接蓄电池与电磁开关。 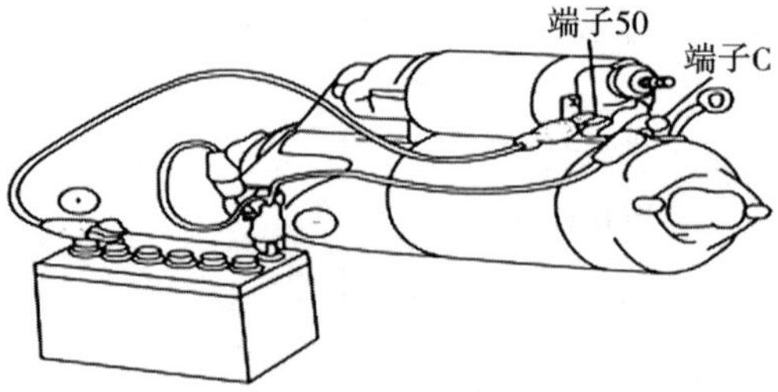 图4-25　电磁开关吸引线圈的性能测试 （3）驱动齿轮是否伸出？是 □ 否 □	25

(续表)

任务	作业记录内容	配分
保持线圈的性能测试	(1) 按照图4-26所示的方法连接蓄电池与电磁开关。 图4-26 电磁开关保持线圈的性能测试 (2) 在驱动齿轮移出之后，从端子C上拆下导线。 (3) 驱动齿轮是否仍能保留在伸出位置？是 □ 否 □	25

5. 检查评价（10分）　　　得分：

请根据个人在完成任务过程中的表现及工作结果进行自我评价和小组评价。
自我评价：_____。
小组评价：_____。

任务总成绩：

任务17　起动机的拆装

课程思政落脚点：认真规范、职业行为、职业习惯

导引事例：起动机在拆解和装复时的注意事项如下。

（1）在从车上拆下起动机之前，应首先切断点火开关并拆下蓄电池的搭铁线，以防操作时产生电火花损坏电子元件。

（2）若起动机与发动机之间装有薄金属垫片，在装复时应按原样装回。

（3）不同型号的起动机在拆解和装复时的顺序有所不同，应按厂家规定的操作顺序进行。

（4）部分组合件无故障时不必彻底解体。如电磁开关、定子铁芯及绕组等。

（5）在组装时，各螺栓应按规定转矩旋紧。同时，应检查并调整各部分的间隙。

（6）对于各润滑部位，应使用厂家规定的润滑剂进行润滑。例如，奥迪100轿车用起动机的减速器与单向离合器均用二硫化钼润滑脂进行润滑，挡圈与锁环也应使用二硫化钼润滑脂进行轻微润滑。在更换新衬套时，应在压入之前将衬套在热润滑油中浸泡5 min。

（7）永磁式起动机对敲击、振动及外压力有很高的敏感性。因此，在拆装过程中不得将起动机外壳夹紧在台钳上，否则会损坏磁铁。当进行电器试验时，线路不得接错，否则会损坏磁铁且无法修复。当进行维修时，必须确保起动机的清洁。

任务资讯

17.1 起动机的拆解

起动机的拆解

起动机在拆解前应先清洁外部的油污和灰尘，然后按照下列步骤进行拆解。

（1）按照图 4-27 所示拆卸电刷。旋出防尘盖固定螺钉，取下防尘盖，用专用钢丝钩取出电刷，拆下位于电枢轴上止推圈处的卡簧。

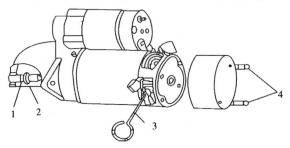

1—卡簧；2—止推圈；3—钢丝钩；4—固定螺钉
图 4-27　拆卸电刷

（2）按照图 4-28 所示拆卸前端盖和电枢。用扳手旋出两个紧固螺栓，取下前端盖，抽出电枢。

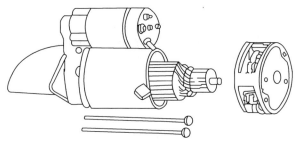

图 4-28　拆卸前端盖和电枢

（3）按照图 4-29 所示拆卸电磁开关。拆下电磁开关主接线柱与电动机接线柱之间的导电片，旋出后端盖上的电磁开关紧固螺钉，使电磁开关后端盖与中间壳体分离。

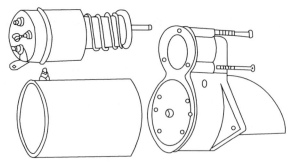

图 4-29　拆卸电磁开关

（4）按照图 4-30 所示拆卸离合器。从后端盖上旋下中间支承板紧固螺钉，取下中间支承板，旋出拨叉轴销螺钉，抽出拨叉，取出离合器。

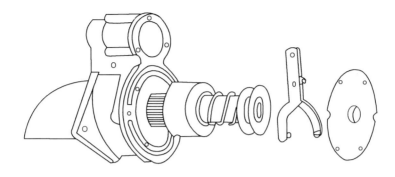

图 4-30　拆卸离合器

（5）将已解体的机械部分浸入清洗液中清洗，电器部分用棉纱蘸取少量汽油擦拭干净。必要时，可进一步拆解电磁开关，其具体步骤如下。

①拆下电磁开关前端固定螺钉，取下前端盖。
②取下锁片、触盘、弹簧，抽出引铁。
③取下固定铁芯卡簧及固定铁芯，抽出铜套、吸引线圈和保持线圈。

17.2　起动机的装复

由于起动机的类型多样，具体的装复步骤不可能完全相同，但基本原则是按照拆解时的相反步骤进行。装复的一般步骤是：首先，将离合器和拨叉装入后端盖内；其次，安装中间支承板，将电枢装入后端盖内；然后，装上外壳和前端盖，并用螺栓紧固；最后，装上电刷和防尘罩。

起动机的装复

任务实施

任务准备

（1）防护装备：常规实训工作服、车内外三件套、隔离警示围栏。
（2）工具设备：起动机、拆装工具、计算机或网络终端。
（3）辅助资料：卡片、记号笔、翻纸板、使用手册。

实施步骤

（1）正确拆装起动机。
（2）根据检查、测量和查询的信息，填写任务报告。

任务报告

任务 17　起动机的拆装			
班级		姓名	
组别		组长	

（续表）

1. 设备信息采集（5分）		得分：	
起动机型号			
2. 前期准备（15分）		得分：	
（1）	检查拆装工具。☐		
（2）	清理工位卫生。☐		
3. 信息收集（10分）		得分：	
在从车上拆下起动机之前，应首先切断_____并拆下蓄电池的_____，以防操作时产生电火花损坏电子元件。			
4. 制订计划（10分）		得分：	
请根据工作任务制订工作计划及任务分工。			

序号	工作内容	工作要点	负责人

5. 计划实施（50分）		得分：	

任务	作业记录内容	配分
起动机的拆解与装复	（1）检查起动机外壳。良好 ☐ 破损 ☐ 变形 ☐ （2）检查起动机拨叉。良好 ☐ 破损 ☐ 变形 ☐ （3）检查驱动齿轮。良好 ☐ 破损 ☐ 变形 ☐ （4）检查电磁开关。良好 ☐ 破损 ☐ 变形 ☐ （5）检查直流电动机。良好 ☐ 破损 ☐ 变形 ☐ （6）检查电刷及电刷架。良好 ☐ 破损 ☐ 变形 ☐	40
起动机装复后的检查	（1）螺栓是否牢固？是 ☐ 否 ☐ （2）驱动齿轮是否可伸出、无卡滞？是 ☐ 否 ☐	10

6. 检查评价（10分）		得分：	
请根据个人在完成任务过程中的表现及工作结果进行自我评价和小组评价。 自我评价：_____。 小组评价：_____。			
任务总成绩：			

任务 18　起动机的解体检测

课程思政落脚点：科学严谨、求真务实

导引事例：在记录测量数据时，要准确标注单位，错误的标注可能导致错误的判断。下面的例子就很好地说明了准确标注单位的重要性。

美国国家航空航天局（NASA）的"火星气候探测者号"是一颗火星探测卫星，其主要任务是研究火星大气层、火星气候及火星地表，并协助"火星极地着陆者号"与地球进行通信。该卫星于 1998 年 12 月 11 日发射升空，但在 1999 年 9 月 23 日进入火星轨道的过程中失去联络，任务最终宣告失败。

"火星气候探测者号"任务失败的主要原因是人为因素，因为"火星气候探测者号"上的飞行系统软件使用公制单位牛顿来计算推进器动力，而地面人员输入的方向校正量和推进器参数则使用了英制单位"磅力"，导致探测器进入大气层的高度计算错误，最终使其解体碎裂。NASA 在此后的所有任务中都格外小心，以避免出现因计量单位混淆所造成的错误。

任务资讯

18.1　直流电动机的检查

（1）磁场绕组的检查。

磁场绕组及其外壳的检查如图 4-31 所示。

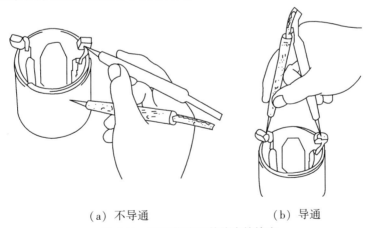

（a）不导通　　　　（b）导通

图 4-31　磁场绕组及其外壳的检查

注意：用欧姆表检查磁场绕组两电刷之间时，应确保它们导通；用欧姆表检查磁场绕组和定子外壳之间时，应确保它们不导通。

（2）电枢的检查。

与电枢相关的检查如图 4-32 至图 4-37 所示。

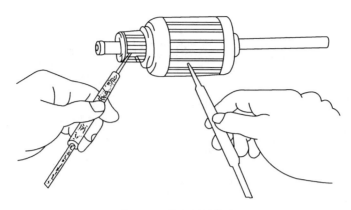

图 4-32　换向器的检查

注意：换向器和电枢线圈铁芯之间不应导通。

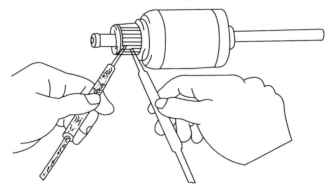

图 4-33　电枢绕组（即换向片与换向片之间）的检查

注意：换向片之间应导通。

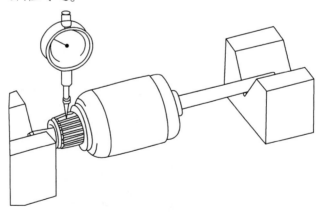

图 4-34　换向器跳动量的检查

注意：换向器的跳动量应不超过 0.02 mm。

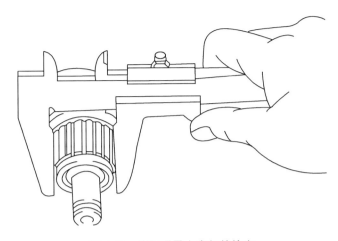

图 4-35　换向器最小直径的检查

注意：在检查时，应将测得的直径和标准值进行比较，若测得的直径小于标准要求的最小值，则应更换电枢。

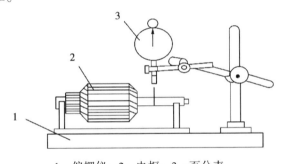

1—偏摆仪；2—电枢；3—百分表

图 4-36　电枢轴跳动量的检查

注意：电枢轴的跳动量应不超过 0.15 mm，否则说明电枢轴弯曲严重，应进行校正或更换电枢。

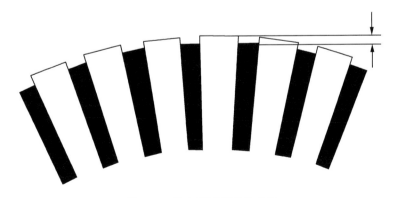

图 4-37　换向器绝缘片的检查

注意：换向器应洁净、无异物。绝缘片的深度应为 0.5～0.8 mm。若深度过大，则应使用锉刀进行修整。

（3）电刷、电刷架及电刷弹簧的检查。

电刷、电刷架及电刷弹簧的检查如图 4-38 至图 4-40 所示。

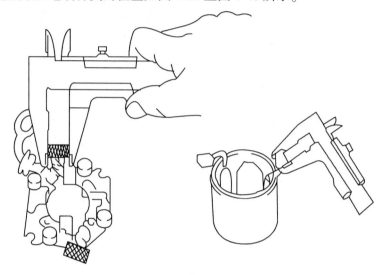

图 4-38　电刷的检查

注意：在测量电刷的长度时，要结合具体的标准，确保其长度不小于维修极限长度。

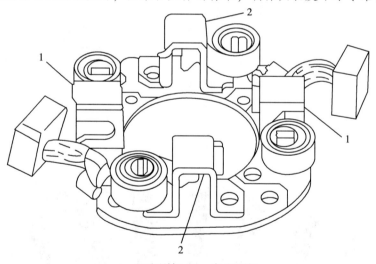

1—正电刷架；2—负电刷架

图 4-39　电刷架的检查

注意：正电刷架和负电刷架之间不应导通。若导通，则应进行电刷架总成的更换。

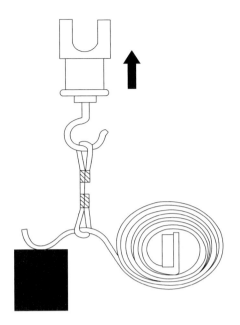

图 4-40 电刷弹簧的检查

注意：不同型号起动机的电刷弹簧的压力是不同的，若测得电刷弹簧的压力不在规定的范围之内，则应更换电刷弹簧。

18.2 传动机构的检修

单向离合器的安装与检查如图 4-41 所示。将单向离合器及驱动齿轮总成安装到电枢轴上，握住电枢，当转动单向离合器外座圈时，驱动齿轮总成应能沿电枢轴自如滑动。

单向离合器的其他检查如图 4-42 所示。首先应检查小齿轮和花键及飞轮齿圈有无磨损或损坏。在确保驱动齿轮无损坏的情况下，握住单向离合器外座圈，转动驱动齿轮，它应能自由转动；反转时，应能锁住，否则应更换单向离合器。

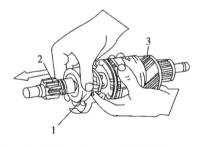

1—单向离合器外座圈；2—驱动齿轮；3—电枢
图 4-41 单向离合器的安装与检查

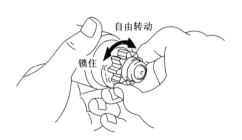

图 4-42 单向离合器的其他检查

18.3 电磁开关的检查

启动机构中如果有启动继电器,则需要对其进行检查,检查项目和方法如下。

(1)启动继电器的检查。与启动继电器相关的检查如图 4-43 至图 4-45 所示。

(2)电磁开关的检查。电磁开关在解体情况下的检查项目和方法如图 4-46 至图 4-49 所示。在解体检查结束之后,需按照起动机装复的步骤进行装复。在装复之后,应对起动机进行性能测试。

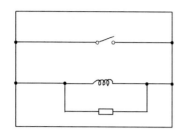

图 4-43 启动继电器内部电路的检查

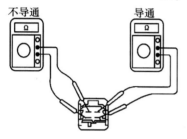

图 4-44 启动继电器线圈和开关的检查

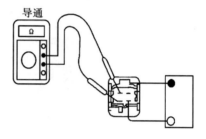

图 4-45 启动继电器工作情况的检查

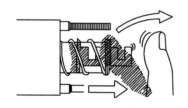

图 4-46 活动铁芯的检查

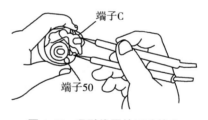

图 4-47 吸引线圈的开路检查

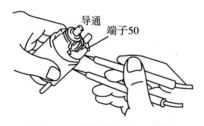

图 4-48 保持线圈的开路检查

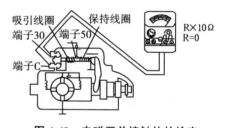

图 4-49 电磁开关接触片的检查

📝 任务实施

☞ 任务准备

(1)防护装备:常规实训工作服、车内外三件套、隔离警示围栏。
(2)工具设备:起动机、万用表、汽车整车、计算机或网络终端。

（3）辅助资料：卡片、记号笔、翻纸板、使用手册。

☞ **实施步骤**

（1）对交流发电机进行车上检查。

（2）对交流发电机进行解体检测。

（3）根据检查、测量和查询的信息，填写任务报告。

📖 任务报告

任务 18 起动机的解体检测				
班级			姓名	
组别			组长	
1. 设备信息采集（5分）			得分：	
起动机型号				
2. 前期准备（15分）			得分：	
（1）	检查万用表。□			
（2）	清理工位卫生。□			
3. 信息收集（10分）			得分：	
握住单向离合器外座圈，转动驱动齿轮，它应能自由转动；____转时，应能锁住，否则应更换单向离合器。				
4. 制订计划（10分）			得分：	
请根据工作任务制订工作计划及任务分工。				
序号	工作内容		工作要点	负责人
5. 计划实施（50分）			得分：	

任务	作业记录内容						配分
	部件名称	万用表挡位	测量值	标准值	是否正确	不正确原因	
用万用表对起动机进行检测	电枢						40

(续表)

任务	作业记录内容		配分
	磁极		
	吸引线圈		
	保持线圈		
	正电刷		
	负电刷		
起动机其他部件的检测	(1) 检查换向器：_____。 (2) 检查电枢轴：_____。 (3) 检查单向离合器：_____。		10

6. 检查评价（10分）	得分：
请根据个人在完成任务过程中的表现及工作结果进行自我评价和小组评价。 自我评价：_____。 小组评价：_____。	
任务总成绩：	

任务19 起动机的使用与故障分析

课程思政落脚点：勇于探索、不怕失败

导引事例：在建立诊断思路后，要积极主动、大胆尝试排除故障，不要害怕犯错和失败。那么，敢于犯错的意义何在？它可以带来哪些好处呢？

第一，敢于犯错就是敢于尝试各种事情。如果连尝试的勇气都没有，在行动之前就自我否定，觉得不可能实现，那么连认识它都会变得困难，更别提拥有了。即便不成功，也已经迈出了第一步，一个开端也由此产生。

第二，敢于犯错才能看到自己的不足。对于一件陌生的事物，想要快速掌握并拥有它，确实有一定的难度。这时候就需要一颗敢于犯错的心，只有去做了，才能知道具体情况，才能看到自己和别人的差距到底在哪里，明确哪些地方还需要弥补和改进。

第三，敢于犯错是经验的积累。成功并非空谈，同样需要敢于犯错的心去尝试，哪怕刚开始没有成功，但经历的失败多了，积累的经验自然就会越来越多了。虽然没有成功，但这样的经历同样宝贵！

第四，敢于犯错是成功者的一种魄力。很多行业的前辈、成功人士、顶尖人才，都是敢于犯错的人，因为敢于犯错就是在失败中总结经验、汲取教训、发现不足，不断自我否定、自我提升的一个过程。不经历风雨，怎能见彩虹？不敢于犯错，怎会轻易成功？

任务资讯

19.1 起动机的正确使用

(1) 起动机每次启动时间不应超过 5 s。如果需要再次启动，则应等待至少 2 min，使蓄电池得以恢复。如果需要连续第三次启动，则应在检查并排除故障后，停歇 15 min 再启动。

(2) 在冬季或低温情况下启动时，应采取保温措施。如果条件允许，最好先将发动机手摇预热后，再使用起动机启动。

(3) 发动机启动后，必须立即切断起动机控制电路，使起动机停止工作。

19.2 起动机不转动

在启动时，起动机不转动，无动作迹象。

起动机不转动

(1) 故障原因（以有启动继电器的启动系统为例）。

①蓄电池严重亏电或极板硫化、短路等；蓄电池极柱与线夹接触不良，启动电路导线连接处松动而接触不良等。

②起动机的换向器与电刷接触不良，磁场绕组或电枢绕组有断路或短路，绝缘电刷搭铁，电磁开关线圈断路、短路、搭铁或其触点烧蚀而接触不良等。

③启动继电器线圈断路、短路、搭铁或其触点接触不良。

④点火开关接线松动或内部接触不良。

⑤启动线路中有断路，导线接触不良或松脱，熔丝烧断等故障。

(2) 故障诊断方法。

①检查电源（蓄电池）。

按喇叭或开启前照灯，如果喇叭声音小或嘶哑，灯光比平时暗淡，说明电源有问题。应先检查蓄电池极柱与线夹及启动电路导线接头处是否有松动，触摸导线连接处是否发热。若某连接处松动或发热，则说明该处接触不良；如果线路连接无问题，则应对蓄电池进行检查。

②检查起动机。

将起动机电磁开关上连接蓄电池和电动机导电片的接线柱短接。如果起动机不转动，则说明电动机内部有故障，应拆检起动机；如果起动机空转正常，则进行下一步检查。

③检查电磁开关。

将起动机电磁开关上连接启动继电器的接线柱与连接蓄电池的接线柱短接。若起动机不转动，则说明起动机电磁开关有故障，应拆检电磁开关；如果起动机运转正常，则说明故障在启动继电器或有关的线路上。

④检查启动继电器。

将启动继电器上的"电池"和"起动机"两接线柱短接。若起动机转动，则说明启动继电器内部有故障。否则应进行下一步检查。

⑤将启动继电器的"电池"与点火开关直接相连。

若起动机能正常运转，则说明故障在启动继电器至点火开关的线路中，可对其进行检修。

19.3 起动机运转无力

在启动时，起动机转速明显偏低甚至停转。故障原因如下。
（1）电池亏电或极板硫化短路，启动电源导线连接处接触不良等。
（2）起动机的换向器与电刷接触不良，电磁开关接触盘和触点接触不良，电动机磁场绕组或电枢绕组有局部短路等。

当起动机运转无力时，应首先检查起动机电源。如果起动机电源无问题，再拆检起动机，检查并排除故障。

19.4 起动机空转

在启动时，起动机转动，但发动机不转。故障原因如下。
（1）单向离合器打滑。
（2）飞轮齿圈的某一部分严重缺损，有时也会造成起动机空转。若将发动机的飞轮转一个角度，故障会暂时消失，但之后会再次出现，即为飞轮齿圈缺损引起的起动机空转，应焊修或更换飞轮齿圈。

19.5 驱动齿轮与飞轮齿圈撞击

在启动时，听到驱动齿轮与飞轮齿圈的金属碰击声，驱动齿轮不能啮入。故障原因如下。
（1）电磁开关触桥接通的时间过早，导致驱动齿轮在啮入以前就已高速旋转起来。
（2）飞轮齿圈或驱动齿轮磨损严重。

先适当调整电磁开关触桥的接通时间，若打齿现象仍不能消失，则应拆检起动机的驱动齿轮和飞轮齿圈。

19.6 电磁开关吸合不牢

在启动时，发动机不转，只听到驱动齿轮沿轴向来回窜动的"啦啦"声。故障原因如下。
（1）蓄电池亏电或起动机电源线路接触不良。
（2）启动继电器的断开电压过高。
（3）电磁开关保持线圈断路、短路或搭铁。

先检查启动电源线路连接是否良好，若无问题，可将启动继电器的"电池"接线柱和"起动机"接线柱短接。如果起动机能正常转动，则表明启动继电器的断开电压过高，应予以调整；如果故障仍然存在，则应对蓄电池进行补充充电。如果蓄电池充足电后故障仍不能消除，则应拆检起动机的电磁开关。

任务实施

☞ 任务准备

（1）防护装备：常规实训工作服、车内外三件套、隔离警示围栏。

（2）工具设备：万用表、电流钳、汽车整车、计算机或网络终端。
（3）辅助资料：卡片、记号笔、翻纸板、参考书。

☞ **实施步骤**

（1）使用电流钳进行启动电流的测量。
（2）使用万用表进行启动电压降的测量。
（3）根据测量和查询的信息，填写任务报告。

📖 **任务报告**

任务 19 起动机的使用与故障分析			
班级		姓名	
组别		组长	
1. 车辆信息采集（5 分）		得分：	
整车型号			
车辆识别代码			
发动机型号			
2. 前期准备（15 分）		得分：	
（1）	环车检查车身状况。□		
（2）	正确组装三件套（转向盘套、座套、换挡手柄套），翼子板布和前格栅布。□		
（3）	清理工位卫生。□		
3. 信息收集（10 分）		得分：	
（1）在启动时，起动机转速明显偏低甚至停转，是_____故障。 （2）在启动时，起动机转动，但发动机不转，是_____故障。 （3）在启动时，发动机不转，只听到驱动齿轮沿轴向来回窜动的"啦啦"声，是_____故障。			
4. 制订计划（10 分）		得分：	
请根据工作任务制订工作计划及任务分工。			
序号	工作内容	工作要点	负责人

（续表）

5. 计划实施（50分）				得分：	
任务	作业记录内容				配分
启动电流的测量	（1）记录电流钳方向：_____。 （2）记录启动电流：_____ A。 启动电流是否正常？是 □ 否 □				20
启动电压降的测量	测量位置1	测量位置2	测量状态	测量值（V）	30
	蓄电池正极	起动机端子30	关闭点火开关		
			打开点火开关		
			启动瞬间		
			怠速状态		
	测量数据是否正常？是 □ 否 □				

6. 检查评价（10分）	得分：

请根据个人在完成任务过程中的表现及工作结果进行自我评价和小组评价。
自我评价：_____。
小组评价：_____。

任务总成绩：

项目5
汽车点火系统的维护与检修

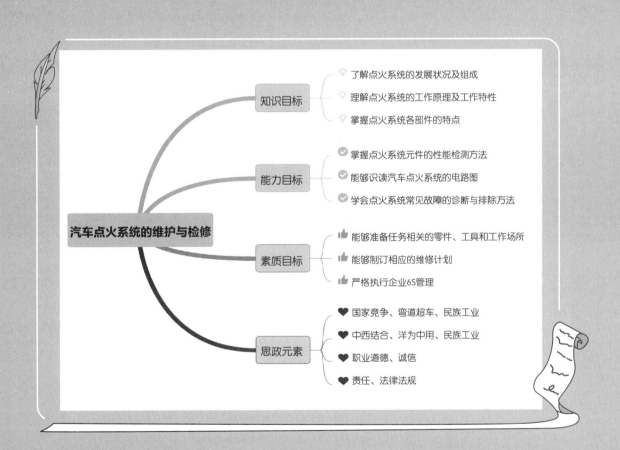

任务 20　点火系统的基本概述与组成原理

课程思政落脚点：国家竞争、弯道超车、民族工业

导引事例：点火系统对于汽油发动机而言至关重要，然而其核心技术长久以来一直被国外公司所垄断。2021年12月21日，我国首款商用车燃氢发动机在北京隆重亮相，这一事件标志着我国在实现氢能的大规模、低成本利用方面取得了重要进展。

燃氢发动机的问世，是继氢燃料电池之后，氢能应用领域的又一重大突破。玉柴燃氢发动机采用了高压多点进气道喷射技术、高效低惯量涡轮增压技术、高效稀薄燃烧技术等多项先进的专项技术。并对整机结构、燃烧和配气等子系统进行了全面优化升级，攻克了燃氢发动机易回火、易爆燃等技术难题。这一成就使得玉柴机器股份有限公司成为中国内燃机行业在传统动力和新能源动力技术路线方面拥有更多选择的企业。

任务资讯

20.1 点火系统的作用

由于汽油自燃温度高，难以被压燃，因此汽油发动机设置了点火系统。气缸内的混合气是由高压电火花点燃的，而高压电火花是由点火系统产生的。点火系统的作用是根据汽油发动机的工作要求，适时点燃气缸内的可燃混合气。混合气燃烧后产生的强大动力可以推动活塞运动，使发动机完成做功过程。同时，点火系统还能适应发动机工况和使用条件的变化，自动调节点火时刻，实现准确而可靠的点火。

20.2 点火系统的种类

汽车点火系统按初级电路通断的控制方式的不同，可分为传统式点火系统、普通电子点火系统和微机控制电子点火系统等类型。

（1）传统式点火系统。

传统式点火系统的工作原理是通过断电器触点来控制初级电路的通断，从而实现点火功能。传统式点火系统结构简单，成本低廉，但故障率高，高速性能差。随着汽车技术的发展，传统式点火系统越来越不适应现代发动机对点火的要求，正逐渐被普通电子点火系统所取代。

（2）普通电子点火系统。

普通电子点火系统是指初级电路的通断由晶体管控制的点火系统，也称"晶体管式点火系统"。它具有高速性能好、点火时间精确、结构简单、质量轻、体积小等优点，已经逐渐取代了传统式点火系统。

（3）微机控制电子点火系统。

微机控制电子点火系统是指微机根据各种传感器输入的信号，经过数学运算和逻辑判

断，控制初级电路通断的点火系统。微机控制电子点火系统是目前最先进的点火系统之一，其应用越来越广泛。

20.3 对点火系统的基本要求

对点火系统的基本要求

（1）点火系统能产生足以击穿火花塞电极间隙的电压。

该击穿电压通常称为次级电压，一般为10~20 kV 的高压电。击穿电压与很多因素有关，主要影响因素包括以下几个方面。

①火花塞电极间隙和形状。

火花塞电极的间隙越大，气体中的电子和离子受电场力的作用越小，不易发生碰撞电离，因此击穿电压就越高。火花塞击穿电压与火花塞间隙的关系如图5-1 所示。

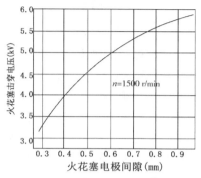

图 5-1 火花塞击穿电压与火花塞间隙的关系

②气缸内混合气体的压力和温度。

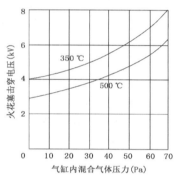

图 5-2 火花塞击穿电压与气缸内混合气体压力的关系

气缸内混合气体的压力越大、温度越低，其密度就越大，离子自由运动的距离就越短，不易发生碰撞电离，因此击穿电压就越高。火花塞击穿电压与气缸内混合气体压力的关系如图5-2 所示。

③火花塞电极的温度和极性。

火花塞电极的温度越高，电极周围的气体密度越小，击穿电压就越低。当针状的中心电极为负极且温度较高时，击穿电压就较低。中心电极为负极时，其击穿电压比中心电极为正极时约降低20%~40%。火花塞击穿电压与火花塞电极的关系如图5-3 所示。

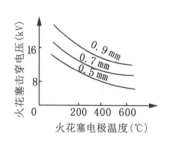

（a）火花塞击穿电压与火花塞电极温度的关系

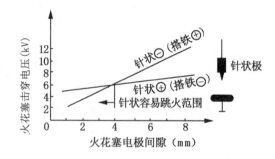

（b）火花塞击穿电压与火花塞电极间隙的关系

图 5-3 火花塞击穿电压与火花塞电极的关系

④发动机的工作情况。

火花塞击穿电压与发动机转速的关系如图5-4 所示。发动机高速工作时，气缸内的温度升高，导致气缸的充气量减小，进而使气缸中的压力减小，因此火花塞的击穿电压随发动机转速的升高而降低。发动机在启动和急加速时，击穿电压会升高，而在全负荷且稳定工作状态下，击穿电压较低。

火花塞击穿电压与混合气空燃比的关系如图5-5所示。混合气过稀或过浓时，击穿电压都会升高。为了保证点火可靠，点火装置必须有一定的高压储备，但过高的击穿电压将造成绝缘困难，使成本提高。因此，击穿电压通常被限制在30 kV以内。

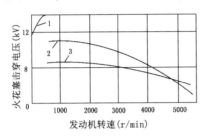

1—启动；2—加速；3—最大功率的稳定状态

图5-4 火花塞击穿电压与发动机转速的关系

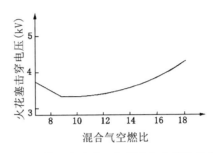

图5-5 火花塞击穿电压与混合气空燃比的关系

（2）电火花必须有足够的能量。

发动机正常工作时，所需的点火能量很小，一般为1～5 mJ。触点式点火系统一般能产生15～50 mJ的点火能量，这足以点燃混合气。但在发动机怠速、急加速时，则需要更高的点火能量，一般应保证有50～80 mJ的点火能量；在发动机启动时，应能产生大于100 mJ的点火能量。

（3）点火系统能根据汽油机的工况自动调整点火提前角。

在压缩行程中，从点火开始至活塞运行至上止点时，曲轴所转过的角度被称为点火提前角。通常，使发动机的输出功率最大且油耗最小时的点火提前角被称为最佳点火提前角。不同发动机的最佳点火提前角各不相同，即使同一发动机在不同的工况和使用条件下，其最佳点火提前角也是不同的。实践证明，如果点火时间适宜，气缸内燃烧的最大压力出现在做功上止点后10°～15°时，发动机的输出功率将达到最大，此时所对应的点火提前角即为最佳点火提前角。

影响最佳点火提前角的因素主要包括以下几个方面。

①发动机转速。

发动机转速越高，最佳点火提前角越大。在低转速时增大点火提前角，发动机转速上升得较快；在高转速时增大点火提前角，发动机转速上升得较慢；在发动机启动或怠速时，点火提前角应很小或不提前。转速变化时，点火提前角的调节由分电器的离心调节机构来实现。

②发动机负荷。

图5-6所示为不同转速时最佳点火提前角与发动机负荷的关系。在同一转速下，随着发动机负荷的增大，最佳点火提前角减小。负荷变化时，点火提前角

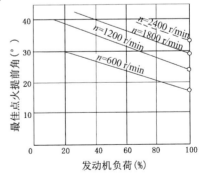

图5-6 不同转速时最佳点火提前角与发动机负荷的关系

的调节由分电器的真空调节机构来实现。

③汽油辛烷值。

在使用同一牌号的汽油时，如点火过早，混合气的燃烧容易转为爆燃。这是因为燃烧是在压力增高的时候进行的，燃烧室中先燃烧的部分混合气膨胀而压缩未燃烧的混合气，使其温度急剧上升到自燃温度而突然全部自行着火，形成爆燃。因此，使用低辛烷值汽油时，应将点火提前角减小。汽油品质改变时，点火提前角的调整由分电器的辛烷值选择器来实现。

④压缩比。

在压缩比增大时，最佳点火提前角减小。这是因为当压缩比增大时，压缩行程终了时的压力和温度最高，这种压力和温度的升高会使混合气燃烧速度加快。因此，随着压缩比的增大，所需的点火提前角减小。

⑤混合气浓度。

混合气浓度直接影响燃烧速度。当混合气的过量空气系数 $\alpha=0.8\sim0.9$ 时，燃烧速度最快，所以最佳点火提前角最小。对于过稀或过浓的混合气，由于燃烧速度变慢，应该增大点火提前角。

⑥进气压力。

当进气压力减小时，混合气的雾化和扰流变差，使燃烧速度变慢，因此应该增大点火提前角。比如在高原地区，由于大气压力低，空气稀薄，就应适当增大点火提前角。

⑦启动及怠速。

虽然发动机启动和怠速时混合气燃烧速度较慢，但混合气的全部燃烧时间所对应的曲轴转角较小。如果点火过早，则燃烧过程可能在上止点以前结束而使曲轴反转，因此要求点火提前角减小（一般为 5°～6°）或不提前。

除此之外，点火提前角还与排气净化以及发动机水温等诸多因素有关。因此，单靠离心调节机构或真空调节机构是不能满足要求的，必须有更为先进的控制手段，这就是微机控制电子点火系统。

20.4 传统点火系统的组成

传统点火系统由蓄电池或发电机提供低压电能，通过点火线圈和断电器将其转变为高压电，再由分电器经高压线输送到发动机气缸燃烧室中的火花塞上，在火花塞的两电极间产生电火花。

传统点火系统由于结构简单、工作可靠，在汽车上得到广泛应用。

(1) 电源。

电源由蓄电池或发电机组成，为点火系统提供所需的电能。

(2) 点火线圈。

点火线圈将电源提供的 12 V 低压电转变为 10～20 kV 的高压电，其基本结构是一个由硅钢片叠压而成的铁芯，铁芯上绕有一个初级绕组和一个次级绕组。

(3) 分电器。

分电器由断电器、配电器、电容器和点火提前机构组成，通过断电器控制点火线圈的初级绕组电路的通断。配电器负责将点火线圈产生的高压电，按照发动机的工作顺序送至各气缸的火花塞。为减小断电器触点的火花，延长触点的使用寿命并提高次级电压，其触点并联装有电容器。为适应发动机随转速、负荷和汽油辛烷值变化而改变点火提前角，装有点火提前控制机构。

（4）火花塞。

火花塞的作用是将高压电引入气缸燃烧室，产生电火花以点燃混合气。

（5）附加电阻。

附加电阻用于稳定初级电流，改善点火性能和启动性能。

（6）点火开关。

点火开关用来控制点火系统初级电路的通断，从而控制发动机的启动和熄火。

20.5 传统点火系统的工作原理

接通点火开关，启动发动机后，发动机开始工作。传统点火系统的基本工作原理如图5-7所示。在发动机工作时，受发动机凸轮轴的驱动，断电器凸轮及分电器轴随之旋转。断电器凸轮转动时，断电器触点交替地闭合和打开。

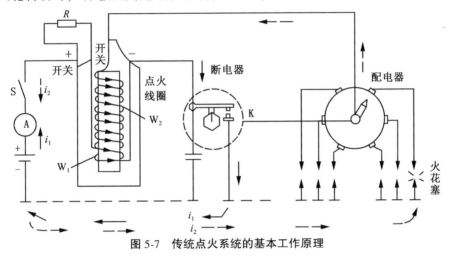

图 5-7 传统点火系统的基本工作原理

当断电器触点闭合时，点火线圈初级绕组中便有电流流过，其电流路径是：蓄电池正极→电流表 A→点火开关 S→点火线圈"+开关"接线柱→附加电阻 R→点火线圈"开关"接线柱→初级绕组 W_1→点火线圈"−"接线柱→断电器触点 K→搭铁→蓄电池负极。

当断电器触点打开时，初级电路断路，初级电流及磁场迅速消失，从而在次级线圈中产生 10～20 kV 的感应电动势，它足以击穿火花塞的电极间隙，产生电火花，点燃混合气。其电流路径是：次级绕组 W_2 的一端→附加电阻 R→点火开关 S→电流表 A→蓄电池→火花塞侧电极→火花塞中心电极→配电器的旁电极→分火头→次级绕组 W_2 的另一端。

这个过程周而复始地进行，确保发动机可以持续运转。当点火开关断开时，发动机停止工作。

点火系统工作时，断电器触点打开，随着初级电流的减小，磁场变化导致次级绕组产生高压电的同时，初级绕组中也会产生 200～300 V 的自感电动势，这将在触点间隙产生火花，并使次级电压降低。为了消除这方面的影响，可以在触点的两端并联一个电容器。

20.6 普通电子点火系统的组成及工作原理

普通电子点火系统一般由电源、分电器（包括信号发生器）、点火电子组件（又称点火控制器）等部分组成。尽管信号发生器和点火控制器的结构不同，导致各种普通电子点火系统的具体工作原理有一些差异，但它们的基本工作原理却是相同的。下面以捷达轿车所采用的普通电子点火系统为例，来说明其基本工作原理。捷达轿车点火系统的工作原理如图5-8所示。

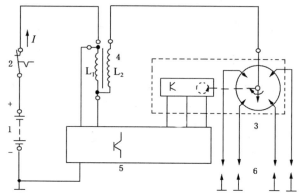

1—蓄电池；2—点火开关；3—带霍尔传感器的分电器；4—点火线圈；5—点火控制器；6—火花塞

图 5-8 捷达轿车点火系统的工作原理

接通点火开关后，蓄电池或发动机正极经点火开关与点火线圈初级绕组相连。当信号发生器产生的信号（霍尔传感器发出的正脉冲）使点火控制器触发功率三极管导通时，点火线圈初级绕组经过功率三极管搭铁，从而形成了初级回路。

初级回路中的电流路径为：蓄电池正极→点火开关→点火线圈"+"接线柱→初级绕组 L_1→点火线圈"-"接线柱→点火控制器→搭铁→蓄电池负极。利用初级电流，在点火线圈中形成磁场，将电能转化为磁场能储存起来。

当发动机继续转动，点火控制器产生的信号（霍尔传感器信号由正变负）使点火控制器触发功率三极管截止时，初级线圈无法搭铁，初级电流迅速降为零。由于初级绕组和次级绕组中的磁通量迅速减少，因此在初级绕组和次级绕组中都产生了感应电动势。次级绕组的感应电动势通过中央高压线传递给分电器，分电器则按照点火顺序将此高压通过分缸高压线传到相应气缸的火花塞上，击穿火花塞电极间的混合气，产生电火花，点燃缸内的可燃混合气，使发动机连续运转。

分电器轴每转一圈，各气缸的火花塞就会按照点火顺序轮流产生一次电火花。发动机工作时，上述过程周而复始。若要停止发动机的工作，只要断开点火开关即可。

20.7 微机控制电子点火系统的组成

目前，微机控制电子点火系统在设计和结构上，因汽车生产厂家和生产年代的不同而有所不同，但基本结构是相似的。它主要由传感器、ECU、点火器、点火线圈等组成。微机控制电子点火系统的结构如图 5-9 所示。

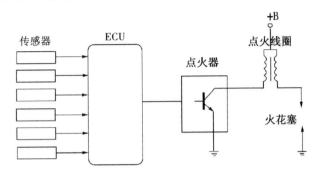

图 5-9 微机控制电子点火系统的结构

(1) 传感器及开关信号。
①凸轮轴位置传感器。
凸轮轴位置传感器是用于确定曲轴基准位置的传感器。在曲轴旋转至某一特定的位置（如第一缸压缩上止点前某一确定的角度）时，该传感器会输出一个脉冲信号。ECU 将这一脉冲信号作为计算曲轴位置的基准信号，再利用曲轴转角信号计算出曲轴在任一时刻所处的具体位置。

②曲轴位置传感器。
曲轴位置传感器将发动机曲轴转过的角度转换为电信号输入 ECU。曲轴每转过一定角度，传感器就会发出一个脉冲信号，ECU 通过不断地检测脉冲个数，即可计算出曲轴转过的角度。与此同时，ECU 还可以根据单位时间内接收到的脉冲个数，计算出发动机的转速。在微机控制电子点火系统中，发动机曲轴转角信号用来计算具体的点火时刻，转速信号用来计算和读取基本点火提前角。凸轮轴位置信号和曲轴位置信号是保证 ECU 控制电子点火系统正常工作所必需的基本信号。

③爆燃传感器。
爆燃传感器的作用是将发动机爆燃信号转换为电信号输入发动机 ECU，以便 ECU 通过修正点火提前角来消除爆燃。因此，爆燃传感器是点火提前角闭环控制系统中必不可少的传感器。

④空气流量传感器。
空气流量传感器是用于确定进气量多少的传感器。空气流量信号输入 ECU 后，除了用于计算基本喷油时间之外，还作为负荷信号来计算和确定基本点火提前角。

⑤冷却水温传感器。
冷却水温传感器信号反映了发动机工作温度的高低。在微机控制电子点火系统中，ECU 除了利用该信号对基本点火提前角进行修正之外，还利用该信号控制发动机启动和暖机期间的点火提前角。

⑥节气门位置传感器。
节气门位置传感器将节气门开启角度转换为电信号输入 ECU。ECU 利用该信号和车速

传感器信号来综合判断发动机所处的工况（怠速、中等负荷、大负荷、减速），并对点火提前角进行修正。

⑦各种开关信号。

各种开关信号用于修正点火提前角。例如，启动开关信号用于启动时修正点火提前角；空调开关信号用于怠速工况下使用空调时修正点火提前角。

(2) ECU。

ECU 既是燃油喷射控制系统的核心，也是点火控制系统的核心。在 ECU 的只读存储器（ROM）中，存储着由台架试验测定的该型发动机在各种工况下的最佳点火提前角。随机存取存储器（RAM）用来存储 ECU 工作时暂时需要存储的数据，如输入/输出数据、单片机运算结果、故障代码、点火提前角修正数据等，这些数据根据需要可随时被调用或被新的数据覆盖。CPU 不断接收上述各种传感器发送的信号，并根据预先设定的程序进行计算和判断后，向点火控制器发出控制信号，以接通或切断点火线圈初级电路。

ECU 的基本结构如图 5-10 所示。它包括输入回路、输出回路、A/D 转换器、微机等。

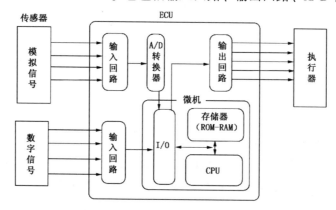

图 5-10　ECU 的基本结构

(3) 点火器。

点火器的作用是根据 ECU 输出的指令（信号），通过内部功率三极管的导通与截止，控制初级电路的通断以完成点火工作。此外，有些点火器还具有恒流控制、闭合角控制、气缸判别、点火监视等功能。

任务实施

任务准备

(1) 防护装备：常规实训工作服、车内外三件套、隔离警示围栏。
(2) 工具设备：发动机实训台、汽车整车、计算机或网络终端。
(3) 辅助资料：卡片、记号笔、翻纸板、参考书。

实施步骤

(1) 观察汽车各类型点火系统。
(2) 观察汽车点火系统各部件。
(3) 根据观察和查找的信息，填写任务报告。

任务报告

任务 20 点火系统基本概述与组成原理			
班级		姓名	
组别		组长	

1. 车辆信息采集（5 分）　　　得分：

整车型号	
车辆识别代码	
发动机型号	

2. 前期准备（15 分）　　　得分：

(1)	环车检查车身状况。□
(2)	正确组装三件套（转向盘套、座套、换挡手柄套），翼子板布和前格栅布。□
(3)	清理工位卫生。□

3. 信息收集（10 分）　　　得分：

(1) 对点火系统的基本要求是：_____，_____，_____。
(2) 当断电器触点打开时，初级电路_____，初级电流及磁场迅速消失，从而在次级线圈中产生_____kV 的感应电动势，它足以击穿_____的电极间隙，产生电火花，点燃混合气。
(3) 微机控制电子点火系统主要由_____、_____、_____、点火线圈等组成。

4. 制订计划（10 分）　　　得分：

请根据工作任务制订工作计划及任务分工。

序号	工作内容	工作要点	负责人

5. 计划实施（50 分）　　　得分：

任务	作业记录内容	配分
点火系统的类型及部件	根据发动机台架和整车实物分辨点火系统的类型。 传统式点火系统 □　普通电子点火系统 □　微机控制电子点火系统 □ 记录点火系统的部件：_____。	25

（续表）

任务	作业记录内容	配分
发电机各部件的作用	写出点火系统各部件的作用。 ①＿＿＿＿＿＿＿＿＿＿＿＿＿＿＿＿＿。 ②＿＿＿＿＿＿＿＿＿＿＿＿＿＿＿＿＿。 ③＿＿＿＿＿＿＿＿＿＿＿＿＿＿＿＿＿。 ④＿＿＿＿＿＿＿＿＿＿＿＿＿＿＿＿＿。 ⑤＿＿＿＿＿＿＿＿＿＿＿＿＿＿＿＿＿。	25

6. 检查评价（10 分）	得分：
请根据个人在完成任务过程中的表现及工作结果进行自我评价和小组评价。 自我评价：＿＿＿＿＿＿＿＿＿＿＿＿＿＿＿＿＿＿＿＿＿＿＿＿＿＿＿。 小组评价：＿＿＿＿＿＿＿＿＿＿＿＿＿＿＿＿＿＿＿＿＿＿＿＿＿＿＿。	
任务总成绩：	

任务 21　点火系统主要部件的结构与性能

课程思政落脚点：中西结合、洋为中用、民族工业

导引事例：火花塞作为点火系统的关键部件，其重要性不言而喻。中国的火花塞制造企业，特别是 3Y 品牌，已从"质量追赶"转变为实现"价值超越"，成功塑造了具有民族特色的品牌。这一品牌不仅是客户和企业共同拥有的资产，更是时代和民族的象征。着眼于 2030 年的可持续发展目标，3Y 品牌火花塞的团队已经邀请日本本土的研发团队来到中国，共同研发并实现产品的本土化生产。在技术和产品材质方面，经过严格筛选和控制，确保了国产产品与进口产品相媲美的品质，同时价格更具竞争力。未来，3Y 品牌火花塞系列产品计划与国际仓库连接，在俄罗斯、巴基斯坦、新加坡、泰国、韩国、新西兰等国家建立仓库，致力于成为全球领先的汽车消费品专家，整合全球最优质的研发、设计和制造资源，为全球追求科技、环保生活的消费者提供经济、安全、舒适的驾驶体验。

 任务资讯

21.1 点火线圈

点火线圈

发动机配备了一个带有静态点火分电系统的感应式点火装置。每个气缸都配备了一个单独的点火线圈，此点火线圈直接安装在气缸盖罩中。线圈点火系统的点火电路包括带初级线圈和次级线圈的点火线圈，以及 DME 中的点火终极火花塞。点火线圈实物如图 5-11 所示。

闭磁路点火线圈的结构如图 5-12 所示。闭磁路点火线圈的铁芯由"日"字形钢片叠加而成，绕组绕在"日"字形钢片中间的"-"上，初级绕组位于内部，次级绕组则包裹在初级绕组的外部。外面用环氧树脂密封，取消了金属外壳，易于散热。

 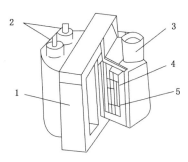

1—点火线圈；2—杆；3—三芯插头

图 5-11 点火线圈实物

1—"日"字形铁芯；2—初级绕组接柱；
3—高压接柱；4—初级绕组；5—次级绕组

图 5-12 闭磁路点火线圈的结构

铁芯磁化后，其磁力线经铁芯构成闭合磁路。闭磁路点火线圈的磁路如图 5-13 所示。由于闭磁路点火线圈漏磁少，磁路的磁阻小，能量损失也较小，因此其能量转换率高达 75%，被称为高能点火线圈。而开磁路点火线圈的能量转换率只有 60%。另外，由于闭磁路的铁芯导磁能力强，可以在较小的磁动势下产生较强的磁场，因而能有效地减小线圈匝数，使点火线圈更加小型化。其体积小，可以直接安装在分电器上，不仅结构紧凑，还能有效降低次级电容，故在电子点火系统中得到了广泛使用。

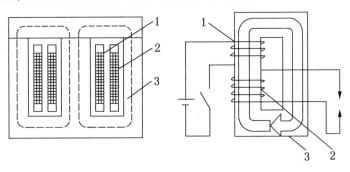

（a）"日"字形铁芯的磁路分布　　（b）"口"字形铁芯的磁路分布

1—初级线圈；2—次级线圈；3—铁芯

图 5-13 闭磁路点火线圈的磁路

21.2 火花塞

火花塞

（1）对火花塞的要求。

火花塞的主要作用是将次级线圈产生的高压电引入发动机的燃烧室，并在其两极间产生电火花以点燃混合气。火花塞的工作条件极为恶劣，需承受高压、高温、高负荷以及燃烧产物的强烈腐蚀。因此，对火花塞提出了以下要求。

①其绝缘体应绝缘可靠，并能承受高于 30 kV 的高压电。

②须能承受温度的剧烈变化，且有适当的热特性，火花塞的下部不得有局部过热的现象，也不可温度过低。

③其主要零件必须有足够的机械强度，电极应由难熔、耐蚀的材料制成。

④火花塞应有适当的电极间隙和安装位置,气密性应良好,以保证点火的可靠性。

(2) 火花塞的构造。

火花塞的构造如图 5-14 所示。接线螺帽用于连接高压线,由镍铬丝制成的侧电极焊接在钢制壳体上。中心电极的上端与金属杆连接,安装在绝缘体的中心孔中。中心电极同样由镍铬丝制成,但比侧电极稍粗,以增强其传热能力。紫铜密封垫圈使绝缘体和钢制壳体之间获得良好的密封,并进一步增强中心电极的传热能力。火花塞通过其钢制壳体下端的螺纹旋入气缸盖,二者之间用多层紫铜密封垫圈密封。

火花塞中心电极和侧电极的间隙一般为 0.7~1.0 mm。近年来,为适应发动机排气净化的要求,采用稀混合气燃烧,火花塞间隙有增大的趋势,有的已增大至 1.0~1.2 mm。

(3) 火花塞的热特性。

要使火花塞正常工作,火花塞绝缘体裙部的温度应保持在 773~1023 K,此温度被称为自净温度。如果温度低于此范围,火花塞易积碳并导致漏电,进而引发断火现象;若温度高于此范围,则容易产生炽热点火,可能引起爆燃,甚至在进气行程中燃烧,引发进气管回火现象。

火花塞的热特性主要取决于火花塞绝缘体裙部的长度。绝缘体裙部较长的火花塞,其受热面积大、传热距离长,因此散热困难,导致裙部温度高,这类火花塞被称为热型火花塞。反之,绝缘体裙部较短的火花塞,其受热面积小、传热距离短,因此散热容易,导致裙部温度低,这类火花塞被称为冷型火花塞。冷型火花塞和热型火花塞的散热途径如图 5-15 所示。热型火花塞适用于低速、低压缩比的小功率发动机;冷型火花塞则适用于高速、高压缩比的大功率发动机。

火花塞的热特性常用热值或炽热数来标定。我国是以火花塞绝缘体的裙部长度来标定热值的,并以 1~11 的阿拉伯数字作为热值代号。热值代号如表 5-1 所示。

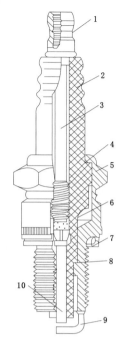

1—接线螺帽;2—绝缘体;
3—填料;4—钢制壳体;
5、8—紫铜密封垫圈;
6—金属杆;9—侧电极;
10—中心电极

图 5-14 火花塞的构造

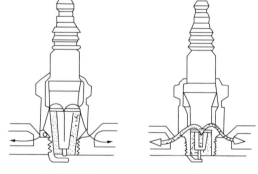

(a) 冷型火花塞　　(b) 热型火花塞

图 5-15 冷型火花塞和热型火花塞的散热途径

表 5-1 热值代号

热值代号	1	2	3	4	5	6	7	8	9	10	11
热特性				热型←				→冷型			

（4）常用火花塞的类型。

按照火花塞的结构，常用火花塞的类型如图 5-16 所示。

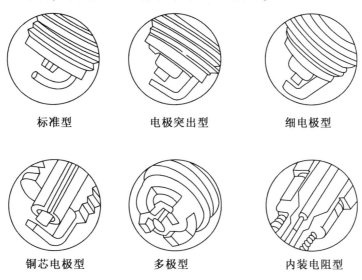

图 5-16　常用火花塞的类型

①标准型火花塞。

标准型火花塞的绝缘体裙部缩入壳体端面内部，侧电极位于壳体端面外部。

②电极突出型火花塞。

电极突出型火花塞的绝缘体裙部较长，突出于壳体端面之外。它具有吸热量大、抗污能力强的优点，且能直接受到进气的冷却而降低温度，因此不易引起炽热点火，热适应范围广，是目前应用最广泛的火花塞。

③细电极型火花塞。

细电极型火花塞的电极很细，特点是火花强烈、点火能力强，即使在严寒季节也能保证发动机迅速可靠地启动，热适应范围较广，能满足各种使用需求。

④铜芯电极型火花塞。

高速发动机普遍采用铜芯电极型火花塞。这种火花塞把抗蚀性优良的镍合金与传导性好的无氧铜结合在一起，由于铜的导热性好，因此提高了热值上限，能够在高速时限制炽热点火。同时，裙部的加长和热室容积的扩大使得热值下限也得以扩宽，提高了电极耐油污、抗烧蚀的能力。

⑤多极型火花塞。

多极型火花塞的侧电极一般为两个或两个以上。其优点是点火可靠，间隙无须经常调整，故在电极容易烧蚀和火花塞间隙不能经常调整的一些汽油机上得到应用。如东风富康轿车采用了二电极型火花塞，上海桑塔纳轿车采用了四电极型火花塞。

⑥内装电阻型火花塞。

内装电阻型火花塞内装有 5～10 kΩ 的电阻，可以抑制汽车点火系统对无线电的干扰。此外，还有利用金属壳体将整个火花塞屏蔽的火花塞类型，它不仅可以防止无线电干扰,还可以用于防水、防爆的场合。

21.3 点火控制器

点火控制器的作用是按照点火信号发生器产生的电压信号来接通或断开点火线圈初级电路,使点火线圈次级绕组产生高压电。点火控制器的基本功能电路如图 5-17 所示。现代汽车的一些点火控制器中还增加了闭合角控制、停车断电保护、点火能量恒定等功能电路。

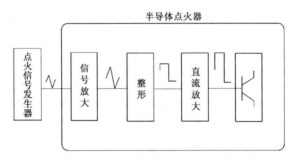

图 5-17　点火控制器的基本功能电路

📝 任务实施

☞ 任务准备

（1）防护装备：常规实训工作服、车内外三件套、隔离警示围栏。
（2）工具设备：拆装工具、汽整车或试验台、计算机或网络终端。

跳火试验

（3）辅助资料：卡片、记号笔、翻纸板、参考书。

☞ 实施步骤

（1）正确拆装火花塞。
（2）使用跳火试验判断点火系统的性能。
（3）根据测量和查询的信息,填写任务报告。

📖 任务报告

任务 21　点火系统主要部件的结构与性能			
班级		姓名	
组别		组长	
1. 车辆信息采集（5 分）		得分：	
整车型号			
车辆识别代码			
发动机型号			

(续表)

2. 前期准备（15 分）		得分：
（1）	环车检查车身状况。□	
（2）	正确组装三件套（转向盘套、座套、换挡手柄套），翼子板布和前格栅布。□	
（3）	清理工位卫生。□	

3. 信息收集（10 分）	得分：
（1）每个气缸都配备了一个单独的点火线圈，此点火线圈直接安装在＿＿＿＿＿＿中。 （2）火花塞中心电极和侧电极的间隙一般为＿＿＿＿＿＿ mm。近年来，为适应发动机排气净化的要求，采用稀混合气燃烧，火花塞间隙有增大的趋势，有的已增大至＿＿＿＿＿＿ mm。 （3）按照热特性的不同，火花塞主要分为＿＿＿＿＿＿和＿＿＿＿＿＿两种。	

4. 制订计划（10 分）			得分：
请根据工作任务制订工作计划及任务分工。			
序号	工作内容	工作要点	负责人

5. 计划实施（50 分）		得分：

任务	作业记录内容	配分
火花塞的拆卸	（1）正确拆除挡住点火线圈的部件。是 □ 否 □ （2）拔下点火线圈插头并拆下点火线圈。是 □ 否 □ （3）用压缩空气清洁火花塞安装孔。是 □ 否 □ （4）使用火花塞专用套筒拆下火花塞。是 □ 否 □	15
跳火试验	（1）连接发动机尾排。是 □ 否 □ （2）将火花塞正确安装到点火线圈上。是 □ 否 □ （3）将火花塞螺纹搭铁。是 □ 否 □ （4）启动发动机。是 □ 否 □ （5）观察跳火情况。无火花 □ 火花弱 □ 火花正常 □	20
火花塞的安装	（1）用专用工具将火花塞略微拧入螺纹孔中。是 □ 否 □ （2）火花塞是否掉落损坏？是 □ 否 □ （3）按规定力矩拧紧火花塞。是 □ 否 □ （4）正确安装点火线圈及插头。是 □ 否 □ （5）短时间内，发动机运转是否平稳？是 □ 否 □	15

(续表)

6. 检查评价（10分）	得分：
请根据个人在完成任务过程中的表现及工作结果进行自我评价和小组评价。 自我评价：_____。 小组评价：_____。	
任务总成绩：	

任务 22　点火系统的使用维护与部件检修

课程思政落脚点：职业道德、诚信

导引事例：一些维修部和 4S 店在维修时存在"小病大修，没病假修"的现象，缺乏职业道德和诚信。在某年的"3·15"晚会上，央视财经记者在专业人士的帮助下，对一辆售价在 8 万元左右的日产骐威轿车进行了全面检查，确认发动机没有任何故障后，断开了发动机第四缸的点火线圈插头。随后，发动机出现了明显抖动，仪表板上的故障灯亮起。当重新接上插头后，车辆抖动随之消失。

中国质量检验协会的汽车专家表示，对于普通的维修技工来说，这是非常简单的一件事情。因为当发动机出现轻微抖动时，修理工只要找到点火线圈的位置，看它是否有松动，将其插实后重新启动，消除故障码，问题便能迅速解决。

对于这样一个简单的故障，4S 店会怎样维修呢？央视财经记者首先将车开到了位于杭州市的一家东风日产 4S 店进行维修。该店的服务顾问建议，由于节气门和油路的积碳较多，需要进行清洗并更换点火线圈。

这样一来，原来简单的故障变得复杂起来，维修费用也增加了不少。

任务资讯

22.1 电子点火系统的正确使用

电子点火系统的形式较多，电路、原理差异较大，使用要求也各不相同，因此在使用过程中应严格遵守厂家的规定。一般应注意的问题如下。

（1）接线必须正确、牢固，插接器要插接良好。系统中的晶体管器件应安放在易于散热、通风良好的位置上。

（2）清洗发动机时，应断开点火开关，并且不得直接清洗半导体组件。

（3）拆卸、连接点火系统导线（包括高压线）以及使用仪器进行检测时，应先断开点火开关。同时，应谨慎使用"试火法""短路法"来检查点火系统故障，以防发生意外。

（4）电子点火系统的分电器、点火控制装置、高能点火线圈一般都是专用产品，不得随意替代。如果中途出现故障且一时无法排除，需用传统点火系统替换时，应将分电器、点火控制器和点火线圈全部拆下，换上传统点火装置组件，并按照其要求接线、调试。

(5) 无触点信号发生器的定时转子与定子或凸齿之间的间隙应调整到规定值。例如，解放牌 CA1092 型汽车的间隙应为 0.3～0.5 mm，日本丰田车的间隙应为 0.2～0.4 mm。在检查隔磁转盘凸齿与传感器铁芯之间的间隙时，必须使用塑料塞尺，禁止使用一般的钢质塞尺。

(6) 电子点火系统中的电子元件较多，对精度的要求较高，一般不得随意拆卸、焊接。如果需要更换损坏的晶体管或集成块，则应选用与原件型号相同或性能参数更优的代用件。在装配时，应注意管脚的极性。在焊接时，应选用尖嘴钳夹住管脚。焊接速度应尽可能快，防止烙铁热量传入元件内，损坏晶体管或集成块。

22.2 点火线圈的使用与维护

(1) 安装注意事项。

①点火线圈的性能参数、工作电压、点火形式应与发动机的型号相匹配。

②在安装点火线圈前，应检查绝缘盖表面，除去吸附油污或导电杂质，使其清洁干燥。同时，应备的附件必须完整，支架外壳的安装螺钉应紧固可靠。对于油浸式点火线圈，还应检查绝缘盖与金属外壳连接处的密封性，若密封不良，存在漏油或渗油现象，则不宜安装。

③在选择时，闭磁路点火线圈应确保其与分电器的结构和发动机的型号相匹配。

④点火线圈低压接线柱的正负极符号应区分清楚，以防接线错误。

⑤在连接自带附加电阻的点火线圈时，切勿将附加电阻的两个接线柱短路或拆除后直接连接电源使用，以防点火线圈温度过高、加速老化，甚至造成爆裂等故障。

⑥在安装点火线圈时，应将绝缘盖或高压插孔朝上，否则汽车在运行中容易引起高压线脱落故障，且接线或更换拆卸也不方便。

⑦点火线圈应装于通风良好、离地面较高、距分电器较近的位置，以便散热、防止水溅入，并缩短高压线长度，减小高压电磁波的辐射范围，降低对无线电的干扰。

(2) 使用注意事项。

①当发动机停止运转时，应及时切断点火电源，使点火开关处于"0"或"OFF"位置，以免蓄电池长期向点火线圈放电。

②在更换或维修点火线圈时，务必安装高压耐油橡皮套，以防止灰尘、杂物进入高压插孔。中央高压线与高压插孔的接触应良好可靠，以防工作时内部跳火，使绝缘盖炭化。

③当点火线圈的附加电阻损坏时，应立即更换同规格的附加电阻，切勿将其短路。

22.3 火花塞的使用与维护

(1) 安装注意事项。

①同一台发动机不得混用不同型号的火花塞，也不得用其他型号的火花塞代替。

②在安装火花塞时，一定要按照规定的力矩将其扭紧，不得漏装或多装密封垫圈。

(2) 火花塞的保养。

火花塞的瓷芯表面应清洁，颜色应为白色或很淡的棕色，或瓷芯上仅有一层微薄的褐色粉末。电极应完整无损，旋入气缸盖的螺纹应为铁色。为保持火花塞的清洁干净和正常工作，必须定期做好火花塞的保养工作。

22.4 微机控制电子点火系统的使用与维护

（1）有分电器微机控制电子点火系统的使用与维护。

在有分电器微机控制电子点火系统的使用和检修中，为了避免对车辆和人体产生不良影响，除了遵守电子点火系统使用与维护的一般规定外，还应注意以下几点。

①不能随意拆卸蓄电池的搭铁线；在拆卸前，应注意读取故障代码。

②由于线路复杂，接插件较多，在检查接插件时，不要造成接插件端子变形；在检查过程中，不要造成端子之间的短接。

③在诊断故障时，应充分利用故障自诊断系统，以提高效率。

④微机控制单元的可靠性较高，发生故障的概率较小，一般不得拆卸，以避免振动和受潮。在诊断故障时，一般应首先检查传感器、导线和执行机构。

⑤点火正时的检查与电子点火系统的差异较大，应严格按照相关车型说明书进行操作。

⑥有关线路电缆的拔插操作必须在点火开关断开后进行。

（2）无分电器微机控制电子点火系统的使用与维护。

在无分电器微机控制电子点火系统的使用和检修中，除了遵守有分电器微机控制电子点火系统使用与维护的规定外，还应注意以下几点。

①尽量避免使用将高压线断路的方法检查二极管配电方式的点火系统故障，以免造成高压二极管的损坏。

②在同时点火方式的点火系统中，各气缸高压线要分别插入点火线圈相应的插孔中，不能乱插。

③在单独点火方式的点火系统中，各气缸点火线圈与点火控制器之间的接线不能错乱。

④初始点火提前角一般可以通过改变曲轴位置和转角传感器或判缸信号传感器的定子部分（传感部分）的安装位置进行调整。如果使传感器的定子部分沿着传感器转子工作时的旋转方向转过一定角度，则初始点火提前角减小；如果使传感器的定子部分逆着传感器转子工作时的旋转方向转过一定角度，则初始点火提前角增大。

⑤在一个发动机工作循环中，同时点火方式的每个火花塞要跳火两次，电极损耗严重。因此，为了保证火花塞能够可靠工作，一般要采用特制的火花塞，或加强对火花塞的定期检查。

22.5 点火线圈的检修

点火线圈的检修

点火线圈的检修主要是检查初级绕组和次级绕组有无断路、短路故障。这些故障可以通过使用万用表测量绕组的电阻来进行判断。电子点火系统采用两端子式点火线圈，其检修方法如下。

（1）初级绕组的检修。

将万用表置于 R×1 Ω 挡，两只表笔分别连接点火线圈的"+15"和

"-1"端子。在标准温度（20 ℃）下，测得的电阻值应为 0.5～1 Ω。如果电阻值为无穷大，说明初级绕组断路，应更换新品。

（2）次级绕组的检修。

将万用表置于 R×1 kΩ 挡，一只表笔连接点火线圈的高压插孔，另一只表笔连接"+15"与"-1"中的任意一个端子。在标准温度（20 ℃）下，测得的电阻值应为 2.5～4 kΩ。如果电阻值为无穷大，则说明次级绕组断路；如果电阻值过小，则说明次级绕组短路。无论是断路还是短路，都应更换点火线圈。

22.6 火花塞的检修

火花塞的检修

火花塞在高温、高压环境下工作，是汽油发动机中的易损件之一，其性能直接影响着发动机的工作状况。研究表明，在一台多缸发动机中，若有一只火花塞失效，可能导致油耗增加 10%～15%，功率下降 18%～35%，尾气中一氧化碳和碳氢化合物的含量显著上升，发动机的启动性能下降。因此，应定期对火花塞进行检查和维护。

（1）火花塞技术状况的检查。

除了使用专用仪器进行密封发火试验以外，还可以采取以下方法检查火花塞的技术状况。

①就车检查法。

触摸法。启动发动机并使其怠速运转，用手触摸火花塞的绝缘陶瓷部分。如果温度迅速升高，则表明火花塞正常；反之，则不正常。

短路法。启动发动机，使其怠速运转，用旋具逐缸对火花塞进行短路，听发动机转速和响声的变化。如果转速和响声变化明显，则表明火花塞正常；反之，则不正常。

跳火法。拆下火花塞，将其放在气缸体上，用高压线进行试火。如果无火花或火花较弱，则表明火花塞可能存在漏电或不工作的问题。

②观色法。

拆下火花塞观察，如果颜色为赤褐色或铁锈色，表明火花塞正常；如果为渍油状，则表明火花塞间隙失调或供油过多，高压线短路或断路；如果为烟熏的黑色，则表明火花塞冷热型选错或混合气过浓、机油上窜。如果顶端与电极间有沉积物，当为油性沉积物时，说明气缸内机油窜出，与火花塞无关；当为黑色沉积物时，说明火花塞积碳导致旁路；当为灰色沉积物时，说明汽油中的添加剂覆盖了电极，导致缺火。若火花塞严重烧蚀，如顶端起疤、有黑色花纹破裂、电极熔化，则表明火花塞已经损坏。

（2）检查火花塞的绝缘电阻值。

现代汽车普遍采用内装电阻型火花塞，其绝缘电阻值为 3～15 kΩ。检查方法是将万用表置于 R×1 kΩ 挡，两只表笔分别连接中心电极和高压线插头进行测量。如果电阻值为无穷大，说明电阻断路，应更换火花塞；如果电阻值过小，则可能无法抑制无线电干扰信号，亦应更换火花塞。

（3）检查与调整电极间隙。

实践证明，汽车每行驶 1600 km，火花塞电极的烧蚀量约为 0.025 mm。因此，汽车行驶一段时间后，应当检查并调整电极间隙。一般情况下，汽车每行驶 15 000～20 000 km（长效火花塞 30 000 km）或电极严重烧蚀时，应检查并调整火花塞的电极间隙。火花塞电极间隙的测量与调整方法如图 5-18 所示。

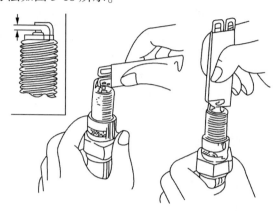

图 5-18　火花塞电极间隙的测量与调整方法

电极间隙应当使用火花塞专用量规进行测量和调整。标准间隙根据不同车型和发动机类型有所不同，例如：桑塔纳轿车 AFE 型电喷发动机的标准间隙为 0.7～0.9 mm，AJR 型电喷发动机的标准间隙为 0.9～1.1 mm；吉普切诺基的标准间隙为 0.84～0.97 mm。其他车辆用火花塞的标准间隙可以参照原厂维修手册的规定进行调整。

任务实施

☞ 任务准备

（1）防护装备：常规实训工作服、车内外三件套、隔离警示围栏。
（2）工具设备：点火线圈、火花塞、万用表、计算机或网络终端。
（3）辅助资料：卡片、记号笔、翻纸板、使用手册。

☞ 实施步骤

（1）对点火线圈进行检查。
（2）对交流发电机进行解体检测。
（3）根据检查、测量和查询的信息，填写任务报告。

任务报告

任务 22　点火系统的使用维护与部件检修				
班级			姓名	
组别			组长	
1. 设备信息采集（5 分）			得分：	
点火线圈型号				
火花塞型号				

（续表）

2. 前期准备（15 分）		得分：
（1）	检查万用表。☐	
（2）	清理工位卫生。☐	

3. 信息收集（10 分）	得分：

（1）点火线圈的检修主要是检查_____绕组和_____绕组有无断路、短路故障。这些故障可以通过使用万用表测量绕组的_____来进行判断。
（2）电极间隙应当使用火花塞_____进行测量和调整。

4. 制订计划（10 分）	得分：

请根据工作任务制订工作计划及任务分工。

序号	工作内容	工作要点	负责人

5. 计划实施（50 分）	得分：

任务	作业记录内容	配分
点火线圈的检测	根据实物和电路图，结合图 5-19 所示结构完成测量。 1—初级线圈；2—次级线圈；3—火花塞； KL.15—供电端；SIG—点火信号端；KL.4a—接地端 **图 5-19 点火线圈内部结构** （1）初级绕组测量端子：_____和_____。 测量数值：_____Ω。标准值：_____Ω。 判断初级线圈。短路 ☐ 断路 ☐ 正常 ☐ （2）次级绕组测量端子：中心电极和_____（正向）。 测量数值：_____Ω。标准值：_____Ω。	

(续表)

任务	作业记录内容	配分
	次级绕组测量端子：_____和中心电极（反向）。 测量数值：_____Ω。标准值：_____Ω 判断次级线圈。短路 □ 断路 □ 正常 □ 判断二极管。短路 □ 断路 □ 正常 □	30
火花塞的检测	（1）绝缘电阻测量端子：_____和_____。 测量数值：_____Ω。标准值：_____Ω 判断绝缘电阻。短路 □ 断路 □ 正常 □ （2）电极间隙检查。 测量数值：_____mm。标准值：_____mm。 判断电极间隙。调整 □ 正常 □	20

6. 检查评价（10分）   得分：

请根据个人在完成任务过程中的表现及工作结果进行自我评价和小组评价。
自我评价：_____。
小组评价：_____。

任务总成绩：

任务23　点火系统的故障诊断与排除

课程思政落脚点： 责任、法律法规

导引事例： 汽车检测诊断的意义是什么？

汽车诊断是汽车维护与使用过程中的关键环节，其主要目的是确定在用汽车的技术状况是否正常，并找出导致异常状况的故障原因及其部位。

汽车只有在技术状况正常的情况下，才能可靠运行并充分发挥其性能，从而保证行驶过程中的安全性、经济性和环保性。汽车的外部状况可以通过目视检查来确定其状态，但在不解体的情况下，对其内部状况的判断却是一项十分复杂的工作。如果将汽车的总成或机构通过分解的方式进行检查，不仅费工费时，还可能对其可靠性和性能产生不利的影响。

因此，采用汽车诊断技术检测汽车技术状况、检查汽车维修质量以及判断汽车故障，是一种十分有效的方法。

任务资讯

点火系统的工作状态对发动机在各个工况下的运转情况都有直接影响。因此，明确点火系统正常工作的特征，了解点火系统常见故障的现象及诊断排除方法，对保证发动机的正常工作非常重要。

当点火系统工作正常时，通常具有以下四个特征。

(1) 在发动机的各种工况和使用条件下,各缸火花塞都能产生能量足够的电火花。
(2) 点火次序与发动机各缸的配气顺序一致。
(3) 在发动机的各种工况和使用条件下,点火提前角都比较适当。
(4) 点火开关断开后,发动机能迅速熄火。

如果点火系统的工作情况与上述特征不完全相符,则表明点火系统存在故障。点火系统的常见故障包括个别或所有火花塞不跳火或火花能量不足、点火次序与发动机各缸的配气顺序不一致、点火不正时以及火花塞炽热点火等。这些故障将会导致发动机在启动系统、燃料供给系统等其他系统正常的情况下不着火或启动后工作不正常。

23.1 电子点火系统的故障诊断与排除

电子点火系统的故障与传统点火系统类似,多数故障的原因及诊断排除方法也与传统点火系统基本相同,但发动机不着火这一故障的原因和诊断排除方法与传统点火系统存在一些差异,应予以注意。

(1) 发动机不着火的原因。

①低压电路故障。

例如:点火线圈初级绕组断路、附加电阻断路、导线断路、信号发生器故障、点火控制器故障等造成初级电路断路;导线搭铁、点火控制器故障等造成低压电路短路。

②高压电路故障。

例如:点火线圈次级绕组断路、高压线断路或脱落、火花塞间隙过大等造成次级电压无法击穿火花塞间隙;点火线圈老化,火花塞积碳、污损或间隙太小等造成火花塞产生的电火花能量不足。

③点火次序与发动机各缸的配气顺序不一致或点火正时不当等。

(2) 发动机不着火的诊断排除方法。

①如果发动机在启动过程中能够着火,但在点火开关退回点火挡后立即熄火,其原因和诊断排除方法与传统点火系统相同。

②如果发动机在启动时不着火,则应先通过中央高压线的跳火情况判断故障位于高压电路、低压电路还是点火线圈。具体方法是:打开发动机罩,拔出分电器中央高压线,使其距离气缸体 5~7 mm,接通点火开关,转动曲轴,观察中央高压线和气缸体之间的跳火情况。

若火花很强,则表明低压电路和点火线圈良好,故障可能存在于配电器、高压线和火花塞组成的高压电路中,需要进一步检查。

若无火花,则表明低压电路存在短路、断路故障,或点火线圈、信号发生器、点火控制器、中央高压线有故障,需要进一步检查。

若火花不强,则表明点火线圈老化或点火控制器有故障,可以采用换件比较法进一步诊断分析。

③高压电路的检查方法与传统点火系统相同。

④确认低压电路存在短路、断路,或点火线圈、中央高压线等部分有故障后,应使用万用表等工具对低压电路和点火线圈等部分进行进一步的检查。

断开点火开关，用万用表的电阻挡检查点火线圈绕组、附加电阻、中央高压线是否存在断路，它们的阻值应符合要求。同时，还需要检查点火控制器和点火线圈"−"接线柱及点火信号发生器之间的连接导线（包括接插件）是否存在断路或接触不良。

如果点火线圈和线路均正常，则故障可能发生在信号发生器或点火控制器上。此时，既可以直接用交流电压表或示波器来测量信号发生器的信号进行诊断，也可以用人工方法给点火控制器输入脉冲信号，通过观察高压线的跳火情况进行分析。

借助交流电压表或示波器测量信号发生器的输出电压，可以检查信号发生器是否正常。在转动分电器轴使信号转子转动的过程中（对于霍尔式和光电式信号发生器，还应接通点火开关），如果信号发生器输出交变信号，则表示信号发生器正常；否则，说明信号发生器有故障。对于磁感应式信号发生器，用手摇动发动机时，交流电压一般应不小于 0.1 V；用起动机带动发动机转动，且信号转子的转速在 50 r/min 以上时，交流电压一般应不小于 2 V。

如果点火控制器、信号发生器等部件发生故障，一般应予以更换。

23.2 微机控制电子点火系统的故障诊断与排除

虽然微机控制电子点火系统的工作可靠性有所提高，但是点火系统故障仍是比较常见的，而且其常见的故障现象与传统点火系统及电子点火系统相似。由于微机控制电子点火系统的组成、工作原理与传统点火系统及电子点火系统存在差异，发生故障的原因也各不相同，诊断排除方法亦有所不同。

微机控制电子点火系统的故障原因除了点火控制器、点火线圈、配电器、高压线、火花塞发生故障外，还包括各种传感器及其线路连接异常，或微机控制单元及其线路连接异常。

在诊断微机控制电子点火系统故障时应注意，多数采用微机控制电子点火系统的发动机都设有故障自诊断系统，即发动机 ECU 具有自诊断功能。当发动机不能启动或工作异常，怀疑是点火系统故障时，应首先利用发动机 ECU 的自诊断功能进行诊断和检查，必要时再进行人工诊断，最后通过人工检查查明故障部位和原因。

（1）利用发动机 ECU 的自诊断功能进行诊断。

发动机 ECU 的自诊断功能是指发动机 ECU 利用内部的专门电路和程序（即自诊断系统），在发动机工作过程中时刻监视各个电子控制系统的传感器、执行器的工作状态，一旦发现某些信号异常，自诊断系统会点亮仪表板上的"CHECK"或"CHECK ENGINE"指示灯（又称发动机故障指示灯或检查发动机报警灯），以通知驾驶员发动机出现故障。同时，发动机 ECU 会将故障信息以代码的形式存储起来。在维修时，技术人员可以通过发动机故障指示灯或专用仪器调取这些故障代码。

当点火开关旋至接通位置且不启动发动机时，检查发动机报警灯应亮起。若检查发动机报警灯未亮，说明报警灯或其电路存在故障，需要及时进行检查并排除。在启动发动机后，检查发动机报警灯应熄灭。若检查发动机报警灯不熄灭，则说明诊断系统已检测出发动机系统存在故障或异常。利用发动机 ECU 的自诊断功能诊断和检查故障的主要步骤如下。

①根据故障代码，确定故障的具体部位、原因，并予以排除。

维修人员读出故障代码后，可根据故障代码表，查出故障的含义、类别以及可能的故障范围等。一般情况下，故障代码只代表了故障的类型及大致范围，不能详尽指明故障的全部原因。因此，必须以此为依据进行具体、全面的检查，找出故障并予以排除。

②进行路试检查，确保故障已彻底排除。

将故障全部排除后，应进行路试检查。在路试过程中，检查发动机报警灯应指示正常。即当点火开关旋至接通位置且不启发动机时，检查发动机报警灯应点亮；在启动发动机后，检查发动机报警灯应熄灭，说明故障已经彻底排除。在启动发动机后，若发动机报警灯不熄灭，则说明电子控制系统仍存在故障。若出现原来的故障代码，则说明故障部位未能彻底修理好；若出现新的故障代码，则说明发生新的故障，需要继续修理。

③清除故障代码。

在故障被彻底排除后，ECU虽然恢复正常工作，检查发动机报警灯也指示正常，但故障代码仍然储存在发动机 ECU 中，不会自行消除。当再次读取故障代码时，这些故障代码会和新的故障代码一起显示出来，给诊断维修增加了困难。因此，在故障彻底排除、检查发动机报警灯指示正常后，应及时消除故障代码。消除故障代码的方法如下。

首先，将点火开关旋至断开位置。然后，从发动机接线盒中拆下 EFI 熔丝，等待 10 s 后，便可清除储存在发动机 ECU 中的故障代码。另外，拆下蓄电池负极电缆 10 s 以上，也可清除故障代码，但这种方法会同时清除时钟、音响等其他系统的数据。如果因发动机检修而必须拆下蓄电池负极电缆，一定要先读取发动机 ECU 中储存的故障代码。

在清除故障代码后，应再次进行路试。在路试过程中，检查发动机报警灯应指示正常。

(2) 人工诊断。

如果只是为了判断个别气缸工作是否正常，则可以人为停止该缸喷油，根据该缸停止喷油前后发动机的转速变化进行判断。但是要具体确定个别气缸不工作的故障原因，还需要用对缸体试火的方法进行仔细检查。如果是因火花塞缺火导致的个别气缸工作不良，除了火花塞本身的故障外，还可能是相应的点火信号控制电路连接不良或点火线圈、点火控制器、微机控制单元的相应部分等发生故障。

📝 任务实施

☞ 任务准备

(1) 防护装备：常规实训工作服、车内外三件套、隔离警示围栏。

(2) 工具设备：示波器、汽车整车、计算机或网络终端。

(3) 辅助资料：卡片、记号笔、翻纸板、参考书。

☞ 实施步骤

(1) 对示波器的各项参数进行设置。

(2) 使用示波器进行点火波形的测量。

(3) 根据测量和查询的信息，填写任务报告。

任务报告

任务 23 点火系统的故障诊断与排除		
班级		姓名	
组别		组长	

1. 车辆信息采集（5分）　　　　　得分：

整车型号	
车辆识别代码	
发动机型号	

2. 前期准备（15分）　　　　　得分：

(1)	环车检查车身状况。□
(2)	正确组装三件套（转向盘套、座套、换挡手柄套），翼子板布和前格栅布。□
(3)	清理工位卫生。□

3. 信息收集（10分）　　　　　得分：

发动机不着火的原因可能是_____电路故障、_____电路故障、点火次序与发动机各缸的配气顺序不一致或点火正时_____等。

4. 制订计划（10分）　　　　　得分：

请根据工作任务制订工作计划及任务分工。

序号	工作内容	工作要点	负责人

5. 计划实施（50分）　　　　　得分：

任务	作业记录内容	配分
示波器参数设置	(1) 示波器振幅设置为：_____ V。 (2) 示波器频率设置为：_____ Hz。	10
初级点火波形的测量	(1) 表笔连接方式： 红表笔接正，黑表笔接负。□ 红表笔接正，黑表笔接地。□ 红表笔接负，黑表笔接正。□ 红表笔接地，黑表笔接正。□	30

· 144 ·

（续表）

任务	作业记录内容	配分
	（2）将每种连接方式测量得到的波形分别与图 5-20(a)、(b)、(c)、(d)进行对照。 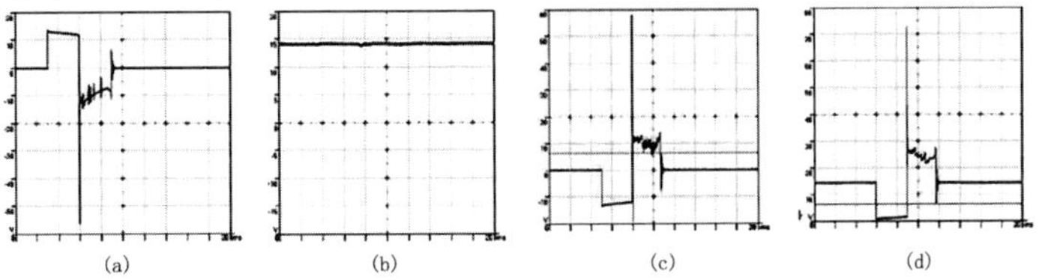 图 5-20 初级点火波形特性曲线	
初级点火波形的判断	哪种连接方式对应的波形是正常的？_____	10

6. 检查评价（10 分）	得分：

请根据个人在完成任务过程中的表现及工作结果进行自我评价和小组评价。
　　自我评价：_____。
　　小组评价：_____。

任务总成绩：

项目6
汽车照明与信号系统的维护与检修

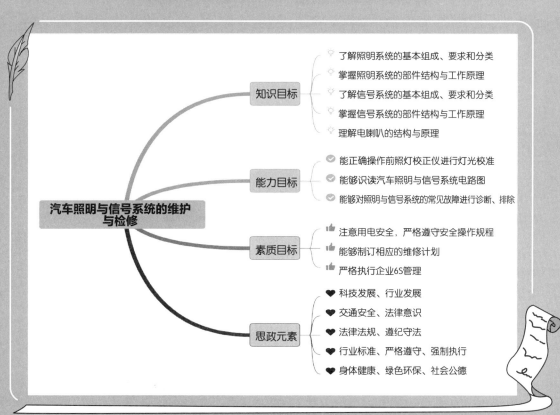

任务 24　照明系统的基本知识

课程思政落脚点：科技发展、行业发展
导引事例：汽车车灯的发展历史如下。

第一辆四轮汽车问世时，设计者们的首要目标是确保汽车能够快速且稳定地行驶，汽车照明并不是他们考虑的重点，因此早期的汽车往往没有配备完善的灯光系统。

煤油灯时代：1886—1904 年，电灯尚未普及之前，煤油灯是最常用的汽车照明工具。

乙炔灯时代：1905—1925 年，尽管白炽灯在 1898 年就已经被用作车灯，但是受到碳灯丝寿命较短和车载发电机技术不成熟等因素的限制，亮度更高且技术更为成熟的乙炔灯成为当时车灯的主流选择。

白炽灯时代：自 1925 年开始，白炽灯的广泛应用标志着汽车照明技术告别了传统的"明火时代"，进入了电气化的新阶段。

氙灯时代：自 1992 年开始，氙灯作为卤素灯的改进型，提供了更高的亮度、更低的能耗和更长的寿命。然而，它也存在一些缺点，如启动时会有短暂的延迟、色温较高，在雨雪和大雾等恶劣天气下可能会出现光线折射，影响其穿透力。

LED（发光二极管）灯时代：自 2004 年开始，LED 灯因其节能、成本效益高、寿命长、响应迅速、体积小且设计灵活等优点，逐渐成为汽车照明的新宠。

激光灯时代：从 2008 年开始，激光灯以其更小的体积、更低的能耗和远超 LED 灯的光线强度而受到关注。激光光源的照射距离几乎是 LED 远光灯的两倍，显著扩大了照明范围。

 任务资讯

24.1　照明系统的概述

照明系统的概述

为了保证汽车行驶的安全性，减少交通事故和机械事故的发生，汽车上装有多种照明设备和灯光信号装置。这些装置俗称灯系，它已成为汽车上不可缺少的一部分。汽车灯系可分为车外照明和车内照明两部分，常见车外照明装置和常见车内照明装置分别如图 6-1 和图 6-2 所示。主要照明设备介绍如下。

（1）前照灯安装在汽车头部的两侧，用来照亮车前的道路。根据设计不同，可以分为两灯制和四灯制。前照灯可以包括多种不同的灯光模式，其中最主要的是近光灯和远光灯。

（2）雾灯安装在汽车头部或尾部，在有雾、下雪、暴雨或尘埃弥漫等情况下，用来改善道路的照明情况。每车配备一只或两只雾灯，安装位置比前照灯稍低，一般离地面约 50 cm，射出的光线倾斜度大，光色为黄色或橙色（黄色光波较长，透雾性能好）。

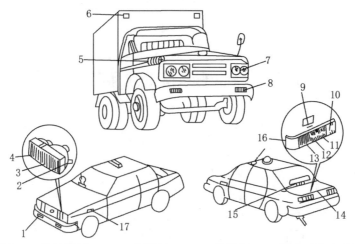

1—前转向灯；2—前示廓灯；3、7—前照灯；4、8—前雾灯；5—转向示位指示灯；6—示廓灯；
9—行李箱灯；10—倒车灯；11—后雾灯；12—后示廓灯；13—制动灯；14—牌照灯；
15—高位制动灯；16—后转向灯；17—侧转向灯

图 6-1　常见车外照明装置

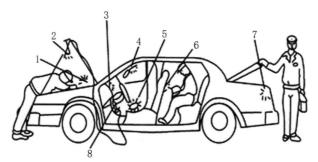

1—发动机罩下灯；2—工作灯；3—仪表板照明灯；4—顶灯；
5—门灯；6—阅读灯；7—行李箱灯；8—开关照明灯

图 6-2　常见车内照明装置

（3）示廓灯安装在汽车头部和尾部两侧的边缘，在夜间行驶时，用来标示汽车的宽度。

（4）牌照灯安装在汽车尾部牌照上方或左右两侧，用来照亮汽车牌照，确保行人在车后 20 m 处能看清牌照上的文字及数字。

（5）倒车灯安装在汽车尾部，当变速器挂倒挡时，自动亮起，照亮车后侧，同时警示后方车辆和行人注意安全。

（6）制动灯安装在汽车尾部。在踩下制动踏板时，发出较强的红光，以示制动。为了避免大型车司机因视线受阻而看不清制动灯，轿车等小型车后窗内可以加装由 LED 成排显示的高位制动灯。

（7）仪表板照明灯安装在仪表板上，用来照亮仪表指针及刻度盘。有些仪表板照明灯的发光强度可以调节。

（8）顶灯安装在车厢或驾驶室内顶部，除了提供内部照明外，还兼具监视车门是否可靠关闭的功能。

(9) 其他辅助用灯。为了便于夜间检修，设有工作灯，通过插座与电源相接。有些汽车在发动机罩下面还装有发动机罩下灯，其功用与工作灯相同。

24.2 汽车对照明的要求

(1) 道路照明是夜间安全行车的必备条件。现代汽车车速较高，要求照明设备能提供车前 100 m 以上的明亮且均匀的照明，并且不应使迎面来车的驾驶员感到眩目。随着车速的不断提高，对道路照明距离的要求也相应增加。

(2) 倒车场地照明应确保驾驶员在夜间倒车时能看清车后的情况。

(3) 牌照照明应确保其他行驶车辆的驾驶员和行人能看清车辆的牌号，以便于安全管理。

(4) 雾天行车的特殊照明应确保雾天行车的安全。

(5) 车内照明包括仪表照明、驾驶室照明、车厢和车门的照明以及夜间工作照明等，这些都是夜间行车不可缺少的。

24.3 车用照明灯泡

目前，车辆上的照明灯泡包含了多种不同的设计和尺寸的类型。这些灯泡分别用于前照灯、制动灯、示廓灯、仪表板照明灯等。

24.4 前照灯的基本要求

由于汽车前照灯的照明效果对夜间行车安全的影响很大，故世界各国多以法律的形式规定了前照灯的照明标准，其基本要求主要包括以下两个方面。

(1) 前照灯应能保证车前有明亮且均匀的照明，使驾驶员能够看清车前 100 m 以内路面上的物体。随着现代汽车行驶速度的不断提高，对前照灯的要求也越来越高，现代高速汽车前照灯的照明距离已达到 200～250 m，有的甚至已达到 400 m。

(2) 前照灯应具有防止眩目的功能，以避免夜间两车相会时，使对方驾驶员感到眩目而造成交通事故。

24.5 前照灯的分类

(1) 投射式前照灯。

投射式前照灯采用了凸形配光镜和椭圆形反射镜，所以其外径很小。投射式前照灯的结构如图 6-3 所示。

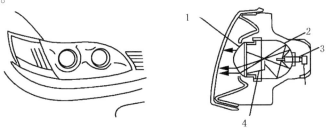

1—凸形配光镜；2—椭圆形反射镜；3—灯泡；4—灯罩

图 6-3 投射式前照灯的结构

投射式前照灯的反射镜为椭圆形,有两个焦点。在第一个焦点处放置灯泡,光束经过反射后会聚至第二个焦点。凸形配光镜的焦点与第二个焦点相重合,使得灯泡发出的光被反射镜聚集于第二个焦点,再通过配光镜将聚集的光束投射到远方。投射式前照灯使用的光源为卤素灯泡。

在第二个焦点附近设有遮光板,用于遮挡投向上半部分的光线,形成明暗分明的配光效果。这种配光特性使投射式前照灯适用于近光灯、远光灯以及雾灯等多种场合。

采用投射式前照灯设计,可以更有效地利用光束;若将反射镜做成扁长断面,很多光束便可横向扩散,这样的设计不仅结构紧凑,而且经济实用。

(2) 氙灯。

氙灯是一种含有氙气的新型前照灯,又称高强度放电灯或气体放电灯。氙灯的结构如图 6-4 所示。氙灯亮度高,发出的光色与太阳光比较接近,功率消耗低,可靠性高,且不受车上电压波动的影响。与卤素灯相比,氙灯的光线分布更宽,灯泡寿命更长。

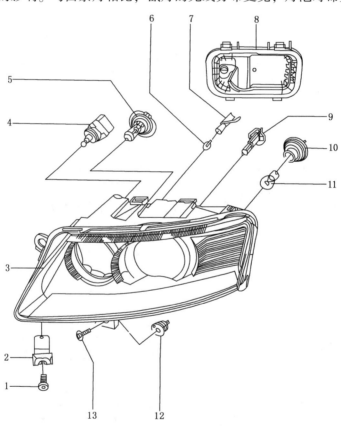

1、13—螺钉;2—固定件;3—前照灯壳体;4—前照灯射程调节电动机;5—远光灯灯泡;6—驻车灯;
7、10—灯泡固定件;8—壳体后盖;9—近光灯;11—转向灯灯泡;12—调节螺母

图 6-4 氙灯的结构

氙灯由小型石英灯泡、变压器和 ECU 组成。接通电源后,变压器会在几微秒内将电压升至 23 kV 的高压。高压电使封入弧形管内的氙气被电离,从而引发电弧放电。电弧放

电导致弧形管内的温度上升，进而使金属碘化物汽化。汽化后的金属碘化物会在电弧中分解成金属原子和碘原子。金属原子变得很活跃，并发出金属原子特定光谱的光线。氙灯的工作过程如图 6-5 所示。开关接通的一瞬间，氙灯即可产生与 55 W 卤素灯一样的亮度，并在约 3 s 后达到全部光通量。

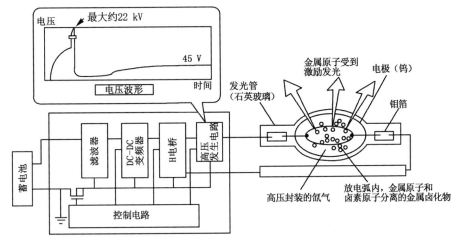

图 6-5　氙灯的工作过程

氙灯灯泡的玻璃用坚硬的耐温耐压石英玻璃（二氧化硅）制成，灯内充入高压氙气以缩短灯被点亮的时间。灯的发光颜色则由充入灯泡内的氙气、水银蒸气和少量金属卤化物所决定。

氙灯与卤素灯的主要区别在于：前者通过电离气体发光，后者通过加热钨丝发光。虽然氙灯的发光电弧与卤素灯的钨丝在长度和直径上相近，但氙灯的发光效率和亮度却是卤素灯的 2 倍。由于不需要灯丝，氙灯避免了传统灯丝易脆断的缺陷，其使用寿命也提高了 4 倍。因此，安装氙灯不仅可以减少电能的消耗，还相应提高了车辆的性能，这对于轿车而言具有重要的意义。

24.6　发光二极管灯

现代汽车越来越多地采用 LED 灯。与常规灯相比，LED 灯更省电、发光更快，其使用寿命也比传统灯泡更长。

（1）节能。

在能耗方面，LED 灯的能耗是白炽灯的 1/10，这是 LED 灯的一个显著特点。现在的人们都崇尚节能环保，也正是因为 LED 灯的节能特性，使得 LED 灯的应用范围十分广泛，备受大家欢迎。

（2）可以在高速开关状态下工作。

我们平时走在马路上，会发现由 LED 组成的屏幕画面变化迅速。这说明 LED 灯可以在高速开关状态下工作。但是，我们平时使用的白炽灯则无法达到这样的工作状态。在平时生活的时候，如果开关的次数过多，将直接导致白炽灯的灯丝断裂。这也是 LED 灯受欢迎的重要原因。

(3) 环保。

与白炽灯不同的是，LED 灯内部不含有汞等任何重金属材料，这体现了 LED 灯的环保特性。现代人十分重视环保，因此，更多人愿意选择环保的 LED 灯。

(4) 响应速度快。

LED 灯还有一个突出的特点，就是响应速度快。只要一接通电源，LED 灯会立即亮起，达到最大亮度的时间不足 1 μs。相比于我们平时使用的节能灯，LED 灯的反应速度更快。

(5) 相较于其他的光源，LED 灯更"干净"。

这里所谓的"干净"不是指的灯表面以及内部的干净，而是指 LDE 灯作为冷光源，不会产生太多的热量，不会吸引那些喜光喜热的昆虫，这样就不会产生虫子的排泄物。因此，LED 灯更加"干净"。

任务实施

☞ 任务准备

(1) 防护装备：常规实训工作服、车内外三件套、隔离警示围栏。
(2) 工具设备：实训台、汽车整车、计算机或网络终端。
(3) 辅助资料：卡片、记号笔、翻纸板、参考书。

☞ 实施步骤

(1) 观察汽车各位置的照明装置。
(2) 正确操作灯光开关。
(3) 根据观察和查找的信息，填写任务报告。

任务报告

任务 24 照明系统的基本知识				
班级			姓名	
组别			组长	
1. 车辆信息采集（5 分）			得分：	
整车型号				
车辆识别代码				
发动机型号				
2. 前期准备（15 分）			得分：	
(1)	环车检查车身状况。□			
(2)	正确组装三件套（转向盘套、座套、换挡手柄套），翼子板布和前格栅布。□			
(3)	清理工位卫生。□			

(续表)

3. 信息收集（10 分）	得分：

（1）前照灯安装在汽车头部的两侧，用来照亮车前的道路。根据设计不同，可以分为_____和_____。

（2）前照灯应能保证车前有明亮且均匀的照明，使驾驶员能够看清车前____ m 以内路面上的物体。随着现代汽车行驶速度的不断提高，对前照灯的要求也越来越高，现代高速汽车前照灯的照明距离已达到____～____ m，有的甚至已达到 400 m。

（3）前照灯应具有防止_____的功能，以避免夜间两车相会时，使对方驾驶员感到_____而造成交通事故。

（4）氙灯与卤素灯的主要区别在于：前者通过电离_____发光，后者通过加热_____发光。

（5）LED 灯具有的特点是：_____、_____、_____、_____。

4. 制订计划（10 分）	得分：

请根据工作任务制订工作计划及任务分工。

序号	工作内容	工作要点	负责人

5. 计划实施（50 分）	得分：

任务	作业记录内容	配分
汽车头部灯光的操作与识别	参考图 6-6，在实车上进行操作，熟悉车灯功能，并识别汽车头部灯光的位置。 图 6-6 车灯操作开关 ①操作示廓灯，在实车上指示示廓灯的位置。□ ②操作近光灯，在实车上指出近光灯的位置。□ ③操作远光灯，在实车上指出远光灯的位置。□ ④操作前雾灯，在实车上指出前雾灯的位置。□ ⑤操作转向灯，在实车上指出转向灯的位置。□	25

(续表)

任务	作业记录内容	配分
汽车尾部灯光的操作与识别	在实车上进行操作，熟悉车灯功能，并识别汽车尾部灯光的位置。 ①操作示廓灯，在实车上指出示廓灯的位置。□ ②操作制动灯，在实车上指出制动灯的位置。□ ③操作倒车灯，在实车上指出倒车灯的位置。□ ④操作后雾灯，在实车上指出后雾灯的位置。□ ⑤操作转向灯，在实车上指出转向灯的位置。□	25

6. 检查评价（10分）　　　　　　　　　得分：

请根据个人在完成任务过程中的表现及工作结果进行自我评价和小组评价。
自我评价：_____。
小组评价：_____。

任务总成绩：

任务 25　前照灯的调整

课程思政落脚点：交通安全、法律意识

导引事例：前照灯高度过高影响行车安全，容易造成交通事故。

2020 年 7 月 21 日，36 岁的绵阳籍驾驶员徐某某，在驾驶轿车从剑阁县城驶向白龙镇的途中，遭遇了因前照灯使用不当引发的严重交通事故。当徐某某的车辆行驶至剑南路 38 km+200 m 路段时，对面驶来的一辆小型轿车使用了远光灯，强光直接晃到了徐某某的眼睛，导致他瞬间失去了对前方道路情况的清晰判断。待徐某某视力恢复，能够再次看清前方路况时，不幸发现行人伏某某已步入其行车路径内。尽管徐某某紧急制动并尝试避让，但车辆仍与伏某某发生碰撞。

事故发生后，徐某某迅速采取了应对措施，拨打了120急救电话和110报警电话。白龙镇卫生院的救护车迅速抵达现场，将伏某某紧急送往医院救治，但遗憾的是，伏某某最终抢救无效死亡。

经过对涉事车辆机件的全面鉴定，确认所有部件均符合国家标准的相关规定，排除了车辆机械故障导致事故的可能性。同时，对伏某某的死亡原因进行了专业鉴定，确认其死因为重型颅脑损伤后遗症及并发症所致。最终，交警部门根据事故调查结果，认定徐某某在本次道路交通事故中承担全部责任，但同时也指出了对面车辆使用远光灯不当是引发事故的关键因素之一。这一案例再次警示我们，合理设置和使用车辆前照灯对于保障行车安全至关重要。

25.1 前照灯的组成

前照灯的光学系统主要包括反射镜、配光镜和灯泡三部分。

(1) 反射镜。

反射镜一般用 0.6～0.8 mm 的薄钢板冲压而成，近年来已有用热固性塑料制成的反射镜。反射镜的表面形状呈旋转抛物面，其内表面镀银、铝或铬，并经过抛光处理。反射镜的结构如图 6-7（a）所示。由于镀铝的反射系数可以达到 94% 以上，机械强度也较好，故现在一般采用真空镀铝技术。

前照灯灯泡内灯丝的发光强度有限，功率仅 40～60 W。如果没有反射镜，只能照亮汽车前方约 6 m 的路面。而有了反射镜之后，前照灯的照射距离可达 100 m 或更远。因此反射镜的主要作用是将灯泡的光线聚合并导向前方。反射镜的作用如图 6-7（b）所示。灯丝位于焦点上，灯丝发出的绝大部分光线向后射在立体角范围内，经反射镜反射后变成平行光束射向远方，使发光强度增强几百甚至上千倍，达 20 000～40 000 cd 以上，从而使车前 100 m，甚至 400 m 内的路面得到足够清晰的照明。从灯丝发出的位于立体角范围内的光线则向各方散射。散射向侧方和下方的部分光线可以照亮车前 5～10 m 的路面和路缘，而散射向上方的光线则不会起到照明作用。

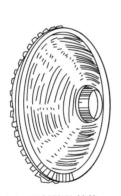
(a) 反射镜的结构

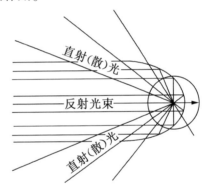
(b) 反射镜的作用

图 6-7 反射镜的结构和作用

(2) 配光镜。

配光镜（如图 6-8 所示）又称散光玻璃，由透光玻璃压制而成。它由很多块特殊的棱镜和透镜组合而成，几何形状比较复杂，外形一般为圆形和矩形。配光镜的作用是对反射镜反射出的平行光束进行折射，使车前路面和路缘都能得到良好且均匀的照明。近年来，塑料配光镜开始被广泛使用，它不

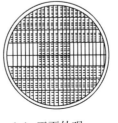
(a) 正面外观

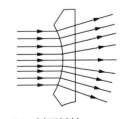
(b) 剖面折射

图 6-8 配光镜

仅重量轻，还具有良好的耐冲击性能。

（3）灯泡。

目前，汽车前照灯的灯泡主要有以下两种。

①白炽灯泡。

白炽灯泡的灯丝由钨丝制成（钨具有高熔点和强发光特性）。但由于钨丝受热后会蒸发，这会缩短灯泡的使用寿命。因此，在制造时，要先从玻璃泡内抽出空气，然后充入约含86%氩气和1.4%氮气的混合惰性气体。在充气灯泡内，惰性气体受热膨胀后会产生较大的压力，这样可以减少钨的蒸发，故能提高灯丝的温度，增强发光效率，从而延长灯泡的使用寿命。

为了缩小灯丝的尺寸，常把灯丝制成紧密的螺旋状，这对于聚合平行光束是有利的。白炽灯泡的结构如图6-9所示。

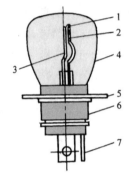

1—配光屏；2—近光灯丝；3—远光灯丝；4—灯壳；5—定焦盘；6—灯头；7—插片

图6-9 白炽灯泡的结构

②LED。

LED的核心部分是由P型半导体和N型半导体组成的晶片。在P型半导体和N型半导体之间有一个过渡层，即PN结。LED由一个PN结组成，具有单向导电性。当给LED加上正向电压后，从P区注入N区的空穴和由N区注入P区的电子，在PN结附近数微米内分别与N区的电子和P区的空穴复合，产生自发辐射的荧光。不同的半导体材料中，电子和空穴所处的能量状态不同，当电子和空穴复合时，释放出的能量也会有所不同。释放出的能量越多，发出的光的波长越短。常用的是发红光、绿光或黄光的LED。LED的反向击穿电压大于5 V。它的正向伏安特性曲线很陡，因此在使用时必须串联限流电阻以控制通过LED的电流。

在某些半导体材料的PN结中，当注入的少数载流子与多数载流子复合时，会把多余的能量以光的形式释放出来，从而把电能直接转化为光能。当给PN结加上反向电压时，少数载流子难以注入，故不发光。当它处于正向工作状态，即两端加上正向电压时，电流从LED阳极流向阴极，半导体晶体就会发出从紫外到红外不同颜色的光线。光的强弱与电流强度有关。

25.2 前照灯防眩目措施

当前照灯的灯泡功率足够大且光学系统设计得十分合理时,它可以明亮且均匀地照亮车前 100 m 甚至 400 m 以内的路面。但是前照灯发出的强光可能会使迎面来车的驾驶员感到眩目。所谓"眩目",是指人的眼睛突然被强光照射时,由于视神经受到刺激而暂时失去对眼睛的控制,使人本能地闭上眼睛,或只能感知亮光而无法辨识暗处的物体。这种现象在车辆行驶过程中尤其危险,极易发生交通事故。

为了避免前照灯的眩目效应,保证夜间行车安全,现代汽车上一般都采用双丝灯泡的前照灯,其中一根灯丝为远光灯丝,另一根为近光灯丝。远光灯丝的功率较大,位于反射镜的焦点;近光灯丝的功率较小,位于焦点上方(或前方)。当夜间行驶无迎面来车时,可以使用远光灯丝,使前照灯的光束射向远方,便于提高车速;当两车相遇时,使用近光灯丝,使光束倾向路面,从而避免使迎面来车的驾驶员感到眩目,同时确保车前 50 m 内的路面得到清晰的照明。

国内外生产的双丝灯泡的前照灯,根据近光的配光特性不同,可分为对称形配光和非对称形配光两种不同的配光方式。前照灯的配光光形如图 6-10 所示。

(1) 对称形配光。

对称形配光前照灯的远光灯丝位于反射镜的焦点处,而近光灯丝则位于焦点的上方并稍向右偏移(从灯泡看向反射镜的方向)。对称形配光前照灯的工作情况如图 6-11 所示。

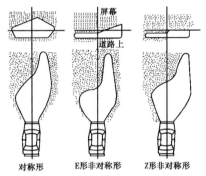

图 6-10 前照灯的配光光形

当使用远光灯丝时,灯丝发出的光线经反射镜反射后,沿光学轴线平行射向远方;当使用近光灯丝时,射向反射镜薄板的光线经反射后倾向路面,而射向端面的光线经反射后倾向上方。由于倾向路面的光线占据大部分,因此能够减小对迎面来车的驾驶员的眩目作用。

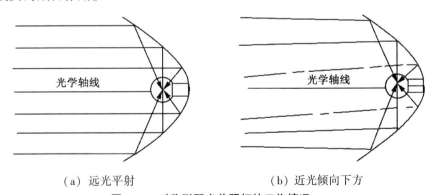

(a) 远光平射　　　　　　(b) 近光倾向下方

图 6-11 对称形配光前照灯的工作情况

（2）非对称形配光。

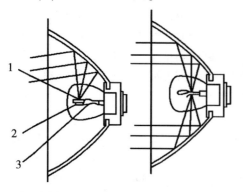

1—近光灯丝；2—金属配光屏；3—远光灯丝

图 6-12　非对称形配光前照灯的工作情况

非对称形配光前照灯的远光灯丝位于反射镜的焦点处，而近光灯丝则位于焦点前方且稍高出光学轴线，其下方装有金属配光屏。非对称形配光前照灯的工作情况如图 6-12 所示。由近光灯丝射向反射镜上半部的光线，反射后倾向路面，而金属配光屏挡住了灯丝射向反射镜下半部的光线，故没有向上反射可能引起眩目的光线。

这种非对称形配光又称为欧洲式配光，其配光性能符合联合国欧洲经济委员会制定的标准，是比较理想的配光方式，已被世界公认。

随着汽车行驶速度的提高，有些载重汽车、公共汽车，特别是轿车上，多采用 4 个前照灯，并排安装在同一高度上。一般外侧灯为双丝灯泡，内侧灯为单丝远光。当需要远光时，4 个前照灯都会亮起，以加强照明效果。

25.3 前照灯校正仪的使用

（1）使用前照灯校正仪前，应满足以下条件。

①在测试中，前照灯校正仪所接触地面的平滑度应保持在 1.2 mm 以内。

②在测试时汽车轮胎压力应达到相应车辆的标准。

③汽车前照灯如有损坏，应在测试前维修好。

④对于带有调整装置的前照灯，在测试前应把调整装置固定在制动位置。对于只有两个制动位置的前照灯来说，如果前照灯的光束在后面增加重量时一直向上偏斜，则应把调整装置固定在上面的制动位置；如果前照灯的光束在前面增加重量时一直向下偏斜，则应把调整装置固定在下面的制动位置。

（2）调整前照灯校正仪。

①在测试前，应使透镜与前照灯的距离保持在 30 cm 左右。

②透镜的中心与前照灯的中心最多偏移 3 cm，透镜的中心在透镜边框上有标记。

③在测试前，应使前照灯校正仪与汽车平行。在汽车前端找两个对称的零件，调整前照灯校正仪的位置，利用前照灯校正仪上端的转镜，使这两个零件在转镜上平行，从而确保前照灯校正仪与汽车平行。

（3）观测测试图像。

①近光灯的光束应在图 6-13 所示的阴影框里，若不在，则需调整前照灯。

②远光灯的光束应在图 6-14 所示的阴影框里，若不在，则需调整前照灯。

③雾灯的光束应在图 6-15 所示的阴影框里，若不在，则需调整前照灯。

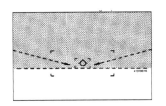
图 6-13 近光灯图像

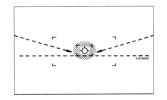
图 6-14 远光灯图像

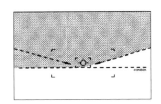
图 6-15 雾灯图像

（4）测试前照灯发光强度。

①前照灯校正仪如图 6-16 所示。在测试发光强度时，应将前照灯校正仪的旋钮设定在"10 cm/10 m"的位置。前照灯校正仪的旋钮设定如表 6-1 所示。

②在近光状态下，光的强度必须低于许可的强度范围。按下图 6-16 中的按钮，测得的数值点必须在比例 A 中的绿色条带内。

③在远光状态下，光的强度必须达到最小许可的强度范围。按下图 6-16 中的按钮，测得的数值点必须在比例 F 中的绿色条带内。

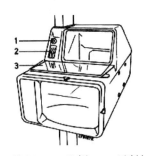

1—按钮；2—比例；3—反射镜
图 6-16 前照灯校正仪

表 6-1 前照灯校正仪的旋钮设定

车型	平常灯（cm/10 m）	雾灯（cm/10 m）
小轿车、面包车（加载 75 kg）	12	20
拖拉机、工程机械（不加载）	10	20
摩托车、助动车	10	20
卡车、公交车	30	40

25.4 调整车辆进行灯光校准

（1）将车辆停放在平坦的地面上，车轮处于直线行驶位置。
（2）不得使用损坏的玻璃和反射镜以及发黑的灯泡。
（3）检查轮胎充气压力，有必要时进行校正。

1—手轮选项；2—自动车灯控制选项；3—近光灯或行车灯选项
图 6-17 前照灯按钮

（4）对驾驶员座椅施加相当于一个人重量的负载（约 75 kg）。
（5）将汽车装满燃油或在行李箱中装载相应的配重。
（6）打开点火开关。
（7）前照灯按钮如图 6-17 所示。手动调整前照灯光线水平，将手轮置于"0"位置。
（8）灯开关必须位于"近光灯或行车灯"位置。
（9）不得在灯开关位于"自动车灯控制"位置时进行前照灯调节。

（10）带氙灯或 LED 的前照灯，自动调整前照灯光线水平，在打开灯光后等待 80 s。在此过程中，不得行驶车辆并避免震动。

注意：在测量和调整前照灯的过程中，不得移动车辆和转向盘，车轮必须处于直线行驶位置。

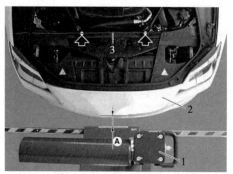

1—前照灯调节装置；2—车辆；3—激光束

图 6-18　前照灯调节装置的位置

（11）为确保测量和调整的正确性，须准确定位前照灯调节装置。前照灯调节装置的位置如图 6-18 所示，它必须垂直于车辆纵轴线。这一要求适用于所有前照灯。

（12）将前照灯调节装置居中置于车辆前方，二者相距约 10 cm。

（13）按照激光束校正前照灯调节装置。激光束必须照射到两个合适的（例如图 6-18 中箭头标记处）参考点上。

注意：参考点必须固定在车辆上，且参考点必须尽可能远地相互分开。饰件不合适作为参考点。

（14）如果前照灯调节装置没有激光束，则根据后视镜进行类似校准。

（15）仪器位置的侧视效果如图 6-19 所示。凸透镜的中心必须与前照灯的中心水平对齐。通过升高或降低前照灯调节装置进行修正。

（16）仪器位置的俯视效果如图 6-20 所示。凸透镜的中心必须与前照灯的中心垂直对齐。通过向左右侧移前照灯调节装置进行修正。

1—透镜；2—前照灯

图 6-19　仪器位置的侧视效果

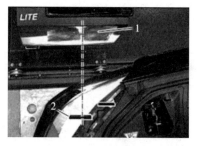

1—透镜；2—前照灯

图 6-20　仪器位置的俯视效果

（17）灯光的调整尺寸数值在前照灯外壳上以百分比（%）显示。

轿车的调整尺寸数值如图 6-21 所示。前照灯调节装置上的 $1.0\% = -10 cm/10 m = -1.0\%$。

运动型多用途车（SUV）的调整尺寸数值如图 6-22 所示。前照灯调节装置上的 $1.1\% = -11 cm/10 m = -1.1\%$。

项目6 汽车照明与信号系统的维护与检修

图 6-21 轿车的调整尺寸数值

图 6-22 SUV 的调整尺寸数值

25.5 调整前照灯

（1）在必要时，通过前照灯调节调整螺钉来拆卸饰盖。

（2）调整螺钉的位置如图 6-23 所示。通过旋转调整螺钉①进行高度调节。

（3）通过旋转调整螺钉②进行侧向调节。

（4）在必要时，通过前照灯调节调整螺钉来安装饰盖。

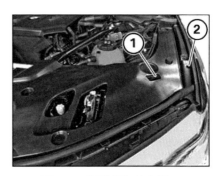

图 6-23 调整螺钉的位置

任务实施

☞ 任务准备

（1）防护装备：常规实训工作服、车内外三件套、隔离警示围栏。

（2）工具设备：前照灯校正仪、汽车整车、计算机或网络终端。

（3）辅助资料：卡片、记号笔、翻纸板、使用手册。

☞ 实施步骤

（1）正确设置前照灯校正仪。

（2）正确调整车辆进行灯光校准。

（3）调整前照灯。

（4）根据观察和查找的信息，填写任务报告。

任务报告

任务 25 前照灯的调整			
班级		姓名	
组别		组长	
1. 车辆信息采集（5分）		得分：	
整车型号			
车辆识别代码			

· 163 ·

(续表)

前照灯校正仪型号	

2. 前期准备（15 分）	得分：
（1）	环车检查车身状况。□
（2）	正确组装三件套（转向盘套、座套、换挡手柄套），翼子板布和前格栅布。□
（3）	清理工位卫生。□

3. 信息收集（10 分）	得分：

（1）前照灯的光学系统主要包括＿＿＿、＿＿＿和＿＿＿三部分。
（2）目前，汽车前照灯的灯泡主要有＿＿＿、＿＿＿两种。
（3）在测试前，应使透镜与前照灯的距离保持在＿＿＿cm左右。
（4）在测量和调整前照灯的过程中，不得移动车辆和＿＿＿，车轮必须处于直线行驶位置。
（5）灯光的调整尺寸数值在前照灯＿＿＿上以＿＿＿显示。

4. 制订计划（10 分）	得分：

请根据工作任务制订工作计划及任务分工。

序号	工作内容	工作要点	负责人

5. 计划实施（50 分）	得分：

任务	作业记录内容	配分
汽车车辆准备	（1）车辆是否停放在平坦的地面上？是 □ 否 □ （2）车轮是否处于直线行驶位置？是 □ 否 □ （3）测量轮胎气压：＿＿＿bar，是否需要调整？是 □ 否 □ （4）车灯开关位置是否正确。是 □ 否 □	10
前照灯校正仪的调整	（1）前照灯校正仪与车辆距离：＿＿＿cm。 （2）前照灯校正仪后视镜中的线与车辆参考点是否平行？是 □ 否 □ （3）透镜中心与前照灯中心是否水平对齐？是 □ 否 □ 是否需要升高或降低前照灯调节装置进行修正？是 □ 否 □ （4）透镜中心与前照灯中心是否垂直对齐？是 □ 否 □ 是否需要左右侧移前照灯调节装置进行修正？是 □ 否 □ （5）前照灯校正仪的旋钮设定为＿＿＿cm/＿＿＿m。	15

(续表)

任务	作业记录内容	配分
灯光的检查	(1) 近光灯的检查对照图6-13。□ (2) 远光灯的检查对照图6-14。□ (3) 雾灯的检查对照图6-15。□ (4) 近光灯发光强度检查。□ (5) 远光灯发光强度检查。□	15
前照灯的调整	(1) 参考图6-23进行高度调节。□ (2) 参考图6-23进行侧向调节。□	10

6. 检查评价（10分）　　　　　　　　得分：

请根据个人在完成任务过程中的表现及工作结果进行自我评价和小组评价。
自我评价：_____。
小组评价：_____。

任务总成绩：

任务26　照明系统的检修

课程思政落脚点： 法律法规、遵纪守法

导引事例： 我们发现自己的车灯不够亮，可以改成LED灯吗？

首先，法律上明确规定，不得将卤素灯改成LED灯。因此，即使改装前照灯后主动到交警部门备案，交警部门也是不会备案的，不能备案自然就不能通过年审。

任务资讯

26.1 前照灯的控制

前照灯控制系统主要由灯光控制开关、自动灯光控制传感器和灯光控制装置三部分组成。

在灯光控制开关处于AUTO位置（无AUTO位置的车型则为OFF位置）时，自动灯光控制传感器会检测环境的亮度水平，它向灯光控制装置发送一个信息，根据环境亮度状况，先开尾灯（包括示廓灯、牌照灯等），再开前照灯。该系统还具有一种功能，即在环境亮度忽明忽暗（例如在桥下行驶或者沿林荫道行驶）时仅打开尾灯，确保前照灯不会因此忽明忽暗。若是一段时间过去后，环境亮度仍低于规定值，前照灯将点亮。自动灯光控制过程示意如图6-24所示。自动灯光控制的类型取决于车型，有些车型的自动灯光控制传感器和灯光控制装置是集成在一起的，有些车型的尾灯和前照灯则会同时点亮。

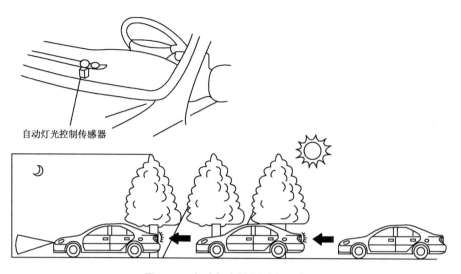

图 6-24 自动灯光控制过程示意

26.2 前照灯的更换

不同型号前照灯的更换步骤可能有所不同。例如，对于某些汽车，在更换前照灯之前，必须拆卸转向灯总成。但总体说来，各种前照灯的更换步骤与以下典型步骤相差不大。

①确认所更换的前照灯的类型和配件编号与待更换的前照灯相同。

②拆卸前照灯边框固定螺钉，拆下边框，如果有必要，拆下转向灯的导线。

③拆卸一个或两个前照灯的护圈螺钉。

④拆卸护圈。

⑤拔下空气进气管的后部，拆卸近光灯灯泡。拆下前照灯壳体盖，拔下近光灯插头。松开弹簧夹，从壳体中取出灯泡。近光灯灯泡的拆卸如图 6-25 所示。

⑥拔下供电插头，松开弹簧夹，从壳体中取出灯泡。拆下前照灯壳体盖，逆时针转动灯座，将其拉出壳体。远光灯灯泡的拆卸如图 6-26 所示。

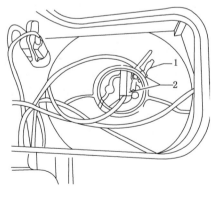

1—弹簧夹；2—近光灯插头

图 6-25 近光灯灯泡的拆卸

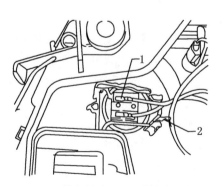

1—供电插头；2—弹簧夹

图 6-26 远光灯灯泡的拆卸

⑦从前照灯背后拆开导线连接器。
⑧将导线连接器插到新前照灯背后的针脚上。
⑨将新前照灯放入灯壳中,使前照灯配光镜上的凸起数字位于上部。
⑩将护圈安置在新前照灯上,并安装护圈螺钉,略微拧紧螺钉。
⑪检查新前照灯的照射方向,如有必要,进行调整。
⑫安装新前照灯边框,用紧固螺钉可靠固定。连接转向灯导线连接器(如已拆开)。

注意:在更换前照灯的过程中,不能用手直接触摸灯泡。因为当灯泡正常工作发热时,皮肤油脂的接触会导致灯泡玻璃受热不均匀,从而引发灯泡破裂。

26.3 照明系统的保养

明亮的车灯是驾驶员行车安全的重要保障。在平时的使用过程中,很多车主和维修人员只留心车胎、蓄电池、制动等部件,而疏忽了对车灯的关注。其实,也应时常关注车灯,这样有利于行车安全。

(1) 检查灯泡。

在平时使用和例行保养中,要注意勤检查示廓灯、雾灯、制动灯等是否正常工作,如果发现变黑的灯泡应及时更换。

(2) 灯泡的更换。

车主应仔细阅读车辆说明书,了解灯泡和插口的构造,提前做好准备,以应对突发状况。如果有条件,应准备好制动灯与转向灯的备用灯泡。

(3) 检查车灯防尘罩是否开裂。

如果车灯防尘罩开裂,就容易在行车时导致雨水进入车灯,在灯罩内形成水雾。一旦车灯进水,其亮度就会受到影响,也有可能导致电路插头腐蚀,造成车灯损坏。这时,可以打开车灯防尘罩,并点亮前照灯。如果点亮前照灯 10 min 后,车灯内的水雾开始消失,1 h 后能够彻底消失,则无须担心;但如果还有水雾,则应到专业的售后服务站进行处理。

26.4 照明系统的故障诊断与排除

(1) 汽车前照灯的主要故障及检查步骤。

汽车前照灯的主要故障包括灯光不亮、灯光发红等,这些问题大多是由灯泡损坏、电路断路、开关损坏或控制失灵等引起的,而且这些故障都会通过灯光反映出来。

①两个前照灯都不亮。故障原因有接线松脱、变光开关损坏、灯丝烧断或熔丝熔断等。首先,应检查车灯总开关接线柱、变光开关接线柱以及搭铁接线是否松脱、断路。若有上述故障,应将导线接好。若导线连接良好,可以用工具将变光开关的电源接线柱分别和远、近光接线柱短接,若灯亮,则是变光开关有故障,应予以检修或更换;若灯仍不亮,则应检查灯丝是否烧断,若烧断,更换灯泡即可。若发现两只灯泡的灯丝经常烧断,除检查灯丝电路外,还要确认发电机输出电压是否合乎标准。若发电机电压过高,灯丝极易烧断。

②两个前照灯的远光灯或近光灯不亮。可以用工具将变光开关电源与该光线接线柱短接,若灯亮,则是变光开关的故障,应检修或更换;若仍不亮,则变光开关至前照灯之间

的线路有断路、接线松脱或灯丝烧断故障。

③如果只有一个前照灯的远光或近光不亮，一般为灯丝烧断或接线松脱所致。

④如果两个前照灯其中一个发红，一般为搭铁不良所致。

⑤在接通远光或近光时，如果熔断器立即烧断跳起，说明远光或近光电路中有搭铁故障。

⑥如果两个前照灯的灯泡经常烧坏，大多为发电机调节电压过高所致。

⑦在两个前照灯都暗淡时，可能是发电机调节电压偏低或蓄电池亏电。

（2）汽车灯光故障的快速诊断。

①检查灯泡。通常通过目测的方法进行检查，如果灯泡发黑或灯丝烧断，应更换新灯泡。

②检查熔丝。如果熔丝频繁熔断或一打开前照灯就熔断，应排除灯光线路短路或发电机输出电压过高的故障。

③检查搭铁。如果灯泡电源线正常，应检查灯泡搭铁线是否接触不良或出现断路故障。可以用一根导线将灯泡搭铁连接至蓄电池负极或搭铁良好的部位，如果灯光变亮，应排除搭铁不良故障。

④检查灯座插头。如果出现灯泡不亮或昏暗的现象，应检查灯座与插头之间是否因锈蚀、氧化造成接触不良。

⑤检查线路。如果远光灯和近光灯均不亮，应检查变光开关、继电器等是否正常。可以用导线跨接继电器（或变光器）进行试验。如果灯亮，则说明继电器（或变光器）损坏，应更换；如果仍然不亮，则应排除线路断路故障。

（3）汽车所有灯均不亮的故障检修方法。

①检查熔断器是否断开或熔断。

②检查电源线路或搭铁是否故障。

③检查灯光开关是否接触不良或灯光开关损坏。

（4）灯泡经常烧坏的原因及故障检修方法。

灯泡经常烧坏的主要原因是电压调节器故障，使发电机输出电压过高或熔丝的电流额定值不正确，无法在线路短路时起到保护照明系统的作用。这一故障的检测方法如下。

①检查发电机的发电量是否正常，如果电压过高，应更换发电机调节器。

②检查熔丝是否按照规定的电流额定值进行安装，如果熔丝的电流额定值过小，应更换合适的熔丝。

（5）前照灯灯光变淡的故障检修方法。

①如果汽车灯泡老化，应更换灯泡。

②如果电源电压过低，应检查蓄电池或发电机是否正常。

③如果导线插头松动或锈蚀，使线路电阻增大，应拧紧导线插头，将锈蚀清理干净。

④如果配光镜、反射镜积有灰尘，应拆开前照灯进行清洁。

（6）当前照灯变光时，远光灯或近光灯有一个不亮的检修方法。

①如果灯泡烧坏，应更换灯泡。

②如果连接导线断路或插接器与灯泡之间的导线断路，应检修线路并接牢。

③如果灯泡与灯座之间因锈蚀造成接触不良，应将锈蚀清理干净。

(7) 前照灯一侧正常而另一侧明显变暗的故障检修方法。

①变暗的一侧可能出现搭铁不良，应检查搭铁不良故障。

②如果变暗一侧的灯泡老化，应更换灯泡。

③如果导线插头松动或锈蚀，使线路电阻增大，应拧紧导线插头，将锈蚀清理干净。

(8) 示廓灯一只亮而另一只不亮的故障检修方法。

①如果示廓灯接线板或插接器与示廓灯之间的导线断路，应检查并重新接好导线。

②如果示廓灯灯丝烧断，应更换示廓灯灯泡。

③如果示廓灯搭铁不良，应重新将示廓灯搭铁。

(9) 前雾灯开关电路的故障检修方法。

车身模块通过向前雾灯继电器控制电路提供搭铁，使前雾灯继电器通电，继电器开关触点闭合，蓄电池电流经过前雾灯熔丝提供至前雾灯，从而点亮前雾灯。前雾灯开关电路故障的具体检修方法如下。

①检测车身控制模块 12 V 参考电压电路的线束插接器相关端子和车身控制模块信号电路的线束插接器相关端子之间的电阻是否为 2.5 Ω。如果不符合此标准，则测试 12 V 参考电压的相关电路和信号，以确认是否存在断路或电阻过大的问题。如果电路测试正常，则应更换前雾灯开关。

②如果所有电路测试均正常，但问题仍然存在，则应更换车身控制模块。

任务实施

任务准备

(1) 防护装备：常规实训工作服、车内外三件套、隔离警示围栏。

(2) 工具设备：万用表、示波器、诊断设备、汽车整车、计算机或网络终端。

(3) 辅助资料：卡片、记号笔、翻纸板、维修手册。

实施步骤

(1) 正确观察并记录故障现象。

(2) 正确连接诊断设备并读取故障代码。

(3) 正确使用万用表进行线路测量并进行判断。

(4) 根据观察和查找的信息，填写任务报告。

任务报告

任务26　照明系统的检修			
班级		姓名	
组别		组长	
1. 车辆信息采集（5分）		得分：	
整车型号			
车辆识别代码			
发动机型号			

（续表）

2. 前期准备（15分）		得分：
（1）	环车检查车身状况。□	
（2）	正确组装三件套（转向盘套、座套、换挡手柄套），翼子板布和前格栅布。□	
（3）	清理工位卫生。□	

3. 信息收集（10分）	得分：
（1）前照灯控制系统主要由_____、_____和_____三部分组成。 （2）在更换前照灯的过程中，不能用_____直接触摸灯泡。因为当灯泡正常工作发热时，皮肤_____会导致灯泡玻璃受热不均匀，从而引发灯泡破裂。 （3）如何快速诊断汽车灯光故障？_____、_____、_____、_____。	

4. 制订计划（10分）			得分：

请根据工作任务制订工作计划及任务分工。

序号	工作内容	工作要点	负责人

5. 计划实施（50分）		得分：

任务	作业记录内容			配分
描述故障现象并列举故障原因	（1）描述故障现象：_____。 （2）查找相关电路图。 （3）根据故障现象或初步检查，分析故障可能范围，分析到第一层即可。			10
连接诊断设备并读取故障代码	（1）解码器与本系统控制模块的通信是否正常？是 □ 否 □ （2）解码器与其他控制模块的通信是否正常？是 □ 否 □ （3）基于故障代码的诊断信息。			15
	故障代码	定义	是否始终记忆	是否与故障相关	
			是（ ）/否（ ）	是（ ）/否（ ）	
			是（ ）/否（ ）	是（ ）/否（ ）	
	（4）基于相关故障代码，说明引起故障的可能原因：_____。			

（续表）

任务	作业记录内容			配分
实施诊断并确定故障范围	(1) 基于上述诊断结论，实施诊断。			15
	测试对象1			
	测试条件			
	测试参数	测试结果		
	是否正常			
	测试对象2			
	测试条件			
	测试参数	测试结果		
	是否正常			
	测试对象3			
	测试条件			
	测试参数	测试结果		
	是否正常			
	(2) 基于测试结果，说明引起故障的可能原因：_____。			
分析故障机理并提出维修建议	(1) 故障机理：_____。 (2) 维修建议：_____。			10
6. 检查评价（10分）		得分：		
请根据个人在完成任务过程中的表现及工作结果进行自我评价和小组评价。 自我评价：_____。 小组评价：_____。				
任务总成绩：				

任务27　信号系统的检修

课程思政落脚点：行业标准、严格遵守、强制执行

导引事例：为什么转向灯是黄色的？它能否更改成其他颜色？

黄光的穿透力极强，即使在雨雾等不佳的天气条件下，也能保持良好的可见性。转向灯是用于指示车辆行驶意图的重要装置，其颜色选择与交通信号灯的含义相一致：红灯表示停止，绿灯表示行驶，黄灯则提醒驾驶员谨慎。因此，黄灯在提醒驾驶员和行人方面发挥着重要的作用。而且，在良好的照明条件下，人眼对550 nm波长的光源（即黄光）的敏感度远高于红光或蓝光，大约是后两者的20倍，这也是许多道路上的路灯和车辆的雾灯选择使用黄色光源的重要原因之一。色温是衡量光线颜色的标准，并不直接反映灯光的亮度。根据中国和欧洲的汽车法规，转向灯必须使用黄色或橙色光源。

根据《机动车登记规定》，擅自改变机动车外形和已登记的有关技术参数的，由公安机关交通管理部门责令恢复原状，并处警告或者五百元以下罚款。

任务资讯

27.1 汽车对灯光信号装置的要求

汽车对灯光信号装置的要求

（1）转向信号。

汽车转弯时，左侧或右侧的转向灯会发出明暗交替的闪光信号，以示汽车转向。汽车的转向灯大多采用黄色或橙色光源。在灯轴线右偏5°的视角范围内，无论是白天还是黑夜，要求能见距离不小于35 m；而在灯轴线右偏30°至左偏30°的视角范围内，要求能见距离不小于10 m。转向灯的闪光频率应控制在50～110次/分钟，一般为60～95次/分钟。

（2）制动信号。

在汽车制动时，其尾部的制动灯应发出较强的红光，以示汽车制动。两个制动灯的安装位置应与汽车的纵轴线对称，并在同一高度。制动灯的红色信号应保证夜间100 m以外能够看清，其光束角在水平面内应能达到灯轴线左右各45°的范围，在铅垂面内应能达到灯轴线上下各15°的范围。

（3）危险警告信号。

危险警告信号由左右转向灯同时闪烁来表示，其要求与转向信号相同。

（4）示廓信号。

示廓灯装在汽车前后两侧的边缘，用于在夜间行驶时显示汽车的宽度。示廓灯透光面的边缘距车身不得小于400 mm，示廓灯灯光在前方100 m以外应能看得清楚，在汽车的其他各个方向，能看清示廓灯灯光的距离应不小于30 m。

27.2 转向灯电路

转向灯用于指示车辆的行驶方向，向交通指挥人员、周围车辆、行人发出转向信号，保证交通安全，其工作状态受转向开关控制。灯光光色通常为琥珀色，灯泡功率一般为20 W。通常，车辆前、后、左、右共安装4个转向灯，有些车身较长的车，在左、右侧也各安装1个或2个转向灯。当汽车转弯时，通过闪光器使前、后、左、右的转向灯发出闪光信号。有些汽车在行驶过程中如遇危险或紧急情况，可接通该车的危险报警信号开关，转向灯同时发出闪光信号或由蜂鸣器发出响声，表示车辆遇紧急情况，请求其他车辆避让。

为便于驾驶人员监视转向灯的工作状态，驾驶室仪表板上设有转向指示灯，其与左、右转向灯并联，同步闪烁。但个别车型则正好相反，转向灯亮而转向指示灯灭。

转向灯的闪烁功能是由闪光器控制电流通断来实现的。有些车的转向信号闪光器和危险报警闪光器是共用的，有些则单独设置、分别使用。现在有些车采用LED作为转向灯，其闪烁功能则是通过控制占空比信号来实现的。

27.3 电子闪光器

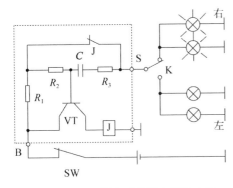

图6-27 触点式带继电器的电子闪光器的工作原理

目前,电子闪光器种类繁多,但大体上可以分为有触点电子闪光器和无触点电子闪光器两种类型。

(1) 有触点电子闪光器。

①触点式带继电器的电子闪光器。

电子闪光器

触点式带继电器的电子闪光器主要由一个三极管VT所组成的开关和一个小型(触点式)继电器构成,其工作原理如图6-27所示。

接通转向开关K时,电流由蓄电池正极→开关SW→R_1→继电器的常闭触点J→转向开关K→转向灯及转向指示灯→搭铁→蓄电池负极。由于R_1的电阻较小,电流较大,因此转向灯较亮。同时,由于电阻R_1上的电压降,三极管VT的基极因正向偏置而导通,继电器线圈通电,使常闭触点J断开,转向灯迅速变暗。常闭触点J断开后,电容C开始充电,充电电流从蓄电池正极→开关SW→R_1→R_2→C→R_3→转向开关K→转向灯及转向指示灯→搭铁→蓄电池负极。此时,由于R_1、R_2的电压降,三极管VT仍导通,常闭触点J继续断开,同时充电电流很小,故转向灯仍然很暗。随着充电电流逐渐减小,R_1、R_2上的电压降随之下降,当其小于三极管VT导通所需的正向偏置电压时,三极管VT截止,继电器停止工作,常闭触点J闭合,转向灯又重新变亮。

常闭触点J闭合后,电容C通过R_2、R_3及常闭触点J放电。由于放电时R_2上的电压降,三极管VT的基极电位较高,导致三极管VT基极电压反向偏置无法导通,常闭触点J保持闭合状态。随着放电电流逐渐减小,三极管VT的基极电位不断下降,直到达到三极管VT导通所需的正向偏置电压时,三极管VT再次导通,继电器通电,转向灯再次变暗。

随着电容C的充电、放电,三极管VT不断地导通、截止,如此循环,使转向灯闪烁。

②触点式集成电路闪光器。

图6-28所示的是集成电路闪光器的工作原理。U243B型集成块是一块低功率、高精度的汽车电子闪光器专用集成电路。U243B的标称电压为12 V,实际工作电压范围为9~18 V,采用双列8脚直插塑料封装。其内部电路主要由输入检测器SR、电压检测器D、振荡器Z及功率输出级SC四部分组成。

输入检测器SR用来检测转向灯

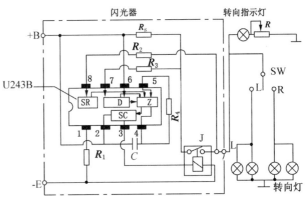

图6-28 集成电路闪光器的工作原理

开关是否接通。振荡器 Z 由一个电压比较器、外接电阻 R_4 和电容 C 构成。电压比较器的一端提供了一个参考电压,其值由电压检测器 D 控制;电压比较器的另一端则由外接电阻 R_4 和电容 C 提供一个变化的电压,从而形成电路的振荡。振荡器 Z 工作时,功率输出级 SC 的矩形波便控制继电器线圈的电路并使继电器触点 J 反复打开和闭合。于是转向灯和转向指示灯闪烁,频率为 80 次/分钟。

如果一个转向灯烧坏,则流过取样电阻 R_S 的电流减小,其电压降减小,经电压检测器 D 识别后,会调整电压比较器的参考电压,从而改变振荡频率,使转向指示灯的闪光频率加快一倍,以提示驾驶员及时检修。当打开危险警报开关时,汽车的前、后、左、右 4 个转向灯将同时闪烁,作为危险警报信号。

(2) 无触点电子闪光器。

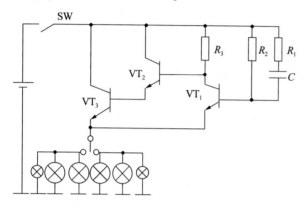

图 6-29 无触点电子闪光器的工作原理

图 6-29 所示的是无触点电子闪光器的工作原理。

接通转向灯开关 SW,VT_1 由于正向偏置电压而饱和导通,而 VT_2、VT_3 截止。由于 VT_1 的发射极电流很小,故转向灯较暗。同时,电源通过 R_1 对电容 C 充电,使得 VT_1 的基极电位下降。当 VT_1 的基极电位低于其导通所需的正向偏置电压时,VT_1 截止。VT_1 截止后,VT_2 通过 R_3 得到正向偏置电压而导通,VT_3 也随之饱和导通,转向灯变亮。此时,电容 C 经 R_1、R_2 放电,使 VT_1 仍保持截止,转向灯继续发亮。随着放电电流逐渐减小,VT_1 的基极电位又逐渐升高,当 VT_1 的基极电位高于其正向导通电压时,VT_1 导通,VT_2、VT_3 截止,转向灯变暗。随着电容 C 的充电、放电,VT_3 不断地导通、截止,如此循环,使转向灯闪烁。

27.4 倒车灯及报警器

(1) 倒车灯。

倒车灯用于指示车辆的尾部,受倒车开关控制,其灯罩为白色。倒车灯与倒车蜂鸣器共同工作,前者发出灯光闪烁信号,后者发出断续的鸣叫信号。倒车灯与倒车蜂鸣器皆由倒车开关控制。倒车开关附设在变速器上,当变速器处于倒挡状态时,倒车开关即闭合。

(2) 倒车蜂鸣器。

倒车蜂鸣器的工作原理如图 6-30 所示。倒车蜂鸣器是一个间歇发音的音响

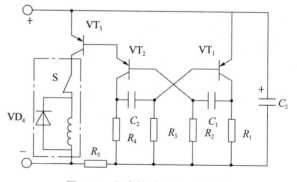

图 6-30 倒车蜂鸣器的工作原理

装置，发音部分是一只小功率的电喇叭。其控制电路由无稳态电路与反相器组成的开关电路构成。

当倒车开关闭合后，由三极管 VT_1 和 VT_2 组成的无稳态电路自行振荡，使三极管 VT_3 按照无稳态电路的振荡频率时通时断。

当 VT_3 导通时，电流便从电源正极经 VT_3、蜂鸣器的常闭触点 S、线圈流回电源负极。线圈通电后，线圈中的铁芯被磁化，吸动衔铁，带动膜片变形，产生声音。当 VT_3 截止时，线圈断电，铁芯退磁，衔铁与膜片回位。如此循环，VT_3 按照无稳态电路的振荡频率不断地导通、截止，从而使得倒车蜂鸣器发出间歇性的鸣叫。

（3）倒车语音报警器。

随着集成电路技术的发展，现在已经能将语音信号压缩并存储在集成电路中，制成倒车语音报警器。在汽车倒车时，它能重复发出"请注意，倒车"等声音，以此提醒车后行人避开车辆，确保安全倒车。

（4）倒车雷达。

①倒车雷达的作用。

倒车雷达又称泊车辅助系统或倒车电脑警示系统，它能以声音或者更为直观的显示方式告知驾驶员周围障碍物的情况，解除驾驶员在泊车和启动车辆时因探视所引起的困扰，并帮助驾驶员克服视野死角和视线模糊的问题，提高驾驶的安全性。新一代产品在性能上有了质的飞跃，特别是荧屏显示系统开始出现动态显示，不用挂倒挡，只要发动汽车，显示器上就会出现车辆图案以及车辆周围障碍物的距离。还有的车辆把后视镜、倒车雷达、免提电话、温度显示和车内空气污染显示等多项功能整合在一起，并设计了语音功能。倒车雷达采用了最新的仿生超声雷达技术，配合高速电脑控制，可以全天候准确地探测 2 m 以内的障碍物。

②倒车雷达的组成。

倒车雷达一般由超声波传感器（俗称探头）、控制器和显示器（或蜂鸣器）等部分组成。图 6-31 所示为奥迪 A6 轿车倒车雷达报警系统。

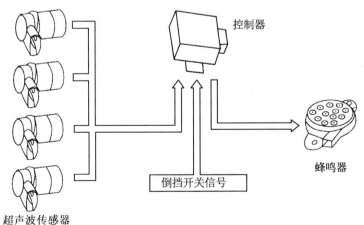

图 6-31 奥迪 A6 轿车倒车雷达报警系统

倒车雷达分别有 2 探头、4 探头、6 探头及 8 探头等多种配置，2 探头和 4 探头的倒车雷达一般安装在汽车的后保险杠上面。奥迪 A6 轿车倒车雷达的安装位置如图 6-32 所示。6 探头和 8 探头的倒车雷达一般的安装方式是前面 2 个、后面 4 个，或前面 4 个、后面 4 个。通常，探头的数量决定了倒车雷达的探测覆盖能力，6 个以上探头的倒车雷达，在倒车时还可以探测到左前角和右前角。探头的安装必须注意，其与地面之间的距离不得小于 50 cm，而且探头间的距离分布要整齐、规范，这样才能使它发挥出应有的作用。

③倒车雷达的工作过程。

奥迪 A6 轿车的倒车雷达采用超声波测距原理。驾驶员在倒车时挂入倒挡，启动倒车雷达。在控制器的控制下，由装置于车尾保险杠上的探头发送超声波，当超声波遇到障碍物时，会产生回波信号。传感器接收到回波信号后，控制器进行数据处理，通过记录信号由发出到返回的时间来计算车辆与障碍物之间的距离，并判断出障碍物的位置，再由显示器显示距离并发出警示信号，确保驾驶员在倒车时不会撞上障碍物。

奥迪 A6 轿车倒车雷达传感器如图 6-33 所示。奥迪 A6 轿车装有 4 个倒车雷达传感器，每个传感器既可以发出超声波，也可以接收超声波的回波。传感器由一个超声波收发器和一个集成电路组成，集成电路将回波的声波信号转换成数字信号，并将其传递到控制单元，控制单元根据回波的传播时间计算出车辆与障碍物之间的距离。当车辆障碍物之间的距离小于 1.6 m 时，可以听见间歇的报警声。车辆离障碍物越近，报警声音越急促。当车辆与障碍物之间的距离小于 0.2 m 时，可以听见连续的报警声。

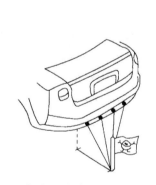

图 6-32 奥迪 A6 轿车倒车雷达的安装位置

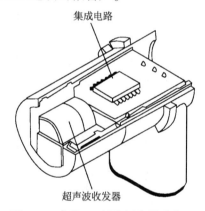

图 6-33 奥迪 A6 轿车倒车雷达传感器

27.5 制动灯

制动灯安装在车辆尾部，用于通知后车该车正在制动，以避免后车与其尾部相撞。制动灯由制动开关控制，根据控制方式的不同可分为气压式制动、液压式制动和机械式制动三种。其中，气压式和液压式制动开关一般安装在制动管路中，它们的工作原理都是利用气压或液压使开关中的两个接线柱相连，从而导通制动灯电路。这两种开关经常在载货汽车上使用。小型轿车经常使用机械式开关，一般安装在制动踏板下方。当踩下制动踏板时，制动开关内的活动触点将两个接线柱接通，使制动灯亮起；当松开制动踏板后，制动灯电路断开。

27.6 信号系统的故障诊断与排除

转向信号系统常见故障及其故障原因如表 6-2 所示。制动信号系统和倒车信号系统的电路与转向信号系统的电路除闪光器外基本相似，因此其故障分析可参考转向信号系统进行。

信号系统的故障诊断与排除

表 6-2 转向信号系统常见故障及其故障原因

常见故障	故障原因
所有转向灯都不亮	①转向灯电路熔丝烧断； ②蓄电池至开关之间有断路或接触不良； ③转向灯开关不良； ④转向灯烧坏； ⑤闪光器损坏
转向指示灯不亮	①闪光器不匹配； ②转向指示灯损坏，接线不良
左转向灯或右转向灯不亮	①导线接头脱落或接地不良； ②闪光器接线松脱或断路
转向灯有时亮、有时不亮	①闪光器接触不良； ②导线接触不良
转向灯常亮	①闪光器故障； ②发电机输出电压过高； ③转向开关故障； ④接错线或短路
转向灯闪烁频率过高或过低	①灯泡功率不当； ②闪光器故障； ③电源电压过高或过低
转向灯电路的熔丝经常烧断	①转向灯电路的火线短路； ②灯泡或灯座短路； ③转向开关短路； ④闪光器内部短路

📋 任务实施

☞ **任务准备**

（1）防护装备：常规实训工作服、车内外三件套、隔离警示围栏。
（2）工具设备：万用表、示波器、诊断设备、汽车整车、计算机或网络终端。
（3）辅助资料：卡片、记号笔、翻纸板、维修手册。

☞ **实施步骤**

（1）正确观察并记录故障现象。
（2）正确连接诊断设备并读取故障代码。
（3）正确使用万用表进行线路测量并进行判断。

（4）根据观察和查找的信息，填写任务报告。

任务报告

任务 27　信号系统的检修				
班级		姓名		
组别		组长		
1. 车辆信息采集（5分）			得分：	
整车型号				
车辆识别代码				
发动机型号				
2. 前期准备（15分）			得分：	
（1）	环车检查车身状况。□			
（2）	正确组装三件套（转向盘套、座套、换挡手柄套），翼子板布和前格栅布。□			
（3）	清理工位卫生。□			
3. 信息收集（10分）			得分：	
（1）转向灯的闪光频率应控制在_____次/分钟，一般为_____次/分钟。 （2）转向灯的闪烁功能是由_____控制电流通断来实现的。现在有些车采用_____作为转向灯，其闪烁功能则是通过控制_____信号来实现的。 （3）电子闪光器种类繁多，但大体上可以分为_____和_____两种类型。 （4）倒车开关附设在_____上，当变速器处于_____状态时，倒车开关即闭合。				
4. 制订计划（10分）			得分：	
请根据工作任务制订工作计划及任务分工。				
序号	工作内容		工作要点	负责人

（续表）

5. 计划实施（50 分）		得分：	

任务	作业记录内容	配分
描述故障现象并列举故障原因	（1）描述故障现象：_____。 （2）查找相关电路图。 （3）根据故障现象或初步检查，分析故障可能范围，分析到第一层即可。 _____ _____	10
连接诊断设备并读取故障代码	（1）解码器与本系统控制模块的通信是否正常？是 □ 否 □ （2）解码器与其他控制模块的通信是否正常？是 □ 否 □ （3）基于故障代码的诊断信息。 | 故障代码	定义	是否始终记忆	是否与故障相关
---	---	---	---
		是（ ）/否（ ）	是（ ）/否（ ）
		是（ ）/否（ ）	是（ ）/否（ ） | （4）基于相关故障代码，说明引起故障的可能原因： _____。	15
实施诊断并确定故障范围	（1）基于上述诊断结论，实施诊断。 | 测试对象 1	
---	---
测试条件	
测试参数	测试结果
是否正常	
测试对象 2	
测试条件	
测试参数	测试结果
是否正常	
测试对象 3	
测试条件	
测试参数	测试结果
是否正常	| （2）基于测试结果，说明引起故障的可能原因： _____。	15
分析故障机理并提出维修建议	（1）故障机理：_____。 （2）维修建议：_____。	10

(续表)

6. 检查评价（10 分）	得分：
请根据个人在完成任务过程中的表现及工作结果进行自我评价和小组评价。 自我评价：_____。 小组评价：_____。	
任务总成绩：	

任务 28　电喇叭的检修

课程思政落脚点：身体健康、绿色环保、社会公德

导引事例：汽车喇叭的声音可能对人体健康构成危害。《机动车用喇叭的性能要求及试验方法》（GB 15742—2019）规定，四轮机动车和功率大于 7 kW 的摩托车喇叭的音量应介于 95 dB 至 115 dB 之间。在城市环境中，汽车喇叭声是交通噪声的重要组成部分，大约占所有噪声源的 70%。长期暴露于这种噪声水平，人们可能出现所谓的"噪声病"。通常，40 dB 被认为是正常的环境噪声水平，而超过 40 dB 的噪声则可能被认为是有害的。人们长期暴露于噪声中，可能导致失眠、疲劳、无力、记忆力下降，甚至可能诱发神经衰弱。在高度噪声的环境中，神经衰弱等疾病的发病率显著增加，有的研究表明这一比例可超过 60%。因此，我们应当合理使用喇叭，避免长时间鸣笛，在可以使用灯光信号的情况下，应优先考虑使用灯光而非喇叭进行提示。

📝 任务资讯

电喇叭是一种用电磁控制金属膜片振动以发声的装置，有螺旋形（蜗牛形）、筒形和盆形等不同的结构形式。由于盆形电喇叭具有结构简单、尺寸小、重量轻、声束的指向性好等特点，因此在汽车上普遍采用。

28.1　盆型电喇叭的基本结构与工作原理

（1）基本结构。

盆形电喇叭的基本结构与工作原理

盆形电喇叭的基本结构如图 6-34 所示。喇叭的下铁芯可以旋入或旋出，用以改变喇叭的磁阻，进而调整喇叭的音调。线圈用来产生磁场，其一端连接衔铁，另一端连接活动触点臂。固定触点臂通过导线与喇叭的继电器相连。喇叭触点的开闭由铁芯控制，铁芯与活动触点臂之间用绝缘垫片隔开，以防止活动触点臂搭铁。共鸣板、膜片、衔铁、上铁芯刚性相连，形成一个整体。调整螺钉用来调整触点间的接触压力，即调整喇叭的音量。

（2）工作原理。

当按下喇叭按钮时，喇叭电路接通，电流从蓄电池正极→线圈→触点→喇叭按钮→搭铁→蓄电池负极。线圈通电后产生电磁力，吸引上铁芯及衔铁下移，使膜片下拱。衔铁在下移的过程中将触点顶开，线圈电路被切断，其电磁力消失。此时，上铁芯、衔铁及膜片

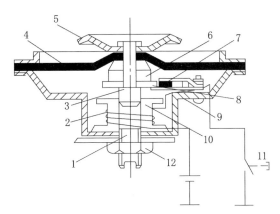

1—下铁芯；2—线圈；3—上铁芯；4—膜片；5—共鸣板；6—衔铁；7—触点；
8—活动触点臂；9—调整螺钉；10—铁芯；11—喇叭按钮；12—锁紧螺母

图 6-34 盆形电喇叭的基本结构

在触点臂和膜片自身弹力的作用下复位，触点重新闭合。在触点闭合后，线圈再次通电产生电磁力，吸引上铁芯和衔铁下移。如此循环，触点以一定的频率打开、闭合，膜片不断振动发出声响，并通过共鸣板产生共鸣，从而产生音量适中、和谐悦耳的声音。为了获得更加悦耳且容易辨别的声音，有些汽车上装有两个不同音调的喇叭。

28.2 电子电喇叭

电子电喇叭利用晶体管代替了盆形电喇叭的触点。电子电喇叭的工作原理如图 6-35 所示。由 VT_1、VT_2、VT_3 和 C_1、C_2 以及 $R_2 \sim R_8$ 组成多谐振荡电路。VT_4、VT_5 为功率放大器，喇叭线圈为 VT_5 的负载。

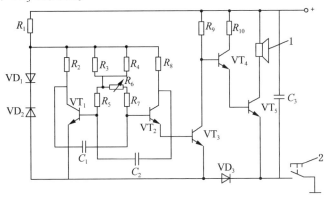

1—扬声器；2—喇叭按钮

图 6-35 电子电喇叭的工作原理

当按下喇叭按钮时，电路通电，振荡器开始工作，VT_1、VT_2 交替导通与截止。当 VT_1 导通时，VT_2 和 VT_3 截止，VT_4 和 VT_5 导通，喇叭线圈中有电流通过，产生电磁力吸引喇叭膜片振动。当 VT_1 截止时，VT_2 和 VT_3 导通，VT_4 和 VT_5 截止，喇叭线圈中无电流通过，膜片复位。因此，VT_1 和 VT_2 交替导通和截止，使得 VT_4 和 VT_5 相应导通和截止,从而在喇叭线圈中通过一定频率的脉冲电流,使膜片振动发声。

在图6-35中,R_6为音量调节电位器,通过改变R_6阻值的大小,就可以改变VT_2、VT_3的截止时间与VT_4、VT_5的导通时间,从而使通过喇叭线圈的平均电流值发生改变,达到调节音量的目的。在电路中,电容C_3与喇叭的电源并联,用于防止汽车点火线路或其他电路中瞬变电压的干扰。R_1为多谐振荡器的稳压电阻,其作用是保持振荡频率的稳定。VD_1具有温度补偿的作用,VD_2具有电源反接保护的作用。

28.3 喇叭继电器

当汽车装备单只喇叭时,喇叭可以直接由喇叭按钮控制。当汽车装备双喇叭时,由于其消耗电流较大,为避免喇叭的工作电流直接通过喇叭按钮,防止喇叭按钮的烧蚀,延长其使用寿命,电路中多装有喇叭继电器。喇叭继电器的基本结构和接线方法如图6-36所示,它由线圈、铁芯、活动触点臂、触点等组成,有喇叭接线柱、电源接线柱、按钮接线柱3个接线柱。

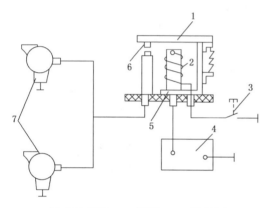

1—活动触点臂;2—线圈;3—喇叭按钮;
4—蓄电池;5—铁芯;6—触点;7—喇叭

图6-36 喇叭继电器的基本结构和接线方法

按下喇叭按钮后,电流从蓄电池正极→电源接线柱→线圈→按钮接线柱→喇叭按钮→搭铁→蓄电池负极。由于线圈中有电流通过,铁芯被磁化,吸引活动触点臂下移,使触点闭合,从而接通喇叭电路。电流随后从蓄电池正极→电源接线柱→活动触点臂→触点→喇叭接线柱→搭铁→蓄电池负极。此时,由于电流通过了线圈,喇叭便发出了响声。当放开按钮时,线圈中的电流被切断,铁芯的磁性消失,触点在弹簧的作用下分开,从而切断了喇叭电路。

28.4 电喇叭的检查

(1)当喇叭筒及盖出现凹陷或变形时,应予以修整。

(2)检查喇叭内的各接头是否牢固,如有脱落,应使用烙铁将其焊牢。

(3)检查触点接触情况。触点应光洁、平整,上、下触点应相互重合,其中心线的偏移不应超过0.25 mm,接触面积不应少于80%,否则应予以修整。

(4)检查喇叭消耗电流的大小。将喇叭连接到蓄电池上,并在电路中串联一只电流表,检查喇叭在蓄电池正常供电情况下的发音和耗电情况。喇叭发音应清脆洪亮,无沙哑声音,消耗电流不应大于规定值。如果喇叭耗电量过大或声音不正常,则应予以调整。

电喇叭的调整

28.5 电喇叭的调整

不同型式的电喇叭,其结构不完全相同,因此调整方法也不完全一致,但其原则是基本相同的。电喇叭的调整一般包括以下两个方面。

（1）铁芯间隙（即衔铁与铁芯之间的间隙）的调整。

电喇叭音调的高低与铁芯间隙有关，铁芯间隙小时，膜片的振动频率高，则喇叭的音调高；铁芯间隙大时，膜片的振动频率低，则喇叭的音调低。铁芯间隙的具体数值视喇叭的高、低音特性及其规格而定，一般为 0.7～1.5 mm。

电喇叭铁芯间隙的调整部位如图 6-37 所示。对于图 6-37（a）所示的电喇叭，应先松开锁紧螺母，然后通过转动衔铁来改变衔铁与铁芯之间的间隙；对于图 6-37（b）所示的电喇叭，应先扭松上、下调节螺母，通过使铁芯上升或下降来改变铁芯间隙；对于图 6-37（c）所示的电喇叭，可先松开锁紧螺母 3，转动衔铁加以调整，然后拧松锁紧螺母，使弹簧片与衔铁平行后固紧。调整时应使衔铁与铁芯之间的间隙均匀，否则可能会产生杂音。

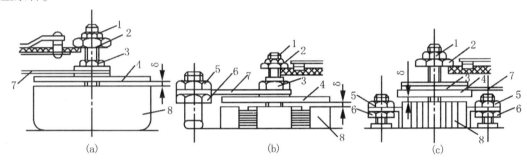

1、3—锁紧螺母；2、5、6—调节螺母；4—衔铁；7—弹簧片；8—铁芯

图 6-37　电喇叭铁芯间隙的调整部位

（2）触点压力的调整。

电喇叭声音的大小与通过喇叭线圈的电流大小有关。当触点压力增大时，流入喇叭线圈的电流增大，使喇叭产生的音量增大；反之，音量减小。

触点压力是否正常，可以通过观察喇叭工作时的耗电量与额定电流是否相符来判别。如果二者相符，则说明触点压力正常；如果耗电量大于或小于额定电流，则说明触点压力过大或过小，应予以调整。调整时不可过急，每次只需将调节螺母转动 1/10 转即可。

28.6　电喇叭的故障诊断

（1）按下按钮，喇叭不响。

①检查火线是否有电。将喇叭继电器的电源接线柱与搭铁短接。若无火花，则说明火线中有断路，应检查蓄电池、保险器（或熔丝）、喇叭继电器的电源接线柱之间是否存在断路，如接线是否松脱，保险器是否跳开（熔丝是否烧断）等。

②如火线有电，则将喇叭继电器的电源接线柱与喇叭接线柱短接。若喇叭仍不响，说明是喇叭有故障；若喇叭响了，说明是喇叭继电器或按钮有故障。

③按下按钮，倾听继电器内有无声响。若有"咯咯"（即触点闭合）声，但喇叭不响，说明继电器触点氧化锈蚀；若继电器内无反应，则将按钮接线柱与搭铁短接；若继电器触点闭合，喇叭响，则说明是按钮氧化锈蚀而接触不良；若继电器触点仍不闭合，说明继电器线圈中存在断路。

（2）喇叭声音沙哑。

①发动机未启动前，喇叭声音沙哑，但当发动机启动后并在中速运转时，喇叭声音若恢复正常，则为蓄电池亏电；若声音仍沙哑，则可能是喇叭或继电器存在问题。

②将喇叭继电器的电源接线柱与喇叭接线柱短接。若喇叭声音正常，则故障出现在继电器上，应检查继电器触点是否烧蚀或有污物导致接触不良；若喇叭声音仍沙哑，则故障出现在喇叭内部，应拆下检查。

③当按下按钮时，若喇叭不响，只发出"嗒"的一声，并且耗电量过大，则故障出现在喇叭内部，可拆下喇叭盖并再次按下按钮，观察继电器触点能否打开。若不能打开，应重新调整；若能打开，则应检查触点间以及电容是否存在短路。

任务实施

任务准备

（1）防护装备：常规实训工作服、车内外三件套、隔离警示围栏。
（2）工具设备：万用表、示波器、诊断设备、汽车整车、计算机或网络终端。
（3）辅助资料：卡片、记号笔、翻纸板、维修手册。

实施步骤

（1）正确观察并记录故障现象。
（2）正确连接诊断设备并读取故障代码。
（3）正确使用万用表进行线路测量并进行判断。
（4）根据观察和查找的信息，填写任务报告。

任务报告

任务 28 电喇叭的检修				
班级			姓名	
组别			组长	
1. 车辆信息采集（5 分）			得分：	
整车型号				
车辆识别代码				
发动机型号				
2. 前期准备（15 分）			得分：	
（1）	环车检查车身状况。□			
（2）	正确组装三件套（转向盘套、座套、换挡手柄套），翼子板布和前格栅布。□			
（3）	清理工位卫生。□			

(续表)

3. 信息收集（10分）		得分：	
（1）电喇叭是一种用电磁控制金属膜片_____以发声的装置。 （2）电喇叭音调的高低与铁芯_____有关，铁芯间隙小时，膜片的振动频率高，则喇叭的音调____；铁芯间隙大时，膜片的振动频率低，则喇叭的音调_____。 （3）电喇叭声音的大小与通过喇叭_____的电流大小有关。当触点压力____时，流入喇叭线圈的电流____，使喇叭产生的音量____；反之，音量____。			

4. 制订计划（10分）		得分：	
请根据工作任务制订工作计划及任务分工。			
序号	工作内容	工作要点	负责人

5. 计划实施（50分）		得分：	

任务	作业记录内容			配分
描述故障现象并列举故障原因	（1）描述故障现象：_____。 （2）查找相关电路图。 （3）根据故障现象或初步检查，分析故障可能范围，分析到第一层即可。 _____ _____			10
连接诊断设备并读取故障代码	（1）解码器与本系统控制模块的通信是否正常？是 □ 否 □ （2）解码器与其他控制模块的通信是否正常？是 □ 否 □ （3）基于故障代码的诊断信息。			15
	故障代码	定义	是否始终记忆	是否与故障相关	
			是（ ）/否（ ）	是（ ）/否（ ）	
			是（ ）/否（ ）	是（ ）/否（ ）	
	（4）基于相关故障代码，说明引起故障的可能原因：_____。			

（续表）

任务	作业记录内容			配分
实施诊断并确定故障范围	(1) 基于上述诊断结论，实施诊断。			15
	测试对象 1			
	测试条件			
	测试参数	测试结果		
	是否正常			
	测试对象 2			
	测试条件			
	测试参数	测试结果		
	是否正常			
	测试对象 3			
	测试条件			
	测试参数	测试结果		
	是否正常			
	(2) 基于测试结果，说明引起故障的可能原因：_____。			
分析故障机理并提出维修建议	(1) 故障机理：_____。 (2) 维修建议：_____。			10

6. 检查评价（10 分）　　　　　　　　　得分：

请根据个人在完成任务过程中的表现及工作结果进行自我评价和小组评价。
　自我评价：_____。
　小组评价：_____。

任务总成绩：

项目 7
汽车仪表与报警系统的维护与检修

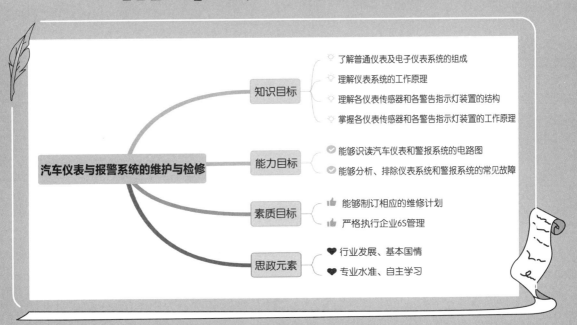

任务 29　汽车仪表的检修

课程思政落脚点： 行业发展、基本国情

导引事例： 未来我国汽车仪表行业的发展方向是什么？

仪表作为汽车控制不可或缺的组成部分，随着我国汽车产量的增长而同步扩大。汽车仪表按里程表驱动方式，可分为机械式和电子式；按显示屏，可分为数字式和液晶式；还有分体式仪表、组合仪表、全智能仪表等。近年来，国内汽车仪表行业发展迅速。

我国汽车仪表经历了从机械式至模拟电路电子式发展的阶段，目前，已进入由先进的传感器与显示装置构成的电子仪表时代，向着数字化方向发展。其功能不仅限于车速、里程、发动机转速、油量、水温、方向灯指示等基础信息，还可能增添一些功能。比如，时速表、发动机转速表和油量表将被网络、诊断和数字显示功能于一体的触摸式液晶屏幕所取代，并通过车载动态信息系统"专家智囊团"实现现场诊断、道路自主导航、电子地图、车辆定位动态显示等功能。

未来，我国汽车仪表行业的发展方向主要包括以下几个方面。

（1）提升产品质量可靠性，这是仪表行业发展中必须解决的关键问题。

（2）进一步提升产品的自动化程度和精密度。当前，我国仪表的自动化程度还不够高，有些还需要进行人工操作。

（3）顺应产业发展潮流，在稳固常规品种的同时，进一步发展智能仪表，提升产业数字化、智能化和集成化的水平。

（4）进一步丰富仪器仪表的品种规格，如 1 kPa 以下微低压、800 kPa 以上高差压量程、16 MPa 以上高静压、耐腐蚀等规格的国产变送器等。

任务资讯

29.1　仪表系统概述

为了使驾驶员能够随时掌握车辆的各种状况，及时发现和排除潜在的故障，驾驶员座位前方的仪表板上装有各种监测仪表和报警装置，这些装置一般都集成在仪表台上，形成仪表板总成。为正确使用发动机并了解其主要部分的工作情况，以便及时发现、排除和避免可能出现的故障，保证车辆正常运行，汽车上装有多种检查测量仪表，如水温表、机油压力表、燃油表、车速里程表、车速表等。

仪表系统概述

对汽车仪表的一般要求是：结构简单、体积小、工作可靠、耐振动、抗冲击性好；外观应美观大方，显示的数据必须准确、清晰；在电源电压波动时，仪表所受影响应尽可能小，而且不随环境温度的变化而变化。

仪表板总成一般主要由以下部件组成，有些还包括仪表稳压器及报警蜂鸣器。

(1) 仪表和指示灯。

仪表和指示灯负责监测各个汽车工作系统，为驾驶员提供有关汽车当前运行状态的信息。

(2) 仪表板。

仪表和指示灯等部件安装在仪表板上。

(3) 印刷线路板。

仪表板大多用印刷线路板作为电路导线。印刷线路板通常采用薄敷铜酚醛树脂板或玻璃纤维板制作，通过刻蚀或酸蚀去掉不需要的敷铜而形成。因此，应避免用手触摸印刷线路板，以防止人体体脂的酸性对其造成损害。印刷线路板固定在仪表板的壳体里面，并通过插座与汽车线束连接。

汽车仪表可以按照工作原理和安装方式进行分类。

按工作原理来分，汽车仪表可分为机械式仪表、电器式仪表、模拟电路电子仪表和数字化电子仪表。传统仪表一般是指机械式仪表、电器式仪表和模拟电路电子仪表。随着现代汽车不断向信息化和电子化方向发展，图7-1所示的数字化电子仪表相对于传统仪表具有集成度和精确度高、信息含量大、可靠性好以及显示模式自由等优点，因此逐步取代了传统仪表。

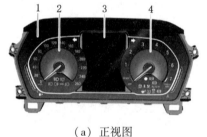
(a) 正视图

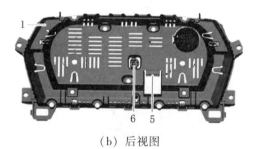
(b) 后视图

1—组合仪表；2—车速表；3—中心显示器；4—转速表；5—十二芯插头连接；6—六芯插头连接

图 7-1 数字化电子仪表

按安装方式来分，汽车仪表可分为分装式仪表和组合式仪表。分装式仪表是指各仪表单独安装，这种方式在早期汽车以及赛车中比较常见。组合式仪表是指在最初设计时就将各种仪表组合在一起，结构紧凑，便于安装，是现代汽车中最常用的仪表类型。组合式仪表又分为可拆式和整体不可拆式两种。可拆式组合仪表的仪表、指示灯等组成部件如果损坏，可以单独更换，而整体不可拆式仪表如果损坏，就要需更换总成，成本较高。

现代轿车的仪表台总成一般是指由转向盘前的主仪表板、驾驶员旁通道上的副仪表板以及仪表罩共同构成的平台。主仪表板上一般集中了全车的监察仪表，如车速表、发动机转速表、水温表、燃油表等。有些仪表还设有变速挡位指示、时钟、环境温度表、路面倾斜表和海拔高度表等。按照当前流行的仪表台设计方式，空调、音响、导航、娱乐等设备的显示和控制部件通常被安装在副仪表板上，以方便驾驶员操作，同时也显得整车布局紧凑合理。

宝马轿车的主仪表板如图7-2所示。主仪表板被安装在仪表台上最便于驾驶员观察的位置，并且以最清晰、直观、简便的方式显示信息。主仪表板上最醒目的位置通常用来指示车辆最基本、最重要的工况信息，同时也用其他指示形式来指示一些次要信息。一般汽车仪表都具备指示车速、里程、发动机转速、冷却液温度、燃油量等最基本、最重要的信息的功能，以及发动机电控、灯光、电源、安全、润滑、制动灯系统等相关工况信息的指示及报警功能。

1—组合仪表；2—车速表；3—发动机动态控制指示；4—自适应底盘指示；
5—伺服转向助力系统指示；6—转速表；7—油温显示；8—具有驾驶逻辑的挡位显示；9—油位表

图 7-2 宝马轿车的主仪表板

29.2 组合仪表的组成

微控制器工艺和汽车发展的网络化趋势，推动了机械式仪表向电子仪表的发展。典型的组合仪表采用 LED 照明、基于扭绞向列技术的导电橡胶扇区接触的液晶器件，以及集成电路、扁平的步进电机和几乎所有的表面安装工艺元器件，这些元器件直接安装在印刷线路板上，使组合仪表变得很薄。

29.3 组合仪表的原理

组合仪表的基本功能如图 7-3 所示。这些功能块可以划分为微控制器、专用集成电路和标准外设（如产品型谱、指示范围和显示器类型等）。

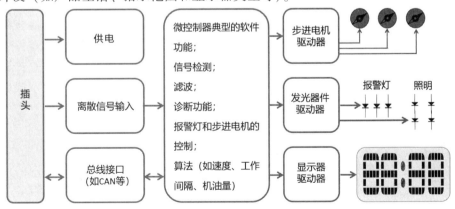

图 7-3 组合仪表的基本功能

由于采用步进技术，组合仪表不仅能够精确显示测量参数，还能够承担"智能"功能的角色，例如与转速有关的发动机机油压力报警。在列阵显示器或周期显示器上，故障信息可以优先显示。组合仪表通常还具备在线诊断功能，这项功能占据了程序存储器中的相当一部分存储空间。

因为组合仪表是各种车型的基本配置，并与所有的总线汇合在一起，所以它成为汽车上不同总线之间的桥梁，例如发动机的 CAN 总线、车体的 CAN 总线和汽车的诊断总线等。

29.4 组合仪表测量装置

欧洲各国一直在对传统的机械式指针和数字字盘的仪表进行改进。首先是用紧凑的、可电子控制的比例式旋转磁场转速表代替体积大的涡流式转速表。目前，做得很薄的驱动式步进电机仍然保持着很高的指示精度。由于步进电机的磁路很短，且功率只有 0.1 W 的两级驱动，所以它能够快速和精确地指示出测量值。

数字仪表的显示形式和显示器件

29.5 数字仪表的显示形式和显示器件

（1）显示形式。

数字仪表的显示形式有模拟式和数字式两种。模拟式显示形式一般是通过指针在固定刻度盘前的摆动来指示参数，该指针可以是由步进电机驱动的真实指针，也可以是由液晶显示器模拟的虚拟指针。数字式显示形式则用数字或者条杠图形代替指针图形符号来指示参数。模拟式显示器在显示信号参数的相对变化时优于数字式显示器，这在驾驶员需要直观感知而无须准确读数时很有用。例如，当显示发动机转速的升高或降低时，模拟式转速表的效果要比数字式转速表更直观，因为驾驶员并不需要知道发动机的准确转速，重要的是发动机转速达到仪表红线的快慢程度，而数字式显示形式更适合显示里程、保养信息等精确数据，因此很多车速里程表结合了模拟式（车速）和数字式（里程）两种显示形式。

（2）显示器件。

汽车上使用的数字仪表显示器件有许多不同的类型，并且各有特点。最常用的数字仪表显示器件可分为发光型和非发光型两种。发光型显示器件能自行发光，容易获得鲜艳的流行色显示；非发光型显示器件则依靠反射环境光来显示信息。发光型显示器件主要有真空荧光管、发光二极管、阴极射线管、等离子显示器件和电致发光显示器件等；非发光型显示器件有液晶显示器和电致变色显示器件等。这些器件都可以作为汽车数字仪表显示器件来使用，既可以设计成数字式，也可以设计成图形或模拟指针式。

平视显示系统

29.6 平视显示系统

观察普通组合仪表的距离为 0.8～1.2 m。为读出组合仪表内的信息，驾驶员的眼睛必须从汽车外部远距离场景的调节到近距离的仪表板上。眼睛对物体距离的调节时间大约为 0.3～0.5 s，这对于年长的驾驶员来说太紧张，尤其是对于一些体质较弱的驾驶员来说甚至是不切实际的。使用投影技术可以解决这一问题。平视显示系统（HUD）可以产生较大观察距离的虚拟图形，使驾驶员的眼睛仍可保持在观察远距离场景时的状态。HUD 的平视观察距离约为 2 m，同时避免了组合仪表产生的眩目影响，使驾驶员能够清晰地读出信息。

（1）HUD 的组成。

①玻璃盖板。

玻璃盖板（如图 7-4 所示）由防刮涂层聚碳酸酯材料制成，是 HUD 的上部盖板。玻璃盖板可以防止灰尘和无意放到显示屏上的物体进入 HUD 内部。玻璃盖板和 HUD 挡板都采用了曲面设计，以确保将射入的光线反射给驾驶员。此外，还通过散光效果等方式确保显示屏上的信息能顺利投射到风窗玻璃上。

②反射镜。

反射镜如图 7-5 所示。平视显示屏内装有两个反射镜，反射镜能够将显示屏上的信息反射到风窗玻璃上。其中，曲面镜负责对风窗玻璃上的图像进行补偿调节，即调节图像的尺寸和距离；平面镜负责确保光线在特定空间内传输。曲面镜由塑料制成，平面镜由玻璃制成。

图 7-4 玻璃盖板

1—曲面镜；2—平面镜

图 7-5 反射镜

③LED 灯组。

HUD 中有两个 LED 灯组。LED 灯组在一个平面内布置了 8 个 LED。LED 灯组为薄膜晶体管（TFT）投影显示屏提供背景照明，负责产生达到 HUD 亮度所需的灯光。LED 灯组内安装了红色 LED 和绿色 LED，根据主印刷线路板的控制情况达到所需的 HUD 亮度。

④主印刷线路板

主印刷线路板如图 7-6 所示，其上安装了以下组件：CAN 总线接口、处理器、控制器、存储器、供电装置。组合仪表通过低电压差分信号导线将图像信号发送到显示屏上。

⑤壳体。

壳体由铝合金制成，包括下端部件和塑料盖板。散热装置（铝合金散热片）和供电装置固定在下端部件上。玻璃盖板集成在盖板内。

⑥风窗玻璃。

风窗玻璃（如图 7-7 所示）是一种特殊玻璃，它是反射

图 7-6 主印刷线路板

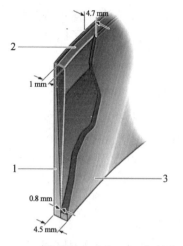

1—外层风窗玻璃；2—塑料膜；
3—内层风窗玻璃

图 7-7　风窗玻璃

显示内容的重要部件。与批量生产的风窗玻璃类似，外层风窗玻璃和内层风窗玻璃也粘有一层塑料膜。但与批量生产的风窗玻璃不同的是，该塑料膜并非以平行分布方式而是以楔形分布方式覆盖在整个风窗玻璃上。这种楔形分布方式可以防止 HUD 显示内容出现重影。

楔形尖端朝下，从距离风窗玻璃下边缘大约 10 cm 处开始向上加厚。楔形末端大约位于风窗玻璃高度的 2/3 处。在风窗玻璃上部的 1/3 区域内，外层风窗玻璃和内层风窗玻璃之间的塑料膜平行分布。楔形尖端的厚度为 0.8 mm，楔形末端的厚度为 1 mm，风窗玻璃下边缘的总厚度为 4.5 mm，风窗玻璃上边缘的总厚度为 4.7 mm。

HUD 图像始终在风窗玻璃的内侧和外侧产生反射。由于批量生产的风窗玻璃存在倾斜角度，因此这两个反射图像会彼此错开。而反射到 HUD 风窗玻璃上的两个图像会在楔形分布方式的作用下相互重叠，因此驾驶员只会看到一个图像。双重反射示意如图 7-8 所示。

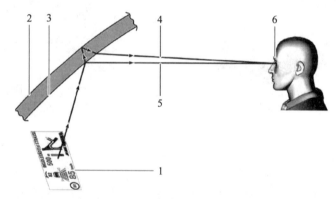

1—显示屏；2—风窗玻璃外侧；3—风窗玻璃内侧；4—风窗玻璃外侧的反射内容；
5—风窗玻璃内侧的反射内容；6—驾驶员的眼睛

图 7-8　双重反射示意

（2）HUD 的工作原理。

HUD 的工作原理如图 7-9 所示。HUD 相当于一部投影装置，它需要一个光源来投射 HUD 信息。系统采用红色和绿色两个 LED 灯组作为光源，通过 TFT 投影显示屏产生图像内容。TFT 投影显示屏相当于一个滤波器，能够允许或阻止光线通过。HUD 显示图像的形状、距离和尺寸由一个图像光学元件来确定。图像看起来就好像自由漂浮在道路上方，而风窗玻璃的作用相当于偏光镜。

（3）平视显示信息的表示。

为避免交通情景的绕射，虚拟图像不应包括交通情景，所以在观察的一个区域内只有少量信息。为避免视野中出现过多信息，HUD 只显示关键信息。因此，HUD 不能代替传统的组合仪表，但它能很好地适用于交通安全信息的展示，例如警告指示、汽车安全距离指示或道路引导信息等。在颜色选择上，不同的控制单元会规定相应的显示符号，例如警告符号。组合仪表也会针对 HUD 显示内容执行相关的颜色规定。为了达到最佳的符号可视效果，系统使用二维平面符号，使用以下颜色：橙色为标准色，红色或黄色用于警告信息，绿色用于定速巡航控制系统。

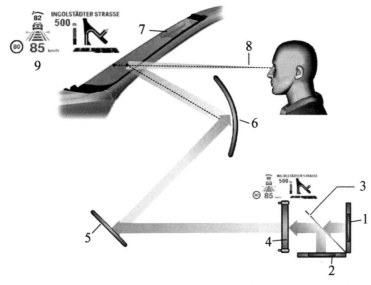

1—绿色 LED 灯组；2—红色 LED 灯组；3—透镜；4—TFT 投影显示屏；
5—平面镜；6—曲面镜；7—风窗玻璃；8—驾驶员视角；9—投射图像

图 7-9 HUD 的工作原理

29.7 组合仪表的诊断与检修

（1）拆装仪表板的注意事项。

①当拆装组合仪表时，应先拆下蓄电池负极接线，以避免在触摸仪表板后面的线束时造成线路短路。

②当拆卸组合仪表的装饰面板时，由于固定螺钉是隐蔽的，因此要仔细查找固定螺钉，严禁强行拆卸装饰面板。

组合仪表的诊断与检修

③当拆装组合仪表时，应注意组合仪表后面的线束插头，如果是带有软轴的车速里程表，一般都带有锁止机构，切勿强行拆装。

④当从电路板上拆卸仪表芯、电源稳压器、照明灯及指示灯时，不能损坏印刷线路板。

⑤当单独更换仪表芯或仪表传感器时，必须确保仪表芯和仪表传感器配套使用。

⑥当拆装仪表及传感器时，注意动作要轻，不能敲打。

⑦当安装电热式机油压力传感器时，必须注意安装的方向。

⑧要保证仪表和传感器的接线可靠、牢固。

⑨电磁系仪表的接线柱有极性之分，不得接反。

（2）检修电子仪表及显示系统的注意事项。

汽车电子仪表及显示系统初看起来可能十分复杂，但由于其整个系统是按照不同的显示功能，由不同的独立装置组合而成的，所以，只要深入了解该系统的内部结构和各独立装置之间的相互关系，就不难理解其工作原理，也就不难掌握各仪表装置及整个系统的维修方法。在检修时，需注意以下事项。

①汽车电子仪表装置比较精密，对其维修的技术要求较高，维修时应遵照各汽车厂家使用维修手册的有关规定，在必要时，应让专业修理单位对电子仪表装置进行维修。

②汽车电子仪表板和逻辑电路板不仅容易损坏，而且价格较贵，因此，在检修时应多加保护，除有特殊说明外，不能将蓄电池的全部电压加于仪表板的任何输入端。

③对于需要检修的电子仪表板，在拆卸时首先应切断电源，然后按照规定的拆卸顺序进行拆卸。应特别注意拆卸时不能敲打、震动，以防损坏电子元器件。

④当检修电子仪表板时，不论是在车上还是在工作台上作业，作业地点和维修人员都不能带有静电。为此，作业时应使用静电保护装置，通常使用一根搭铁线与手腕相连，并使用一个放置电子部件的导电垫板来防止静电产生。

⑤电子仪表板的新元器件应存放在镀镍的包装袋里，需要更换时应从此袋中取出。取出时注意不要碰触各个接头，不要提前从袋中取出。

⑥在处理电子式车速里程表的电路板时，必须使用原装的塑料盒，以免因静电感应而损坏电路板。若不慎碰触电路板的接头，将会导致仪表的读数消除，此时必须将其送到专门的修理单位进行维修后才能使用。

⑦在拆装作业中，只能用手拿取仪表板的侧边，不能碰触显示窗和显示屏的表面等部分。

（3）汽车电子仪表的故障诊断与排除方法。

一般来说，采用电子仪表板的汽车通常都由微机进行控制，同时具有自检功能。只要给出指令，电子仪表板的电子控制器便会对其主显示装置进行系统的检查。若出现故障，便会以不同的方式警告驾驶员，并显示系统出现故障；同时，会将出现故障部位的故障代码储存，以便维修时将故障代码调出，指出故障部位。汽车电子仪表显示系统的故障通常出现在传感器、连接器、导线、个别仪表及显示器上，检修时应先将传感器电路断开或拆下，用检测设备对它们进行逐个检查。

①传感器的检查。对于各种电阻式传感器，通常采用测量电阻的方法来判断其好坏，即把所测得的电阻值与其规定的标准电阻值进行比较。若测得的电阻值小于规定的标准电阻值，表明传感器内部短路；若电阻值过大或无穷大，则说明传感器内部接触不良或断路，应更换传感器。

②连接器的检查。采用电子仪表的汽车，往往需要很多连续器将线束连接到仪表板上。这些连接器一般都采用不同的颜色，以便辨认它属于哪一部分的连接。为保证其连接可靠、牢固，连接器上都设有闭锁装置。检查时可以采用目视或手摸的方法，确保连接器装置要齐全、完好，插头、插座应接触可靠，无锈蚀。在电子仪表电路工作时，用手触摸连接器，应没有明显的温度异常，若温度过高，说明该连接器接触不良，应查明原因并排除。

③个别仪表的检查。若发现电子仪表板上有个别仪表发生故障，应检查与此仪表有关

的各个部分。首先应检查各导线的连接情况，包括各连接器的接触情况，线束是否破损、搭铁、短路或断路等。若有检测设备，可用检测设备分别对该仪表及其传感器进行检测，查明故障原因，能修则修，不能修则更换新件。

④显示器的检查。一旦电子仪表板上的显示屏部分笔画或线段出现故障，应将仪表板上的显示器调整到静态显示状态，仔细观察是否还有其他故障。针对此时出现的故障，可以使用检测设备对与此有关的电路或装置进行认真检查。如果仅有一两个笔画或线段不亮或不显示，则说明逻辑电路板通过多路传输的脉冲信号正确，可能是显示装置的部分线段工作不正常。遇此情况应进一步检查，属于接触不良的应加以紧固，确保其电路畅通；若是显示器件本身问题，通常应更换显示器件或显示电路板。

任务实施

☞ 任务准备

（1）防护装备：常规实训工作服、车内外三件套、隔离警示围栏。
（2）工具设备：万用表、示波器、诊断设备、汽车整车、计算机或网络终端。
（3）辅助资料：卡片、记号笔、翻纸板、维修手册。

☞ 实施步骤

（1）正确观察并记录故障现象。
（2）正确连接诊断设备并读取故障代码。
（3）正确使用万用表进行线路测量并进行判断。
（4）根据观察和查找的信息，填写任务报告。

任务报告

任务29　汽车仪表的检修			
班级		姓名	
组别		组长	
1. 车辆信息采集（5分）		得分：	
整车型号			
车辆识别代码			
发动机型号			
2. 前期准备（15分）		得分：	
（1）	环车检查车身状况。□		
（2）	正确组装三件套（转向盘套、座套、换挡手柄套），翼子板布和前格栅布。□		
（3）	清理工位卫生。□		

（续表）

3. 信息收集（10分）	得分：

（1）仪表板总成一般主要由_____、_____、_____组成。
（2）因为组合仪表是各种车型的基本配置，并与所有的_____汇合在一起，所以它成为汽车上不同总线之间的桥梁，例如发动机的_____总线、车体的_____总线和汽车的_____总线等。
（3）最常用的数字仪表显示器件可分为_____和_____两种。
（4）HUD的平视观察距离约为____m，同时避免了组合仪表产生的眩目影响，使驾驶员能够清晰地读出信息。
（5）HUD主要由玻璃盖板、_____、_____、_____、壳体、_____组成。

4. 制订计划（10分）			得分：

请根据工作任务制订工作计划及任务分工。

序号	工作内容	工作要点	负责人

5. 计划实施（50分）		得分：

任务	作业记录内容	配分
描述故障现象并列举故障原因	（1）描述故障现象：_____。 （2）查找相关电路图。 （3）根据故障现象或初步检查，分析故障可能范围，分析到第一层即可。 _____	10
连接诊断设备并读取故障代码	（1）解码器与本系统控制模块的通信是否正常？是□ 否□ （2）解码器与其他控制模块的通信是否正常？是□ 否□ （3）基于故障代码的诊断信息。 | 故障代码 | 定义 | 是否始终记忆 | 是否与故障相关 | |---|---|---|---| | | | 是（ ）/否（ ） | 是（ ）/否（ ） | | | | 是（ ）/否（ ） | 是（ ）/否（ ） | （4）基于相关故障代码，说明引起故障的可能原因：_____。	15

(续表)

任务	作业记录内容			配分
实施诊断并确定故障范围	(1) 基于上述诊断结论，实施诊断。			15
	测试对象1			
	测试条件			
	测试参数	测试结果		
	是否正常			
	测试对象2			
	测试条件			
	测试参数	测试结果		
	是否正常			
	测试对象3			
	测试条件			
	测试参数	测试结果		
	是否正常			
	(2) 基于测试结果，说明引起故障的可能原因：_____。			
分析故障机理并提出维修建议	(1) 故障机理：_____。 (2) 维修建议：_____。			10
6. 检查评价（10分）	得分：			
请根据个人在完成任务过程中的表现及工作结果进行自我评价和小组评价。 自我评价：_____。 小组评价：_____。				
任务总成绩：				

任务30　汽车报警装置的检修

课程思政落脚点：专业水准、自主学习

导引事例：仪表板上以下警报灯亮起后，需要立即停车检查。

第一，机油压力报警灯亮起，说明发动机内的机油量不足，需要及时补充，如果继续行驶，发动机的磨损将会大大增加，严重时可能导致发动机损坏。

第二，发动机报警灯（通常为黄色）亮起，说明发动机可能存在故障，但是车辆还能继续行驶，建议尽快检查发动机并排除故障。

第三，制动系统报警灯亮起，说明汽车的制动系统出现了问题，应立即下车进行检查，并且及时修复。因为汽车的制动系统对于车上人员的安全有着至关重要的作用，一旦出现问题，车上人员将面临危险。

第四，胎压警报灯亮起，说明轮胎的胎压不正常，其中较大的安全隐患是车辆爆胎，如果车辆在行驶过程中发生爆胎，后果不堪设想。

第五，水温警报灯亮起，说明发动机温度过高，其本质是发动机散热效果不好，需要停车检查车辆故障，如果继续行驶，有可能导致发动机损坏。

任务资讯

汽车报警装置的概述

30.1 汽车报警装置的概述

汽车仪表除了指示基本的车辆行驶工况信息外，还对其他工况进行监控并向驾驶员发出指示或报警信息，这些信息通常以指示灯的形式显示在仪表板上，或以文字的形式显示在液晶显示器上，有的还伴随蜂鸣声，使驾驶员引起注意或重视。对于采用多路传输系统的汽车，其仪表同样包括信息指示和报警灯系统，这些系统通常由动力控制模块或车身控制模块控制，作为多路传输系统的一部分。

汽车仪表上的指示灯系统一般由光源、刻有符号图案的透光塑料板和外电路组成。早期指示灯的光源大多采用小白炽灯泡，损坏后易于更换；而目前电子仪表上越来越多地采用体积小、亮度高、易于集成的彩色 LED 作为光源，但其损坏后不易更换。仪表指示灯一般使用国际标准化组织规定的通用符号，易于全球范围内的识别和理解。

目前汽车仪表上的指示灯比较多，一般来说，指示灯可分为三种类型：第一种是状态指示灯，如转向指示灯、远近光指示灯、雾灯指示灯等，用于指示车辆的工作状态，一般灯光颜色为蓝色或绿色；第二种是故障指示灯，如制动片磨损、燃油不足、洗涤液不足等，这类灯光一般为黄色，用于告诉驾驶员车辆某个系统的功能丧失，需要尽快进行处理，但一般不影响行驶；第三种是报警灯，如机油压力报警灯、冷却液温度报警灯、放电报警灯等，一般采用红色，主要在车辆出现故障或异常情况时进行警示，当此类灯亮时，驾驶员应引起高度重视，若置之不理，可能会对行车安全造成巨大影响，或对车辆本身造成很大的伤害，继续行驶甚至可能造成严重事故，必须及时处理。

现代汽车为了保证行车安全，提高车辆的可靠性，安装了许多报警装置，如机油压力过低、制动气压过低、水温过高、制动液面过低等报警装置，一旦出现异常情况时，这些报警装置便会发出相应的报警信号。报警装置通常由传感器和红色报警灯组成，新型的电子报警装置则将显示与报警功能结合在一起。

驾驶员在驾驶汽车时，应养成及时关注仪表指示灯状态的好习惯，并根据各指示灯对应的含义和点亮或闪亮的状态采取应对措施，以做到正确使用、维护车辆和安全驾驶。

30.2 常见的指示灯

汽车的信息指示和报警装置的组成和工作原理因车型不同而各有差异，下面介绍最常见、最重要的指示灯。

1. 机油压力报警灯

机油压力报警灯用于提醒驾驶员注意发动机的机油压力异常偏低。它由机油压力传感器（如图7-10所示）和安装在仪表板上的报警灯组成。如果机油压力下降过大，仪表板上的机油压力指示灯便会亮起。

发动机内的机油压力传感器通过电容测量方法来测量绝对压力。机油压力传感器的结构示意如图7-11所示。绝对压力是精确调节机油压力所必需的。机油压力传感器中有一个含金属片的陶瓷架，通过油道所施加的机油压力使金属片彼此之间的距离产生变化，从而改变电容。电容值在电子分析装置中进行测量和分析，并作为输入信号发送到DME，用于调节机油压力。

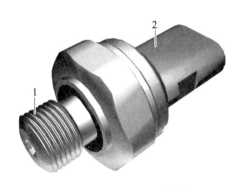

1—传感器；2—三芯插头

图7-10 机油压力传感器

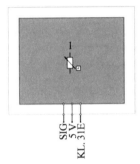

1—电容传感器电路；SIG—信号端；
5 V—供电端；KL.31E—接地端

图7-11 机油压力传感器的结构示意

机油压力传感器通过一个三芯插头连接。DME为机油压力传感器提供5 V的电压。机油压力信息通过信号导线传送至DME。机油压力的有效信号根据实际压力变化而波动。机油压力的特性曲线如图7-12所示。

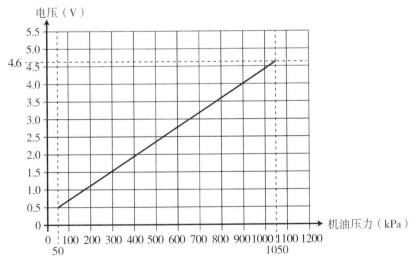

图7-12 机油压力的特性曲线

当机油压力下降过大或机油压力传感器失灵时，DME 会记录故障代码，仪表板上的机油压力报警灯会亮起。如果机油压力报警灯不亮，则表示润滑系统工作正常。

2. 放电报警灯

当蓄电池放电时，放电报警灯会亮起。当发电机的电压达到正常充电电压时，放电报警灯熄灭。如果在正常行驶时，放电报警灯亮起，则提醒驾驶员充电系统可能存在故障。

3. 燃油低液位报警灯

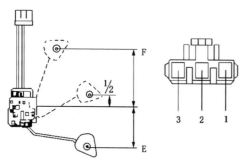

1—供电端；2—信号端；3—接地端
图 7-13　燃油液位传感器

燃油低液位报警装置有多种类型，它的主要作用是当燃油箱内的燃油减少到规定值以下时，报警灯会亮起，以提醒驾驶员注意。该装置由燃油液位传感器（如图 7-13 所示）和安装在仪表板上的燃油低液位报警灯组成。

当燃油液位高时，负温度系数的热敏电阻浸在燃油中，散热快，因此温度低。这时，热敏电阻具有一定的电阻值，通过的电流较小，触点处于断开状态，报警灯不亮。当燃油液位低于规定值时，热敏电阻露出液面，散热慢，温度升高，引起电阻值下降。当通过的电流较大时，触点闭合，从而接通报警电路，使报警灯亮起。

4. 制动液面报警灯

汽车制动液不足将直接影响安全行车，为此，国内外的轿车上多装有制动液面报警装置。这种报警装置通常由传感器和报警灯组成，制动液面报警开关如图 7-14 所示。

制动液面报警灯的传感器安装在储油室内，它是一个浮子磁簧开关，借助浮子内磁铁的吸力使触点闭合或断开，从而接通或切断报警灯电路。如果液面高度值正常，浮子浮起，磁铁的吸力不足，触点断开，报警灯不亮；如果液面高度降低，浮子下沉，磁簧开关在磁铁吸力的作用下使触点闭合，报警灯亮起。

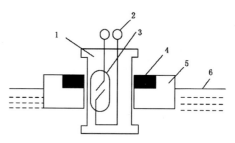

1—外壳；2—接线柱；3—磁簧开关；
4—磁铁；5—浮子；6—液面
图 7-14　制动液面报警开关

30.3　指示灯的含义及处理措施

常见仪表指示灯和报警灯的状态、显示的原因和需要进行的处理，如表 7-1 所示。

表 7-1　仪表指示灯、警报灯一览

图标	显示的原因	需要进行的处理
PARK (P)	手制动器被拉紧	松开手制动器

(续表)

图标	显示的原因	需要进行的处理
⛽	油箱燃油不足	指示灯短时闪亮： 汽油发动机——油箱中大约还有 8 L 燃油； 柴油发动机——油箱中大约还有 6.5 L 燃油。 指示灯持续亮起：最大行驶距离为 50 km。
START	发动机不能启动	踩踏制动器或离合器
🚿	风窗玻璃洗涤液不足	尽快加灌风窗玻璃洗涤液
🗝	遥控器损坏，或使用非本车遥控器启动汽车	无法启动发动机。如必要，应让汽车服务部检查遥控器
🔋	遥控器电量不足	使用新更换的蓄电池启动汽车
💺	安全气囊系统状态异常	指示灯为红灯： 驾驶员侧和/或副驾驶员侧安全气囊损坏。 指示灯为黄灯： 汽车后部的安全带拉紧装置和/或安全气囊系统损坏。 应尽快让汽车服务部检查该系统
⊙!	主动转向故障	改变了转向性能，且可能使转向盘倾斜。可以适当继续行驶，但转向时要小心。 应尽快让汽车服务部检查该系统
🔧	发动机故障	指示灯为红灯： 无法继续行驶，应停车并关闭发动机，尽快与汽车服务部联系。 指示灯为黄灯： 可以适当继续行驶，但发动机不可以满负荷运转，应尽快让汽车服务部检查发动机
🔧	发动机排放故障	负荷较高时，发动机出现故障，增大发动机负荷可能损坏催化器。可以适当继续行驶，应立即让汽车服务部检查汽车
🌡	发动机过热	指示灯为红灯： 谨慎停车，关闭发动机，使其冷却。不要打开发动机盖，否则有烫伤的危险。应尽快与汽车服务部联系。 指示灯为黄灯： 可以适当继续行驶，以使发动机冷却。应在新的申诉报告中注明让汽车服务部检查发动机

(续表)

图标	显示的原因	需要进行的处理
	蓄电池故障	指示灯为红灯： 汽车蓄电池不能充电，发电机故障。不要切断电器设备，尽快让汽车服务部检查蓄电池。 指示灯为黄灯： 蓄电池剧烈放电、老化或不能正常关闭，应尽快让汽车服务部检查蓄电池
	制动系统故障	指示灯为红灯： 制动液不足。在可能的情况下，尽量延长制动踏板行程。可以适当继续行驶，立即让汽车服务部检查该系统。 指示灯为黄灯： 启动辅助故障。尽快让汽车服务部检查该系统
	行驶机构调节系统失效	加速和转弯行驶时的行驶稳定性受到限制。可以适当继续行驶，尽快让汽车服务部检查该系统
	行驶稳定性控制系统故障	制动系统报警灯为红灯，同时 ABS 和动态稳定控制灯为黄灯： 行驶稳定性控制系统（包括 ABS）失效。可以适当继续行驶。小心继续驾驶并保持行驶状态。避免使用全制动。尽快让汽车服务部检查该系统。 所有四个报警灯全部为黄灯： 行驶稳定性控制系统出现故障，电子制动力分配系统一直处于激活状态。可以适当继续行驶。小心继续驾驶并保持行驶状态。尽快让汽车服务部检查该系统
	轮胎压力异常	指示灯为红灯： 轮胎存在失压现象或轮胎失压显示没有初始化。应小心停车，尽快让汽车服务部检查该系统。 指示灯为黄灯： 轮胎失压显示故障，不显示轮胎失压。应尽快让汽车服务部检查该系统
	变速器电控系统故障	指示灯为红灯： 激活了带有限制挡位选择的变速器应急程序，该程序可能带有减小加速度的功能。无须踩下脚制动器的挡位设置装置。 指示灯为黄灯： 自动换挡杆锁止。在发动机运行或接通点火装置和踩脚制动器的情况下，换挡杆被锁止在位置 P。 制动信号故障。无须踩下脚制动器的挡位设置装置，可以适当继续行驶，立即让汽车服务部检查该系统

（续表）

图标	显示的原因	需要进行的处理
	变速器过热	指示灯为红灯： 停车并将换挡杆置于P挡，让变速器冷却。可以适当继续行驶。应在新的申诉报告中注明让汽车服务部检查该系统。 指示灯为黄灯： 避免发动机高负荷运行，可以适当继续行驶
	电子转向盘锁止装置异常	指示灯为红灯： 电子转向盘锁止装置出现故障。不能再启动发动机，在一定情况下也不能关闭发动机。应与汽车服务部联系。 指示灯为黄灯： 电子转向盘锁止装置锁止。应在启动发动机之前转动转向盘
	车窗开启装置的防夹功能出现故障	让汽车服务部检查该系统
	外部照明灯泡损坏	尽快让汽车服务部检查外部照明装置
	近光灯或前雾灯故障	尽快让汽车服务部检查近光灯和前雾灯
	远光灯故障	尽快让汽车服务部检查远光灯
	后雾灯故障	让汽车服务部检查后雾灯
	冷却液液位极低	尽快加注冷却液
	发动机机油压力极低	立即停车并关闭发动机，不可以继续行驶，尽快与汽车服务部联系
	发动机机油液位极低	尽快加注发动机机油
	微尘滤清器故障	可以适当继续行驶，尽快让汽车服务部检查该系统

任务实施

☞ 任务准备

(1) 防护装备：常规实训工作服、车内外三件套、隔离警示围栏。
(2) 工具设备：万用表、示波器、诊断设备、汽车整车、计算机或网络终端。
(3) 辅助资料：卡片、记号笔、翻纸板、维修手册。

☞ 实施步骤

(1) 正确观察并记录故障现象。
(2) 正确连接诊断设备并读取故障代码。
(3) 正确使用万用表进行线路测量并进行判断。
(4) 根据观察和查找的信息，填写任务报告。

任务报告

任务30 汽车报警装置的检修				
班级			姓名	
组别			组长	
1. 车辆信息采集（5分）			得分：	
整车型号				
车辆识别代码				
发动机型号				
2. 前期准备（15分）			得分：	
(1)	环车检查车身状况。□			
(2)	正确组装三件套（转向盘套、座套、换挡手柄套），翼子板布和前格栅布。□			
(3)	清理工位卫生。□			
3. 信息收集（10分）			得分：	
(1) 一般来说，指示灯可分为三种类型：＿＿＿＿＿、＿＿＿＿＿、＿＿＿＿＿。 (2) 当机油压力下降＿＿＿＿＿或机油压力传感器＿＿＿＿＿时，DME 会记录故障代码，仪表板上的机油压力报警灯会＿＿＿＿＿。 (3) 如果在正常行驶时，放电报警灯亮起，则提醒驾驶员＿＿＿＿＿系统可能存在故障。				
4. 制订计划（10分）			得分：	
请根据工作任务制订工作计划及任务分工。				
序号	工作内容		工作要点	负责人

（续表）

序号	工作内容	工作要点	负责人

5. 计划实施（50分）		得分：	

任务	作业记录内容				配分
描述故障现象并列举故障原因	（1）描述故障现象：_____。 （2）查找相关电路图。 （3）根据故障现象或初步检查，分析故障可能范围，分析到第一层即可。 _____				10
连接诊断设备并读取故障代码	（1）解码器与本系统控制模块的通信是否正常？是 □ 否 □ （2）解码器与其他控制模块的通信是否正常？是 □ 否 □ （3）基于故障代码的诊断信息。				15
	故障代码	定义	是否始终记忆	是否与故障相关	
			是（ ）/否（ ）	是（ ）/否（ ）	
			是（ ）/否（ ）	是（ ）/否（ ）	
	（4）基于相关故障代码，说明引起故障的可能原因：_____。				
实施诊断并确定故障范围	（1）基于上述诊断结论，实施诊断				15
	测试对象1				
	测试条件				
	测试参数		测试结果		
	是否正常				
	测试对象2				
	测试条件				
	测试参数		测试结果		
	是否正常				
	测试对象3				
	测试条件				
	测试参数		测试结果		
	是否正常				

（续表）

任务	作业记录内容	配分
分析故障机理并提出维修建议	（2）基于测试结果，说明引起故障的可能原因：_____。 （1）故障机理：_____。 （2）维修建议：_____。	10

6. 检查评价（10分）	得分：
请根据个人在完成任务过程中的表现及工作结果进行自我评价和小组评价。 　　自我评价：_____。 　　小组评价：_____。	
任务总成绩：	

项目8
汽车舒适系统的维护与检修

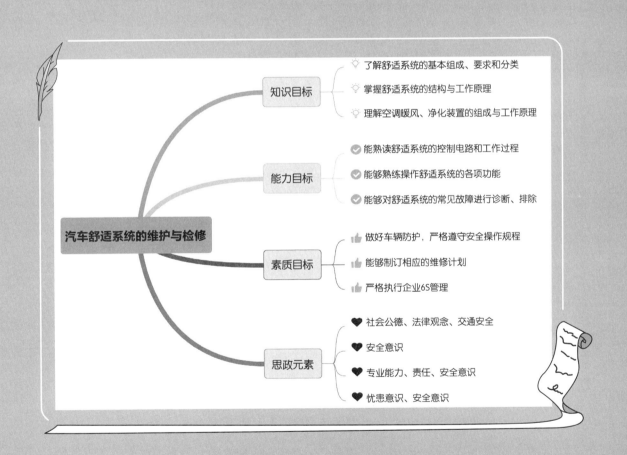

任务 31　电动刮水器的故障检修

课程思政落脚点：社会公德、法律观念、交通安全
导引事例：如果刮水器损坏或被盗，会严重影响行车安全。
有一位车主的刮水器被盗后，在倾盆大雨中驾车回家，一路上提心吊胆，生怕发生车祸。偷刮水器的行为是极不道德的，也是违法的。虽然刮水器本身可能并不昂贵，但它对行车安全至关重要。若车主没有及时修理，一旦遇到雨天，极易发生交通事故。

任务资讯

31.1　电动刮水器的组成

根据驱动介质的不同，刮水器可分为真空式、气动式和电动式，现代汽车上广泛采用的是电动刮水器。电动刮水器通常由直流电动机、传动机构、控制装置和刮水片等部件组成。电动刮水器的结构示意如图 8-1 所示。

电动刮水器的组成

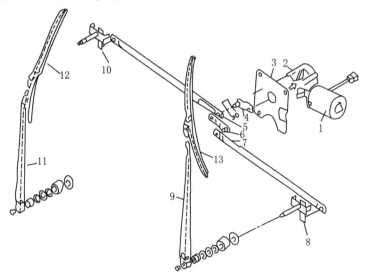

1—直流电动机；2—蜗轮箱；3—底板；4、6—曲柄；5、7—连杆；
8、10—刷架；9、11—摆臂；12、13—刮水片
图 8-1　电动刮水器的结构示意

一般电动机和蜗轮箱被设计为一体，组成刮水器电动机总成。电动机在旋转时，会带动蜗轮转动，与蜗轮相连的曲柄将蜗轮的旋转运动转换为连杆的往复运动，并通过摆臂带动刮水片往复运动，从而刮去风窗玻璃上的雨水、雪和尘土。

电动刮水器通常装有自动复位装置，以便在任意时刻关闭刮水器电路时，刮水片均能

自动停在风窗玻璃的下侧。

刮水器电动机一般采用直流电动机，有励磁式和永磁式两种类型。永磁式电动机具有体积小、重量轻、构造简单、造价低等优点，因此被广泛采用。一般电动刮水器具有高速、低速两种速度模式。

31.2 电动刮水器的工作原理

（1）电动刮水器的变速。

① 直流电动机的变速原理。

电动刮水器的变速是利用直流电动机的变速原理来实现的。由直流电动机的电压平衡方程式，可得转速公式：

$$n=(U-IR)/(KZ\Phi) \qquad (8-1)$$

式中　n——直流电动机的转速；

　　　U——电动机的端电压（V）；

　　　I——通过电枢绕组的电流（A）；

　　　R——电枢绕组的电阻（Ω）；

　　　K——常数；

　　　Z——正负电刷间串联的导体数；

　　　Φ——磁极的磁通量（Wb）。

在电压 U 和直流电动机类型确定，并且电流 I 和电阻 R 均为常数的条件下，当磁极的磁通量 Φ 增大时，转速 n 下降；反之，则转速 n 上升。

电动刮水器的变速是在直流电动机变速理论的基础上，通过改变电动机磁极的磁通量，或者改变两电刷之间的导体数来实现的。绕线式直流电动机采用改变电动机磁极的磁通量的方法来变速，而永磁式直流电动机则采用改变电刷间导体数的方法来变速。由于因永磁式直流电动机应用较为广泛，下面重点介绍永磁式直流电动机的变速原理。

② 永磁式直流电动机的变速原理。

改变电刷间导体数的变速方法只能通过永磁式直流电动机来实现。永磁式刮水电动机的变速原理如图8-2所示。当刮水电动机工作时，电枢内部会同时产生反电动势，其方向与电枢电流的方向相反。要使电枢旋转，外加电压必须克服反电动势的作用。当电动机转速升高时，反电动势也会相应增大，只有当外加电压等于反电动势时，电枢的转速才能稳定。

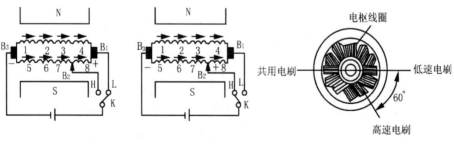

（a）低速旋转　　（b）高速旋转　　（c）电刷的布置

图8-2　永磁式刮水电动机的变速原理

当永磁式刮水电动机工作时，电枢绕组产生的反电动势的方向如图 8-2 中箭头所示。当将刮水器开关 K 拨向"L"（低速）时，如图 8-2（a）所示，电源电压 U 加在电刷 B_1 和 B_3 之间。在电刷 B_1 和 B_3 之间的两条并联支路中，每条支路都包含 4 个串联绕组。由于每条支路中的反电动势大小相等，外加电压需要平衡 4 个串联绕组所产生的反电动势，因此电动机的转速较低。

当将刮水器开关 K 拨向"H"（高速）时，如图 8-2（b）所示，电源电压 U 加在电刷 B_2 和 B_3 之间。绕组 1、2、3、4、8 同在一条支路中，其中绕组 8 与绕组 1、2、3、4 的反电动势方向相反，它们相互抵消后，每条支路实际上只有 3 个绕组在起作用，由于电动机内部的磁场方向和电枢的旋转方向没有变化，所以各绕组内反电动势的方向与低速时相同。但此时外加电压只需平衡 3 个绕组所产生的反电动势，因此电动机的转速会相应升高。

（2）电动刮水器的自动复位。

刮水器复位电路的工作原理如图 8-3 所示。当刮水器停止工作时，为了避免刮水片停在风窗玻璃中间，影响驾驶员的视线，现代汽车上的电动刮水器都设有自动复位装置。其功能是在切断刮水器开关时，刮水片能自动停在驾驶员视野以外的指定位置。

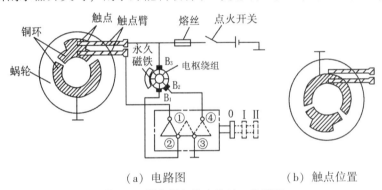

（a）电路图　　　　　（b）触点位置

图 8-3　刮水器复位电路的工作原理

当刮水器的开关被推到"0"挡时，若刮水片没有停在规定的位置，如图 8-3（b）所示，由于触点与铜环接触，电流由蓄电池正极→点火开关→熔丝→电刷 B_3→电枢绕组→电刷 B_1→刮水器开关接线柱②→刮水器开关接线柱①→触点臂→触点→铜环→搭铁→蓄电池负极，形成电流回路。此时，电动机仍然以低速运转，直至蜗轮转到特定位置，铜环将两个触点短接，电动机电枢绕组被短路。由于电动机的惯性，它不能立即停止转动，但会以发电机的方式运行，电枢绕组将产生强大的制动力矩，使电动机迅速停止转动，从而使刮水片停在指定位置。

31.3 雨滴感知型自动刮水器

常见的电动刮水器虽然能够实现间歇控制，但无法根据雨量的变化自动调整刮水频率。雨滴感知型自动刮水器则能够根据雨量的大小自动调节刮水频率，使驾驶员始终保持良好的视线。

(1) 雨滴感知型自动刮水器的组成。

雨滴感知型自动刮水器主要由雨滴传感器、雨刷控制器以及刮水电动机三部分组成。其中，雨滴传感器用来检测雨量的大小，常见的雨滴传感器有光电式雨滴传感器。

光电式雨滴传感器利用光电原理来感知雨量的大小，其工作原理如图8-4所示。光电式雨滴传感器安装在前风窗玻璃内侧，发光二极管发出的光线照射到风窗玻璃上，并反射回来，光敏元件能够接收到此反射光。当风窗玻璃上无雨滴时，反射光的强度高；当风窗玻璃上有雨滴时，有一部分入射光会发生折射，反射光的强度降低，且雨量越大，反射光的强度越低。因此，光敏元件可以根据反射光的强度变化感知雨量的变化，并将雨量的大小转换为电信号，输送至雨刷控制器。

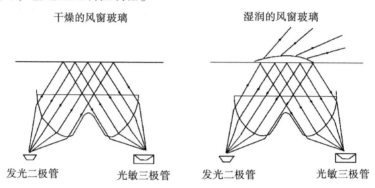

图8-4　光电式雨滴传感器的工作原理

(2) 雨滴感知型自动刮水器的工作过程。

雨滴感知型自动刮水器的控制原理如图8-5所示。当下雨时，雨滴传感器将雨量的大小转换为电信号，经过放大后送入雨刷控制器内的间歇控制电路。这一电信号会触发充电电路进行充电，使充电电路中电容两端的电压上升。当电压上升至与基准电压相同时，驱动电路会启动，使刮水电动机工作一次，雨量越大，电信号越强，充电速度越快，间歇工作频率越高。

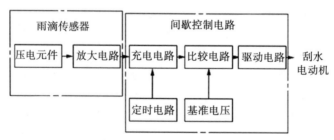

图8-5　雨滴感知型自动刮水器的控制原理

当雨量很小时，雨滴传感器没有电压信号输出，只有定时电路会对充电电路进行定时充电。一段时间后，当充电电路的输出电压与基准电压相等时，驱动电路会控制刮水器工作一次。当雨刷控制器判断雨量大到足够程度时，雨刷控制器会控制驱动电路以低速连续方式驱动刮水电动机。而雨量非常大时，雨刷控制器则会控制驱动电路以高速运动方式驱动刮水电动机。

有些自动刮水装置在刮水开关上配备了调节雨滴传感器灵敏度的开关，它可以在合理的范围内灵敏地感知雨量大小，并能够进行适时控制。

31.4 风窗玻璃洗涤器

（1）风窗玻璃洗涤器的类型。

风窗玻璃洗涤器按喷管形式可分为两种类型。一种是单座可调节偏置喷管型，即在汽车前围板总成的左右两侧各安装一个喷管，各自冲洗其对应的区域；另一种是刮水器臂内置型，即将喷管安装在刮水器臂内部，当刮水器臂在风窗玻璃上做弧形运动时，喷管会向风窗玻璃上喷洒洗涤液。现代较豪华汽车的风窗玻璃能够喷出两股以上的水流，配合刮水器使用，以清洁风窗玻璃。有些汽车还额外配备了一只洗涤泵，以供前照灯洗涤系统使用。

（2）风窗玻璃洗涤器的组成。

风窗玻璃洗涤器的组成如图 8-6 所示，主要包括储液罐、洗涤泵、输液管、喷嘴等部件。

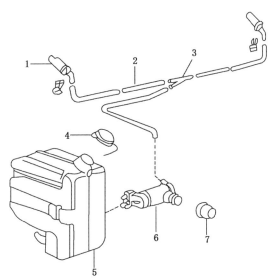

1—喷嘴；2—输液管；3—接头；4—箱盖；5—储液罐；6—洗涤泵；7—衬垫

图 8-6　风窗玻璃洗涤器的组成

洗涤泵一般由永磁式直流电动机和离心叶片泵组合而成，喷射压力可达 70～88 kPa。有的洗涤泵直接安装在储液罐上，有的则安装在管路内部，离心叶片泵的进口处设有滤清器。喷嘴安装在风窗玻璃下面，喷嘴的方向可以根据使用情况进行调整，喷水直径一般为 0.8～1.0 mm，确保洗涤液能够喷射到风窗玻璃的适当位置。洗涤泵连续工作时间不应超过 1 min，而且应先开启洗涤泵，再接通刮水器。喷水停止后，刮水器应继续刮动 3～5 次，这样的配合可以达到良好的清洁效果。

常用的洗涤液是硬度不超过 205 mg/L 的清水。为了能够刮掉风窗玻璃上的油、蜡等物，可以在水中添加少量的去垢剂和防锈剂。强效洗涤液的去垢效果虽好，但可能导致风窗密封条和刮片胶条变质，还可能引起车身喷漆变色以及储液罐、喷嘴等塑料件的开裂。当冬季使用洗涤器时，为了防止洗涤液冻结，应添加甲醇、异丙醇、甘醇等防冻剂，并加入少量的去垢剂和防锈剂，制成低温洗涤液，可使凝固温度下降到-20 ℃以下。如果冬季不使用洗涤器，应将储液罐中的水倒掉。

（3）风窗玻璃洗涤器控制电路的工作原理。

风窗玻璃洗涤器应该与刮水器配合工作，因此在分析风窗玻璃洗涤器的控制电路时，需结合刮水器电路共同分析。丰田轿车风窗刮水器与洗涤器控制电路如图8-7所示。

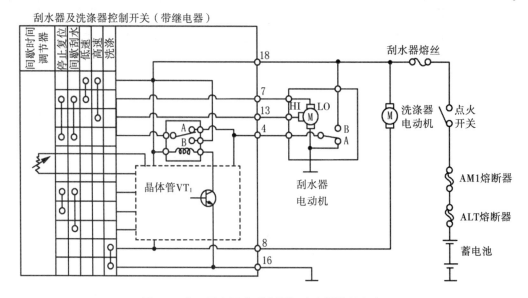

图 8-7　丰田轿车风窗刮水器与洗涤器控制电路

由丰田轿车风窗刮水器与洗涤器控制电路看出，其控制开关有5个挡位，分别是低速挡、高速挡、间歇刮水挡、洗涤挡和停止复位挡，下面分析这些挡位的工作过程。

① 低速工作。

当接通点火开关或启动发动机后，将刮水开关置于低速挡，刮水器工作电流回路为：蓄电池正极→ALT熔断器→AM1熔断器→点火开关→刮水器熔丝→开关接线端子18→刮水器控制开关"低速"触点→开关接线端子7→刮水器电动机低速电刷LO→公共电刷→搭铁→蓄电池负极，形成电流回路，此时刮水器电动机低速运转。

② 高速工作。

将刮水开关置于高速挡，刮水器工作电流回路为：蓄电池正极→ALT熔断器→AM1熔断器→点火开关→刮水器熔丝→开关接线端子18→刮水器控制开关"高速"触点→开关接线端子13→刮水器电动机高速电刷HI→公共电刷→搭铁→蓄电池负极，形成电流回路，此时刮水器电动机高速运转。

③ 间歇工作。

当刮水开关置于间歇刮水挡时，集成电路收到开关信号后，驱动晶体管VT_1短暂导通，此时刮水器工作电流回路为：蓄电池正极→ALT熔断器→AM1熔断器→点火开关→刮水器熔丝→开关接线端子18→继电器线圈→晶体管 VT_1→开关接线端子16→搭铁→蓄电池负极。线圈中产生磁场，使得继电器常闭触点 A 断开、常开触点 B 闭合。触点 B 闭合后，电动机工作电路接通，电流回路为：蓄电池正极→ALT 熔断器→AM1 熔断器→点火开关→刮水器熔丝→开关接线端子18→继电器触点 B→刮水器控制开关"间歇刮水"触点→开关接线端子7→刮水器电动机低速电刷 LO→公共电刷→搭铁→蓄电池负极，此时刮水器电动机低速运转。然后 VT_1 截止，继电器触点 B 断开，触点 A 闭合，但电动机并不会停止转动，因为电动机转动时，凸轮开关的触点 A 断开、触点 B 闭合，所以电流继续流至电动机的低速电刷，电动机低速维持运转，此时的工作电流为：蓄电池正极→ALT 熔断器→AM1 熔断器→点火开关→刮水器熔丝→凸轮开关触点 B→开关接线端子4→继电器触点 A→刮水器控制开关"间歇刮水"触点→开关接线端子7→刮水器电动机低速电刷 LO→公共电刷→搭铁→蓄电池负极。当刮水器转至停止位置时，凸轮开关的触点 B 断开、触点 A 闭合，电动机停止运转。

当刮水电动机停止运转一段时间后，晶体管电路再次驱动 VT_1 短暂导通，刮水器重复间歇动作，间歇时间的长短可以通过间歇时间调节器进行调节。

④ 洗涤工作。

当洗涤开关接通时，洗涤器电动机的工作电路为：蓄电池正极→ALT 熔断器→AM1 熔断器→点火开关→刮水器熔丝→洗涤器电动机→开关接线端子8→刮水器控制开关"洗涤"触点→开关接线端子16→搭铁→蓄电池负极。在洗涤器电动机运转时，晶体管 VT_1 在预定的时间内接通，从而接通刮水器电路，刮水器低速运转1~2次，实现边洗涤边刮水，以提高清洗效果。

31.5 除霜装置

(1) 除霜装置的类型。

按风窗位置的不同，除霜装置可分为前风窗除霜和后风窗除霜两种类型。前风窗玻璃的下方通常装有暖风口，利用汽车发动机的余热，由鼓风机将暖风吹到玻璃表面，可以有效地防止结霜。大多数汽车都采用这种除霜的方法。后风窗玻璃通常采用电热式除霜。这种方式是在风窗玻璃的内部嵌入一组平行的含银陶瓷电热丝，通电后发热，以达到除霜的目的。另外，有些汽车在风窗玻璃上镀上一层透明导电的氧化铜薄膜，通电后温度可达70 ℃~90 ℃。这种电热装置既不影响视线，又能有效地防止结霜，只是成本略高。

(2) 除霜装置的组成。

按电热丝电压控制方式的不同，除霜装置可分为手动和自动两种类型。手动电热除霜装置一般由除霜开关、除霜控制器（带定时器）、后风窗加热电栅和配线等组成。自动电热除霜装置一般由除霜开关、除霜控制器、后风窗加热电栅、自动除霜传感器和配线等组成。

31.6 刮水器主要部件的检修

(1) 刮水片的拆卸和安装。

要拆卸刮水片，必须将刮水臂调整至"保养/冬季"位置。风窗刮水器操纵杆操作位置如图 8-8 所示。首先，发动机舱盖必须处于关闭状态；其次，打开点火开关，再将其关闭；最后，在10 s内将风窗刮水器操纵杆下拨至"保养/冬季"位置。

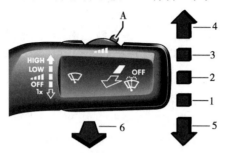

1—关闭刮水器；2—间歇刮水；3—慢速刮水；4—快速刮水；5—点动刮水；
6—清洗风窗；A—时间间隔或传感器灵敏度设置

图8-8　风窗刮水器操纵杆操作位置

注意事项：

◆ 装配时，不要混淆驾驶员侧和副驾驶员侧的刮水片。

◆ 刮水片非常灵活，从风窗玻璃上取下时，只可以抓住刮水片定位件区域。

刮水片的拆卸步骤如下。

①使刮水臂运行到"保养/冬季"位置，如图8-9所示。

②刮水片的结构示意如图8-10所示。向上翻起刮水臂，按下按键，并将刮水片定位件从刮水臂中拉至限位位置。摇动刮水片，并沿箭头方向从刮水臂中拔出刮水片定位件。

刮水片的安装步骤如下。

将刮水片定位件推入刮水臂中，直至限位位置。

注意事项：

◆ 按键应卡止在刮水臂中。

◆ 小心地将刮水臂翻回并贴合在风窗玻璃上。

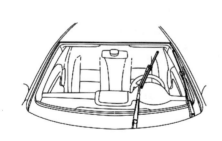

图8-9　"保养/冬季"位置

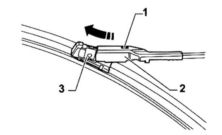

1—按键；2—刮水臂；3—刮水片定位件

图8-10　刮水片的结构示意

刮水器电动机运动状态的检查

（2）刮水器电动机运动状态的检查。

①低速运转检查方法。

刮水器电动机低速运转检查方法如图8-11所示。首先，拆下刮水器电动机的连接器；其次，将蓄电池的正极和负极分别连接至2号端子和搭铁端，观察电动机是否低速运转。

②高速运转检查方法。

刮水器电动机高速运转检查方法如图 8-12 所示。首先，拆下刮水器电动机的连接器；其次，将蓄电池的正极和负极分别连接至 1 号端子和搭铁端，观察电动机是否高速运转。

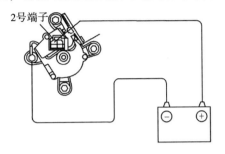
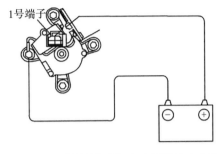

图 8-11 刮水器电动机低速运转检查方法　　　图 8-12 刮水器电动机高速运转检查方法

③复位功能检查方法。

刮水器自动复位功能检查方法如图 8-13 所示。首先，按照电动机低速检查时的接线方法，让电动机低速运转；其次，拆下刮水器电动机的导线连接器，让电动机停在停止位置以外的任意一个位置，如图 8-13（a）所示；然后，用导线连接 2 号端子和 3 号端子，并将蓄电池的正极和负极分别连接至 4 号端子和搭铁端，如图 8-13（b）所示；此时，刮水器电动机应低速运转，最终自动回到初始位置并停止。

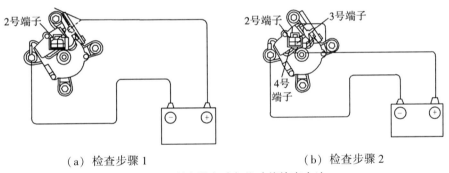

（a）检查步骤 1　　　　　　　　　（b）检查步骤 2

图 8-13 刮水器自动复位功能检查方法

31.7 后风窗加热器的检修

后风窗加热器的检修方法如图 8-14 所示，其检修步骤如下。

（1）将万用表（设置为电压挡）的表笔与各行热丝的中部相接触，如图 8-14（a）所示。

（2）若电压表指示为 0 V 或 12 V，则推断该行热丝可能已烧断。具体来说，图 8-14（b）所示的故障状态下，电压表指示为 12 V；图 8-14（c）所示的故障状态下，电压表指示为 0 V。

（3）后风窗加热器的检修要点如图 8-15 所示。为进一步确定热丝的断点位置，将表笔沿着热丝左右移动，如图 8-15（a）所示。当电压表指针突然摇动（数字式万用表的电压显示值剧烈变化）时，表笔当前接触的部位即为热丝的断点。

注意：在测量电压时，应在万用表负表笔端下部垫一张锡箔纸，然后用手将锡箔纸压在热丝上，以防表笔刮伤电热丝，如图 8-15（b）所示。

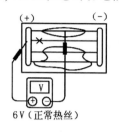 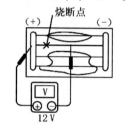 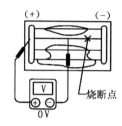

(a) 测量热丝中部　　　　　(b) 电压表指示为 12 V　　　　(c) 电压表指示为 0 V

图 8-14　后风窗加热器的检修方法

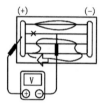 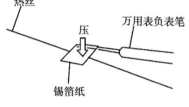

(a) 左右移动表笔确定断点　　　　(b) 在表笔下部垫一张锡箔纸

图 8-15　后风窗加热器的检修要点

任务实施

☞ 任务准备

（1）防护装备：常规实训工作服、车内外三件套、隔离警示围栏。
（2）工具设备：实训台、汽车整车、计算机或网络终端。
（3）辅助资料：卡片、记号笔、翻纸板、车辆使用手册。

☞ 实施步骤

（1）正确操作刮水开关。
（2）熟练正确更换刮水片。
（3）根据观察和查找的信息，填写任务报告。

任务报告

任务 31　电动刮水器的故障检修			
班级		姓名	
组别		组长	
1. 车辆信息采集（5分）		得分：	
整车型号				
车辆识别代码				

(续表)

发动机型号	
2. 前期准备（15分）	得分：
（1）	环车检查车身状况。□
（2）	正确组装三件套（转向盘套、座套、换挡手柄套），翼子板布和前格栅布。□
（3）	清理工位卫生。□
3. 信息收集（10分）	得分：

（1）电动刮水器通常由_____、_____、_____和_____等部件组成。
（2）光电式雨滴传感器安装在____风窗玻璃____侧，发光二极管发出的光线照射到风窗玻璃上，并反射回来，光敏元件能够接收到此反射光。当风窗玻璃上无雨滴时，反射光的强度____；当风窗玻璃上有雨滴时，有一部分入射光会发生折射，反射光的强度____，且雨量越大，反射光的强度____。
（3）洗涤泵连续工作时间不应超过____min，而且应先开启洗涤泵，再接通刮水器。
（4）前风窗玻璃的下方通常装有暖风口，利用汽车发动机的余热，由鼓风机将暖风吹到玻璃表面，可以有效地防止结霜。后风窗玻璃通常采用_____。

4. 制订计划（10分）			得分：

请根据工作任务制订工作计划及任务分工。

序号	工作内容	工作要点	负责人

5. 计划实施（50分）		得分：

任务	作业记录内容	配分
刮水操作	参考图8-8，在实车上进行操作，熟悉刮水器操纵杆的各项功能。 （1）操作慢速刮水，对应图8-8 _____号。 （2）操作快速刮水，对应图8-8 _____号。 （3）操作间歇刮水，对应图8-8 _____号。 （4）操作点动刮水，对应图8-8 _____号。 （5）操作关闭刮水，对应图8-8 _____号。 （6）操作清洗风窗，对应图8-8 _____号。 （7）调节刮水间隔时间（无雨量传感器），对应图8-8 _____号。 （8）调节雨量传感器灵敏度，对应图8-8 _____号。	20

(续表)

任务	作业记录内容	配分
刮水片的拆卸	参考图8-9、图8-10，更换刮水片。 (1) 发动机舱盖必须处于关闭状态。□ (2) 打开点火开关，再将其关闭。□ (3) 在10 s内将风窗刮水器操纵杆下拨至"保养/冬季"位置。□ (4) 使刮水臂运行到"保养／冬季"位置。□ (5) 向上翻起刮水臂。□ (6) 按下按键，并将刮水片定位件从刮水臂中拉至限位位置。□ (7) 摇动刮水片，从刮水臂中拔出刮水片定位件。□	15
刮水片的安装	(1) 识别驾驶员侧和副驾驶员侧的刮水片。□ (2) 将刮水片定位件推入刮水臂中，直至限位位置。□ (3) 检查按键是否卡止在刮水臂中。□ (4) 小心地将刮水臂翻回并贴合在风窗玻璃上。□	15

6. 检查评价（10分）　　得分：

请根据个人在完成任务过程中的表现及工作结果进行自我评价和小组评价。
自我评价：_____。
小组评价：_____。

任务总成绩：

任务32　电动车窗的故障检修

课程思政落脚点： 安全意识

导引事例： 有孩子的车主在使用电动车窗时应当特别注意。

孩子活泼好动，电动车窗造成伤害的事件时有发生。2020年4月，在湖北十堰，一名儿童被家长单独留在汽车内，不幸被车窗夹住颈部，导致窒息死亡。根据吉林大学控制科学与工程系的实验研究，电动车窗由车载电动机驱动，升降过程中产生的力最大可达52.6 kg，最小也有16.6 kg。一些网友进行的模拟实验显示，没有防夹功能的电动车窗在升起时能够轻易切断黄瓜、胡萝卜等物体。

通常情况下，儿童头部伸出车窗外观察时，不小心用膝盖等部位压到电动车窗开关是导致意外的主要原因。大多数带有一键升降功能的车窗都配备了防夹功能，但这项功能在车窗即将关闭时可能不够敏感。即便车辆配备了车窗防夹功能，家长仍需保持警惕。为了预防此类悲剧，家长必须增强安全意识，警惕潜在危险。在驾驶私家车带孩子出行时，家长切不可将孩子单独留在车内。此外，驾驶员应锁定其他车窗的自动升降功能，确保只有驾驶员能够操作车窗升降按钮。

任务资讯

32.1 电动车窗的组成

电动车窗主要由车窗、车窗升降器、电动机、继电器和开关等部件组成。电动车窗的组成及安装位置如图 8-16 所示。

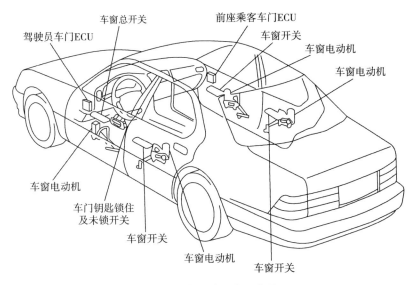

图 8-16　电动车窗的组成及安装位置

（1）主控开关与分控开关。

主控开关一般安装在驾驶员侧车门上或变速杆附近，负责控制各车窗电动机的电路通断，使电动机转动或停止。有的主控开关还配有一个安全开关（也称为车窗锁止开关），用来切断用其他电动车窗的电源电路，使其他分控开关失效，从而起到安全保护的作用。

分控开关安装在除驾驶员车门外的其他三个车门上，受主控开关的控制。当主控开关的安全开关处于锁止位置时，分控开关不起作用。

（2）车窗电动机。

当主控开关或电动车窗开关给车窗电动机提供电流时，电动机为车窗升降器提供动力，驱动车窗升降器运动。

（3）车窗升降器。

车窗玻璃安装在车窗升降器上，当电动机提供动力时，车窗升降器便带动车窗玻璃完成升降运动。

（4）电动车窗断路器。

当电动车窗电路中出现过载电流时，电动车窗断路器会立即切断电路，以保护电路免受损坏。

（5）电动车窗主继电器。

电动车窗主继电器受点火开关控制，负责提供或切断电动车窗断路器所需的大电流。

有些汽车装备的是具有延时功能的主继电器,在点火开关关闭后的一段时间内,驾驶员和乘客仍然可以升起未关闭的车窗。

32.2 车窗升降器的结构形式

车窗升降器常见的结构形式主要有绳轮式、齿扇式、柔性齿条式等。

(1) 绳轮式车窗升降器。

绳轮式车窗升降器的结构如图 8-17 所示。绳轮式车窗升降器主要由缓冲联轴器、绕线轮、滑动支架等部件组成。

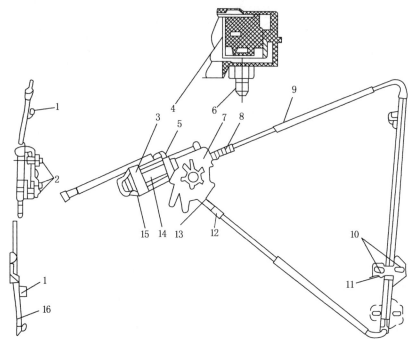

1—支架安装位置;2—电动机安装位置;3—固定架;4—缓冲联轴器;5—电动机;6—绕线轮;
7—盖板;8—调整弹簧;9—绳索结构;10—车窗安装位置;11—滑动支架;12—弹簧套筒;
13—安装缓冲器;14—铭牌;15—均压孔;16—支架结构

图 8-17 绳轮式车窗升降器的结构

当永磁直流电动机工作时,转子轴输出转矩,经过蜗轮、蜗杆减速,再由缓冲联轴器传递到绕线轮,绕线轮旋转带动钢丝绳运动,钢丝绳拉动安装在玻璃托架上的滑动支架在导轨中上下运动,从而实现车窗的升降。

(2) 齿扇式车窗升降器。

齿扇式车窗升降器的结构如图 8-18 所示。齿扇上连有螺旋弹簧,当车窗上升时,负载较大,弹簧会展开,释放能量,协助电动机驱动车窗上升,以减轻电动机的负荷;当车窗下降时,在电动机与车窗重力的共同作用下,螺旋弹簧被压缩,储存能量。因此,车窗无论是上升还是下降,电动机的负荷都基本相同。

（3）柔性齿条式车窗升降器。

柔性齿条式车窗升降器的结构如图 8-19 所示。它使用了一个小齿轮和一根柔性齿条来实现对车窗的驱动。车窗固定在柔性齿条的一端，电动机通过减速机构带动小齿轮转动，小齿轮与柔性齿条啮合在一起，带动柔性齿条移动来驱动车窗的升降。

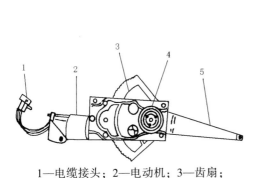

1—电缆接头；2—电动机；3—齿扇；
4—螺旋弹簧；5—推杆

图 8-18　齿扇式车窗升降器的结构

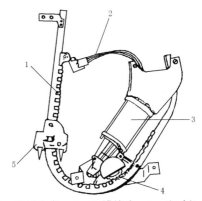

1—柔性齿条；2—电缆接头；3—电动机；
4—小齿轮；5—定位架

图 8-19　柔性齿条式车窗升降器的结构

32.3 电动车窗控制电路

（1）电动机不搭铁型的车窗控制电路。

电动机不搭铁型的车窗控制电路是指电动机本身不直接搭铁，其搭铁端也受开关的控制，通过改变电动机的电流方向来实现电动机的转动换向，从而实现车窗的升降。由于在这种控制方式中，开关既控制电动机的电源线，又控制电动机的搭铁线，因此开关结构和线路比较复杂。尽管如此，这种电动机结构简单，应用仍然比较广泛。电动机不搭铁型的车窗控制电路如图 8-20 所示。

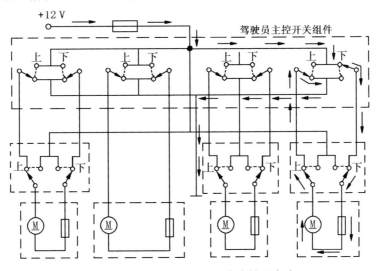

图 8-20　电动机不搭铁型的车窗控制电路

（2）电动机搭铁型的车窗控制电路。

电动机搭铁型的车窗控制电路是指电动机一端直接搭铁，而电动机内部设有两组磁场绕组，通过接通不同的磁场绕组来实现电动机的转动换向，从而实现车窗的升降。电动机搭铁型的车窗控制电路如图 8-21 所示。

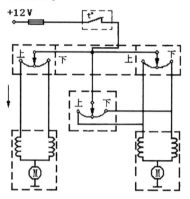

图 8-21　电动机搭铁型的车窗控制电路

32.4　电动车窗的控制原理与工作过程

大众迈腾 B7L 轿车的电动车窗系统具有电动与自动等功能，是一种典型的总线型电动车窗系统，下面以该系统为例，介绍电动车窗的控制原理与工作过程。

1. 电动车窗的控制原理

电动车窗的控制原理如图 8-22 所示。车门控制单元内部设置有上拉电阻，这些电阻作为分压器预制于传感器或开关前端。传感器或开关将通常为 5 V 或 12 V 的预压电位计接地，而车门控制单元则对开关状态的电压值进行分析。无论信号变化与否，数模转换器都会在车门控制单元内进行数模转换，将模拟信号转换为数字信号并进行处理。在必要情况下，这些数字信号会再次模拟化，以便控制制动器/激励器。

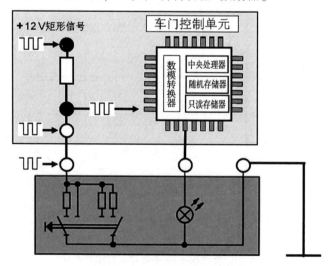

图 8-22　电动车窗的控制原理

车门控制单元向开关导线提供矩形电压。通过将不同电阻接地或直接接地，可以在信号线上产生 5 种不同的电压值。因此，可以对车门控制单元中的不同电压值各自分配一个特定动作，例如：开关无动作时，波形是振幅约为 12 V 的矩形波；手动升起车窗时，波形是振幅约为 7 V 的矩形波；自动升起车窗时，波形是振幅约为 4 V 的矩形波；手动降下车窗时，波形是振幅约为 2 V 的矩形波；自动降下车窗时，波形是 0 V 的常电压。通常，测量值组中的每个开关都存在各自开关状态的显示。因此，只有在偶发故障或测量值不可靠的情况下，才需要对开关或线路进行检查。

通过电动车窗的控制原理可以看出，车窗升降器的 5 种不同开关状态是通过 3 个不同电阻和信号直接搭铁的组合来实现的。而在此过程中，车门控制单元可以通过检测输出或输入电压的变化来对应不同的信号变化，从而控制车窗升降器的动作。此外，升降开关并没有采用一个电阻对应一种信号的方式，而是采用了串联和并联相互组合的方式来实现，目的就是为了通过这样的冗余设计使得在意外情况（短路/断路）时仍能保留基本操作功能，提高系统的可靠性。

2. 电动车窗的工作过程

大众迈腾 B7L 轿车驾驶员侧前部与后部电动车窗电路如图 8-23 所示。

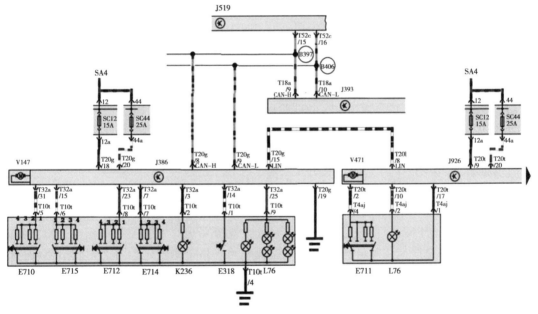

E710—驾驶员侧前部车窗升降器开关；E711—驾驶员侧后部车窗升降器开关；E712—驾驶员侧后部车窗升降器开关，在驾驶员车门中；E714—副驾驶员侧后部车窗升降器开关，在驾驶员车门中；E715—副驾驶员侧前部车窗升降器开关，在驾驶员车门中；J926—驾驶员侧后部车门控制单元；V471—驾驶员侧后部车窗升降器电动机；E318—儿童安全锁开关；J386—驾驶员侧前部车门控制单元；V147—驾驶员侧前部车窗升降器电动机；J519—车载电网控制单元；J393—舒适/便捷系统的中央控制单元

图 8-23　大众迈腾 B7L 轿车驾驶员侧前部与后部电动车窗电路

(1) 驾驶员侧前部电动车窗的工作原理。

打开点火开关后，舒适/便捷系统的中央控制单元（J393）开始工作，通过 CAN 总线向驾驶员侧前部车门控制单元（J386）发送信号，接通驾驶员侧前部车门控制单元（J386）的供电，实现对驾驶员侧前部车窗升降器开关（E710）的操作（部分提升、全部提升、部分按下、全部按下）。驾驶员侧前部车窗升降器开关（E710）将来自驾驶员侧前部车门控制单元（J386）的信号经过电阻 1（或电阻 2、电阻 4、导线 3）接地。驾驶员侧前部车门控制单元（J386）随后通过 CAN 总线向舒适/便捷系统的中央控制单元（J393）发送请求信号。经过计算后，舒适/便捷系统的中央控制单元（J393）通过 CAN 总线向驾驶员侧前部车门控制单元（J386）发送许可信号，控制驾驶员侧前部车窗升降器电动机（V147）工作，实现车窗的移动（上升、快速上升、下降、快速下降）。

关闭点火开关后，舒适/便捷系统的中央控制单元（J393）会向驾驶员侧前部车门控制单元（J386）发送信号，延迟供电一段时间后，再切断电源。

(2) 驾驶员侧后部电动车窗的工作原理。

①通过在驾驶员车门中的驾驶员侧后部车窗升降器开关（E712）控制。

对在驾驶员车门中的驾驶员侧后部车窗升降器开关（E712）进行操作（部分提升、全部提升、部分按下、全部按下）时，在驾驶员车门中的驾驶员侧后部车窗升降器开关（E712）将来自驾驶员侧前部车门控制单元（J386）的信号经过电阻 1（或电阻 2、电阻 4、导线 3）接地。驾驶员侧前部车门控制单元（J386）随后通过 CAN 总线向舒适/便捷系统的中央控制单元（J393）发送请求信号。经过计算后，舒适/便捷系统的中央控制单元（J393）通过 CAN 总线向驾驶员侧前部车门控制单元（J386）发送许可信号，驾驶员侧前部车门控制单元（J386）再通过 LIN 总线将此许可信号发送给驾驶员侧后部车门控制单元（J926）。驾驶员侧后部车门控制单元（J926）随后控制驾驶员侧后部车窗升降器电动机（V471）工作，实现车窗的移动（上升、快速上升、下降、快速下降）。

②通过驾驶员侧后部车窗升降器开关（E711）控制。

在使用驾驶员侧后部车窗升降器开关（E711）控制时，车窗的上升与下降、快速上升与快速下降的控制过程有所不同。

车窗的上升与下降。打开点火开关后，舒适/便捷系统的中央控制单元（J393）开始工作，通过 CAN 总线向驾驶员侧前部车门控制单元（J386）发送信号。驾驶员侧前部车门控制单元（J386）再通过 LIN 总线将此信号发送给驾驶员侧后部车门控制单元（J926），驾驶员侧后部车门控制单元（J926）接通供电。此时，当驾驶员操作驾驶员侧后部车窗升降器开关（E711）部分提升（或部分按下）时，驾驶员侧后部车窗升降器开关（E711）经过电阻 1（或电阻 4）接地，将信号发送给驾驶员侧后部车门控制单元（J926）。驾驶员侧后部车门控制单元（J926）随后控制驾驶员侧后部车窗升降器电动机（V471）工作，实现车窗的上升或下降。

车窗的快速上升与快速下降。当驾驶员操作驾驶员侧后部车窗升降器开关（E711）全部提升（或全部按下）时，驾驶员侧后部车窗升降器开关（E711）将来自驾驶员侧后部车门控制单元（J926）的信号经过电阻 2（或导线 3）接地。驾驶员侧后部车门控制单元（J926）通过 LIN 总线向驾驶员侧前部车门控制单元（J386）发送信号，驾驶员侧前部车门控制单元（J386）再通过 CAN 总线向舒适/便捷系统的中央控制单元

（J393）发送请求信号。经过计算后，舒适/便捷系统的中央控制单元（J393）通过 CAN 总线向驾驶员侧后部车门控制单元（J926）发送许可信号，随后控制驾驶员侧后部车窗升降器电动机（V471）工作，实现车窗的快速上升或快速下降。

关闭点火开关后，舒适/便捷系统的中央控制单元（J393）会向驾驶员侧后部车门控制单元（J926）发送信号，延迟供电一段时间后，再切断电源。

（3）副驾驶员侧前部电动车窗的工作原理。

①通过在驾驶员车门中的副驾驶员侧前部车窗升降器开关（E715）控制。

对在驾驶员车门中的副驾驶员侧前部车窗升降器开关（E715）进行操作（部分提升、全部提升、部分按下、全部按下）时，在驾驶员车门中的副驾驶员侧前部车窗升降器开关（E715）将来自驾驶员侧前部车门控制单元（J386）的信号经过电阻 1（或电阻 2、电阻 4、导线 3）接地。驾驶员侧前部车门控制单元（J386）通过 CAN 总线向舒适/便捷系统的中央控制单元（J393）发送请求信号。经过计算后，舒适/便捷系统的中央控制单元（J393）通过 CAN 总线向副驾驶员侧前部车门控制单元（J387）发送许可信号，随后控制副驾驶员侧前部车窗升降器电动机（V148）工作，实现车窗的移动（上升、快速上升、下降、快速下降）。

②通过副驾驶员侧前部车窗升降器开关（E716）控制。

使用副驾驶员侧前部车窗升降器开关（E716）控制副驾驶员侧前部电动车窗的工作原理与使用驾驶员侧前部车窗升降器开关（E710）控制驾驶员侧前部电动车窗的工作原理相同，此处不再赘述。

（4）副驾驶员侧后部电动车窗的工作原理。

①通过在驾驶员车门中的副驾驶员侧后部车窗升降器开关（E714）控制。

对在驾驶员车门中的副驾驶员侧后部车窗升降器开关（E714）进行操作（部分提升、全部提升、部分按下、全部按下）时，在驾驶员车门中的副驾驶员侧后部车窗升降器开关（E714）将来自驾驶员侧前部车门控制单元（J386）的信号经过电阻 1（或电阻 2、电阻 4、导线 3）接地。驾驶员侧前部车门控制单元（J386）通过 CAN 总线向舒适/便捷系统的中央控制单元（J393）发送请求信号。经过计算后，舒适/便捷系统的中央控制单元（J393）通过 CAN 总线向副驾驶员侧前部车门控制单元（J387）发送许可信号。副驾驶员侧前部车门控制单元（J387）再通过 LIN 总线将此许可信号发送给副驾驶员侧后部车门控制单元（J927）。副驾驶员侧后部车门控制单元（J927）随后控制副驾驶员侧后部车窗升降器电动机（V472）工作，实现车窗的移动（上升、快速上升、下降、快速下降）。

②通过副驾驶员侧后部车窗升降器开关（E713）控制。

使用副驾驶员侧后部车窗升降器开关（E713）控制副驾驶员侧后部电动车窗的工作原理与使用驾驶员侧后部车窗升降器开关（E711）控制驾驶员侧后部电动车窗的工作原理相同，此处不再赘述。

32.5 防夹电动车窗

（1）防夹电动车窗的作用。

电动车窗使用起来十分方便。如果驾驶员没有注意乘坐人员的手或物品伸出窗外，就容易被上升的车窗夹住。为此，现在许多轿车的电动车窗都增加了防夹功能。

(2) 防夹电动车窗的类型。

根据控制方法的不同,防夹电动车窗可分为电流监测型和传感器监测型两种。目前,汽车的防夹电动车窗(包括防夹电动天窗)多采用传感器来监测电动车窗的工作状态。

①电流监测型防夹电动车窗。

当电流监测型防夹电动车窗上升过程中的阻力增大时,车窗电动机的工作电流会相应增大,而车窗在移动过程中的阻力变化与其到达终端的阻力是不一样的,后者的阻力远大于前者,因此控制方式也不一样。

当车窗到达关闭的终端时,由于阻力增大,车窗电动机的过载电流也会增大,此时,继电器中的过载保护装置会自动切断电流。有的汽车还设有车窗升降终端的限位开关,当车窗到达终端时压住限位开关,电流被切断,电动机就停止运转了。

如果车窗在上升过程中电动机的工作电流偏大,而过载保护装置或限位开关未能及时切断电流,车窗 ECU 则会判断存在夹人的风险,从而驱动车窗电动机反转,将车窗降低 20 cm 左右然后停止。

②传感器监测型防夹电动车窗。

传感器监测型防夹电动车窗常用的传感器之一是霍尔转速传感器。

霍尔转速监测型防夹电动车窗的电路原理如图 8-24 所示。在车窗关闭的过程中,驱动机构中的 ECU 及霍尔传感器(脉冲发生器)时刻监测电动机的转速。当霍尔传感器监测到转速发生变化时,就会向 ECU 发送信息,ECU 随后向继电器发出指令,使电动机停止转动或反向转动,车窗也就停止上升或开始下降。

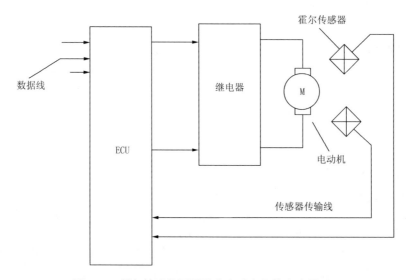

图 8-24 霍尔转速监测型防夹电动车窗的电路原理

32.6 车窗电动机的检测

(1) 电枢绕组电阻的测量。

车窗电动机的性能测试如图 8-25 所示。在使用万用表的电阻挡测量车窗电动机电枢绕组的电阻时,正常情况下,其阻值应为 0.5~3.0 Ω,若阻值为无穷大或超过 3 Ω,则应更换车窗电动机。

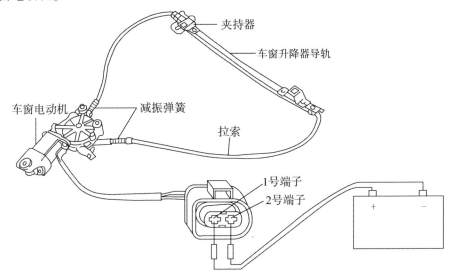

图 8-25 车窗电动机的性能测试

(2) 车窗电动机工作性能的检测。

由于车窗电动机的电枢绕组电阻比较小,可以通过直接通电的方法来检测电动机的正反转情况,并观察其工作状态,进而判断其是否烧坏或工作性能下降。

32.7 车窗电动机的更换

当车窗电动机出现故障时,一般汽车生产厂家会要求更换电动机。电动机的更换方法如下。

(1) 将车窗升降器的接线插头断开。

(2) 用扎带将驱动器盖和塑料轴承盖在两个钢丝出口处连接固定,要求保险装置朝向凸起处。在修理过程中,扎带不得去除,以避免给修理带来麻烦。驱动器盖与塑料轴承盖的固定如图 8-26 所示。

(3) 拧出驱动器盖上的固定螺钉。

(4) 将驱动器与驱动器盖稍微倾斜一点,然后按照图 8-27 中箭头所示的方向,用手将盘绳滚筒从驱动器壳体上拆下,应注意不要损伤密封面。

(5) 按照图 8-28 中箭头所示的方向拆下新电动机/驱动器的防护盖,应保证橡胶成型垫留在驱动器壳体上。

(6) 在安装时,按照图 8-29 中箭头所示的方向从新驱动器的驱动轴上拆下支架成型件,但橡胶成型垫必须留在驱动器壳体中。

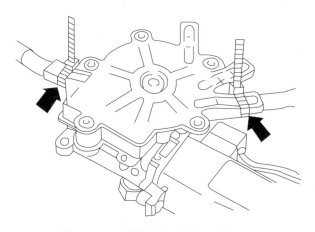

图 8-26 驱动器盖与塑料轴承盖的固定

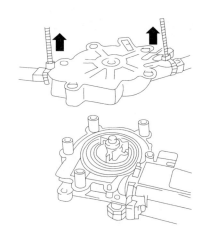

图 8-27 拆下盘绳滚筒

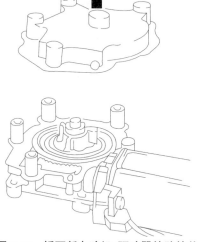

图 8-28 拆下新电动机/驱动器的防护盖

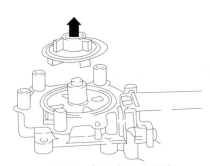

图 8-29 拆下支架成型件

（7）将支架成型件翻转并放入盘绳滚筒的空缺处。支架成型件的安装如图 8-30 所示。

（8）按照图 8-31 中箭头所示的方向使电动机/驱动器与盘绳滚筒相配合，确保支架成型件的 4 个卡鼻与驱动器壳体中橡胶成型垫上的空缺处对齐。如图 8-31 所示，在安装法兰密封垫时可以涂一层油脂，以防止其脱落。

（9）在装配时，可以按照图 8-32 中箭头所示的方向稍微移动车窗升降器导轨上的夹子，改变橡胶成型垫的位置，以使驱动器壳体与盘绳滚筒相配合。

（10）装配完成后，按照图 8-33 所示的顺序拧紧 5 个固定螺钉，拧紧力矩为 3 N·m。

（11）在将车窗升降器安装到定位架之前，需进行功能检查，并去除多余的扎带，以防止工作时产生刮磨声。

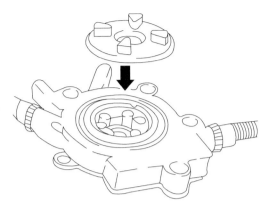

图 8-30 支架成型件的安装

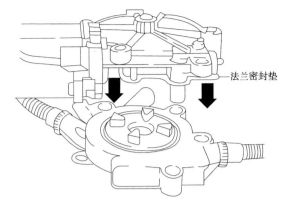

图 8-31 电动机/驱动器与盘绳滚筒的配合

电动车窗其他机械部分的更换可以参照此方法,例如控制钢丝的更换即可按照相同的方法进行。

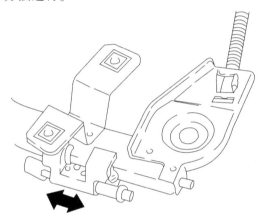

图 8-32 移动车窗升降器导轨上的夹子

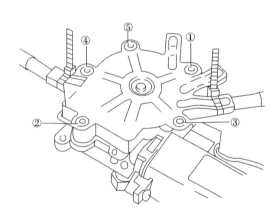

图 8-33 拧紧固定螺钉的顺序

任务实施

☞ 任务准备

(1) 防护装备:常规实训工作服、车内外三件套、隔离警示围栏。
(2) 工具设备:电动车窗开关、汽车整车、万用表、计算机或网络终端。
(3) 辅助资料:卡片、记号笔、翻纸板、车辆使用手册。

☞ 实施步骤

(1) 正确操作车窗开关。
(2) 熟练正确更换车窗。
(3) 根据观察和查找的信息,填写任务报告。

任务报告

任务 32　电动车窗的故障检修				
班级			姓名	
组别			组长	
1. 车辆信息采集（5分）				得分：
整车型号				
车辆识别代码				
发动机型号				
2. 前期准备（15分）				得分：
（1）	环车检查车身状况。□			
（2）	正确组装三件套（转向盘套、座套、换挡手柄套），翼子板布和前格栅布。□			
（3）	清理工位卫生。□			
3. 信息收集（10分）				得分：
（1）电动车窗主要由_____、_____、_____、_____和_____等部件组成。 （2）车窗升降器常见的结构形式主要有_____、_____、_____等。 （3）根据控制方法的不同，防夹电动车窗可分为_____和_____两种。				
4. 制订计划（10分）				得分：
请根据工作任务制订工作计划及任务分工。				
序号	工作内容		工作要点	负责人
5. 计划实施（50分）				得分：
任务	作业记录内容			配分
测量电压	（1）向上一挡（点动上升），电压：_____。 （2）向上二挡（一键上升），电压：_____。 （3）中间位置（关闭），电压：_____。 （4）向下一挡（点动下降），电压：_____。 （5）向下二挡（一键下降），电压：_____。			15

(续表)

任务	作业记录内容	配分
测量电阻	(1) 向上一挡（点动上升），电阻：_____。 (2) 向上二挡（一键上升），电阻：_____。 (3) 中间位置（关闭），电阻：_____。 (4) 向下一挡（点动下降），电阻：_____。 (5) 向下二挡（一键下降），电阻：_____。	15
分析测量结果	根据测量结果，分析升降开关采用哪种信号方式。 (1) 升降开关采用一个电阻对应一种信号的方式。是 □ 否 □ (2) 升降开关采用串联和并联相互组合的方式。是 □ 否 □ 采用此种方式的目的是什么？_____ _____。	20

6. 检查评价（10 分）	得分：

请根据个人在完成任务过程中的表现及工作结果进行自我评价和小组评价。
自我评价：_____。
小组评价：_____。

任务总成绩：

任务 33　中控门锁的故障检修

课程思政落脚点：专业能力、责任、安全意识

导引事例：孩子被锁车内后，可以在车内打开车门吗？

2021年9月，在深圳市，一名3岁的女童被遗忘在车内，经过3 h后才被发现，遗憾的是，尽管进行了紧急抢救，女童还是不幸身亡。事件起因是父母带着孩子外出用餐后，急于打麻将，忽略了仍在车内熟睡的孩子。当孩子被发现时，她已经喝光了车上的3瓶矿泉水，但面对车外超过30 ℃的高温，孩子最终未能幸存。

安全教育对于孩子来说至关重要。对于具备一定行动能力的孩子，家长应当教授他们如何使用车内的安全锤，并且教他们在紧急情况下按喇叭求助。家长应该指导孩子，如果被困在车内，应立即持续按喇叭，因为即使车辆熄火，喇叭依然可以工作，这样可以有效吸引他人的注意，提高获救的可能性。

另外，大多数车辆的车锁都配备了应急解锁功能，允许从车内打开车门。家长应当了解这一功能及其操作方法，并将这些信息传授给孩子，以便孩子在紧急情况下能够自救。

📝 任务资讯

33.1　电动式中控门锁系统

(1) 电动式中控门锁系统的组成。

电动式中控门锁系统一般由门锁控制开关、钥匙操纵开关、点火钥匙警告开关、门锁

总成、行李箱门开启器、门锁控制器和执行元件等组成。典型电动式中控门锁系统组成部件的安装位置如图8-34所示。

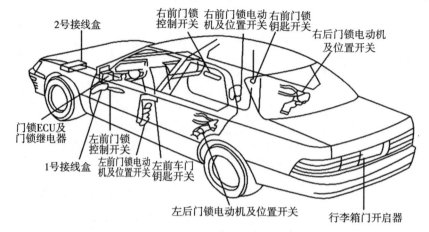

图8-34 典型电动式中控门锁系统组成部件的安装位置

(2) 电动式中控门锁主要部件的结构与功能。

① 门锁控制开关。

门锁控制开关一般安装在驾驶员侧前门内衬板的扶手附近，为杠杆型开关。在所有车门关闭后，通过操纵门锁控制开关可以同时锁止或开启所有车门锁。

② 钥匙操纵开关。

钥匙操纵开关安装在两个前车门的钥匙门上。当钥匙插入钥匙门内并向前或向后旋转时，钥匙操纵开关便会将锁门或开门的电信号传输至门锁控制器。

③ 点火钥匙警告开关。

点火钥匙警告开关用于检测点火钥匙是否插入点火钥匙门内。当钥匙在钥匙门内时，开关接通并将低电位信号传输至门锁控制器，此时门锁控制器会先发出锁止车门指令，再发出开启车门锁的指令，门锁执行机构将进行两次动作（锁止和开启），提示驾驶员中控门锁操纵异常。

④ 门锁总成。

门锁总成主要由门锁开关、门锁传动机构、位置开关和门锁壳体等组成。门锁总成示意如图8-35所示。

门锁开关用于检测车门的开闭情况。车门关闭时，门锁开关断开；车门打开时，门锁开关接通。相比于直接检测车门开闭情况的门控开关，这种设计更安全、可靠。

门锁传动机构如图8-36所示，它主要由门锁电动机、齿轮和位置开关等部件组成。当门锁电动机转动时，蜗杆带动蜗轮转动，蜗轮推动锁杆，使车门锁被锁止或打开。然后蜗轮在复位弹簧的作用下返回原位，防止在操纵门锁按钮时电动机持续工作。当锁杆推向车门锁的锁止位置时，位置开关断开；当锁杆推向门锁的打开位置时，位置开关接通。

⑤ 行李箱开启器。

行李箱开启器安装在行李箱门上，一般由轭铁、插棒式铁芯、电磁线圈和支架等组成，如图8-37所示。其轴与行李箱门锁相连，当电磁线圈通电时，插棒式铁芯将拉动轴并打开行李箱门。线路断路器用于防止电磁线圈因电流过大而过热。

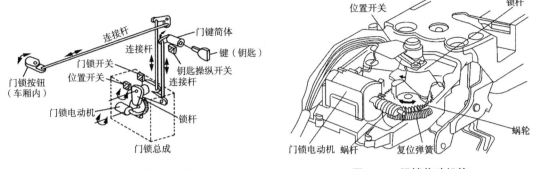

图 8-35 门锁机构示意 图 8-36 门锁传动机构

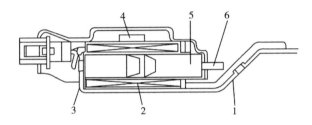

1—支架；2—电磁线圈；3—轭铁；4—线路断路器；5—插棒式铁芯；6—轴

图 8-37 行李箱开启器

⑥ 执行元件。

执行元件一般为电动机和电磁铁。电磁铁在工作时噪声大、振动强，且在车门内部支架的安装过程中易松动，使用寿命较短。为降低噪声、提高工作可靠性，现代轿车中控门锁的执行器大多采用电动机。

33.2 电动式中控门锁的工作原理

（1）继电器控制的中控门锁。

继电器控制的中控门锁电路如图 8-38 所示，该系统控制功能较为简单，一般采用钥匙操纵开关来实现开门和锁门。

电动式中控门锁的工作原理

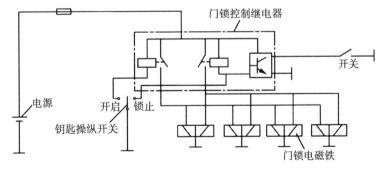

图 8-38 继电器控制的中控门锁电路

① 开门控制原理。

当用钥匙转动锁芯，钥匙操纵开关的开启触点闭合时，控制电流回路为：蓄电池正极→熔丝→开锁继电器电磁线圈→门锁操纵开关→接地→蓄电池负极。此时，开锁继电器常开触点闭合，执行器驱动电流回路为：蓄电池正极→熔丝→开锁继电器触点→电磁铁开锁电磁线圈→接地→蓄电池负极，使得4个执行器同时打开4个车门锁。

② 锁门控制原理。

当用钥匙转动锁芯，钥匙操纵开关的锁止触点闭合时，控制电流回路为蓄电池正极→熔丝→闭锁继电器电磁线圈→门锁操纵开关→接地→蓄电池负极。此时，闭锁继电器常开触点闭合，执行器驱动电流回路为：蓄电池正极→熔丝→闭锁继电器触点→电磁铁闭锁电磁线圈→接地→蓄电池负极，使得4个执行器同时锁上4个车门锁。

③ 车速感应控制原理。

当汽车行驶速度超过20 km/h（不同车型的车速值可能略有差异）时，门锁控制器会自动锁住4个车门，以确保行车安全。其控制原理是：当车速低于20 km/h时，从车速表传来的车速信号为一个低电平信号，将其输入自动闭锁电路，此时自动闭锁电路的驱动三极管不导通，闭锁继电器不工作；当车速高于20 km/h时，从车速表传来的车速信号为一个高电平信号，将其输入自动闭锁电路，此时自动闭锁电路的驱动三极管导通，闭锁继电器电磁线圈经过驱动三极管接地，闭锁继电器触点闭合，4个门锁电磁铁的闭锁电磁线圈开始工作，4个车门被同时锁上。

（2）ECU控制的中控门锁。

① 中控门锁的控制方式。

大众迈腾B7L轿车ECU中控门锁的控制方式如图8-39所示。其中，遥控钥匙用于远程控制门锁的开闭；驾驶员侧车门（钥匙锁孔）的中控开关用于控制门锁的开闭；驾驶员侧车门上的锁按钮用于控制门锁的开闭；气囊控制单元在车辆发生碰撞时会自动开启所有车门锁。

由此可知，正常情况下，门锁的控制可分为车内控制和车外控制两种方式。车内控制可以通过车门上的锁按钮来执行，车外控制可以通过遥控钥匙或钥匙车门（钥匙锁孔）的中控开关来执行。

大众迈腾B7L轿车的车门有两种闭锁状态，即安全锁止状态和联锁状态。二者的区别是：在安全锁止状态下，从车内和车外均无法打开车门；在联锁状态下，车门无法从车外打开，但可以从车内打开。用户可以通过观察车门上指示灯的点亮情况来判断门锁的闭锁状态。具体情况如下。

指示灯快速闪亮约2 s后转为慢速闪亮，表示车门处于安全锁止状态；指示灯闪亮约2 s后熄灭，然后在30 s后再次开始闪亮，表示车门处于联锁状态。指示灯持续点亮30 s，表示中央门锁系统存在故障，应尽快进行维修。

在车外，用户可以通过遥控钥匙实现上述的两种闭锁状态。执行一次上锁操作，车门即进入安全锁止状态；若连续进行两次上锁操作，车门则进入联锁状态。而在车内，通过锁按钮锁车时，车门只能进入联锁状态。

② 车门控制单元的工作原理。

大众迈腾B7L轿车副驾驶员侧前部车门控制单元电路如图8-40所示。

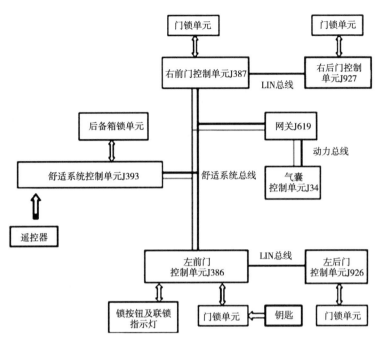

图 8-39　大众迈腾 B7L 轿车 ECU 中控门锁的控制方式

在车外，当用户按下一次遥控钥匙的上锁键时，舒适/便捷系统的中央控制单元（J393）会通过 CAN 总线发出安全锁止信号。副驾驶员侧前部车门控制单元（J387）在检测到该信号后，会控制门锁单元的 1 号脚接地，并同时向 2 号脚和 3 号脚提供 12 V 电压。此时，电动机 M_1 和 M_2 会转动，使门锁机械机构进入安全锁止状态。同时，开关 F_2 会断开，导致 4 号脚与信号地线之间的电阻变为无穷大。

当用户连续两次按下遥控钥匙的上锁键时，副驾驶员侧前部车门控制单元（J387）在执行完安全锁止操作后，会使门锁单元的 1 号脚接通 12 V 电压，而 3 号脚接地。此时，电动机 M_2 会转动，使门锁机械机

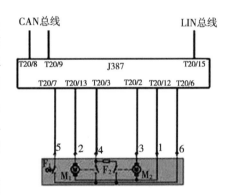

图 8-40　大众迈腾 B7L 轿车副驾驶员侧前部车门控制单元电路

构进入锁止状态。同时，开关 F_2 会通过 4 号脚为副驾驶员侧前部车门控制单元（J387）提供一个 179 Ω 的接地电阻。

当副驾驶员侧前部车门控制单元（J387）接收到解锁指令时，它会向门锁单元的 1 号脚提供 12 V 电压，并使 2 号脚和 3 号脚接地。此时，电动机 M_1 和 M_2 会转动，使门锁机械机构进入解锁状态。同时，开关 F_2 会通过 4 号脚为副驾驶员侧前部车门控制单元（J387）提供一个 0 Ω 的接地电阻。

副驾驶员侧前部车门控制单元（J387）通过监测 T20/3 号脚与 T20/6 号脚之间的电阻变化来判断门锁的当前状态，并通过 CAN 总线将这一信号反馈给舒适/便捷系统的中央控制单元（J393）。

遥控门锁系统

33.3 遥控门锁系统

现代很多轿车为方便车门锁的操作和提高门锁系统的安全性而配备了遥控门锁系统。

（1）遥控门锁系统的组成。

遥控门锁系统是在中控门锁系统的基础上增加了一套遥控发射器、遥控接收器和天线而组成的。无线遥控门锁系统的组成如图 8-41 所示。

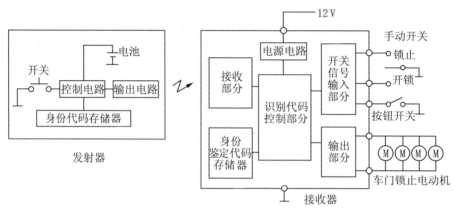

图 8-41　无线遥控门锁系统的组成

（2）遥控门锁系统的功能。

① 门锁操纵功能。

遥控门锁系统配备的遥控发射器如图 8-42 所示。遥控发射器上一般设有开锁（UNLOCK）、上锁（LOCK）及行李箱门开启等按钮。通过操纵遥控发射器上的功能按钮，可以利用红外线或无线电波发出身份代码（开锁、闭锁代码）。当遥控接收器接收到该遥控信号并与身份鉴定代码一致时，执行器会根据相应的功能代码开始工作，实现开锁、闭锁及行李箱门的开启功能。

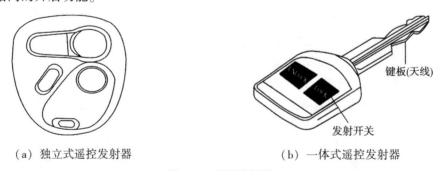

(a) 独立式遥控发射器　　　　(b) 一体式遥控发射器

图 8-42　遥控发射器

② 防盗功能。

相比于一般的中控门锁系统，遥控门锁系统不仅操作方便，而且更为安全。某些遥控门锁系统可以识别正常开启和非法侵入的操作，如果使用射频遥控器将车门锁上，当盗贼使用钥匙或其他机械方法尝试开启车门时，防盗系统将发出声、光等形式的报警信号。

③ 寻车功能。

某些遥控门锁系统的无线遥控发射器上设有寻车按钮。当驾驶员把汽车停在停车场等车辆密集的地方时，回来辨认自己车辆的时候往往比较费时，尤其是夜间黑暗的时候寻车更为困难。此时按压无线遥控发射器上的寻车按钮，自己的汽车将发出声、光提示，为寻车提供方便。需要注意的是，在汽车发出声、光提示的同时，车门锁并不会动作，以保证安全。

（3）遥控门锁系统主要部件的工作原理。

① 遥控发射器。

根据遥控信号的载体，遥控发射器可分为红外线式遥控发射器、无线电波式遥控发射器以及超声波式遥控发射器，其中红外线式遥控发射器和无线电波式遥控发射器的应用较为广泛。

红外线式遥控发射器的结构如图 8-43 所示，主要由壳体、电路板、遥控开关等组成。

无线电波式遥控发射器主要由输出部分、控制电路、身份代码存储器、开关按钮和蓄电池等组成，图 8-44 所示为无线电波式遥控发射器的组成。其中，输出部分由调制电路、高频振荡电路、高频放大电路以及发射天线等组成。

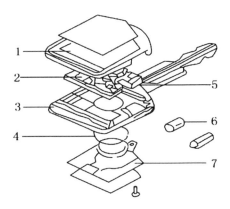

1—上盖；2—电路板；3—外壳；4—O 型圈；
5—遥控开关；6—护罩；7—下盖

图 8-43 红外线式遥控发射器的结构

当开关按钮接通时，存储在存储器中的功能代码和身份鉴定代码（包括固定代码和可变代码）会被读取出来，经过信号调制处理后，通过发射天线向外输出无线电波的遥控信号。无线电波的调制方式可分为调频和调幅两种，其中调频方式的优点是频率利用率高、抗磁干扰能力强、噪声小。发射频率位于 VHF～UHF 频带，因此需要依赖液晶或声表面波等机械振子。由于这些元件的耐冲击性较差，为了确保耐落地冲击，应该加强防护措施。

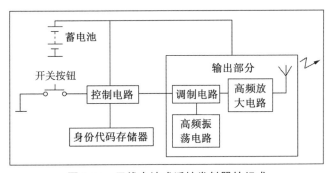

图 8-44 无线电波式遥控发射器的组成

② 遥控接收器。

遥控接收器的功能是对接收到的信号进行放大和解调，检查身份鉴定代码是否相符，当代码一致时，再判别功能代码，并驱动相应的执行元件工作。

图 8-45 所示为无线电波式遥控接收器的组成。它主要由电源电路、接收部分、身份鉴定代码存储器、身份鉴定控制电路、开关信号输入电路以及输出电路等组成。其中，接收部分主要

由接收天线、高频放大器、局部振荡器、混频器、选频放大器、功率放大器、滤波器等组成。开关信号主要是指车门的手动开关的输入信号。输出电路主要用于控制车门锁止电动机。

当接收天线接收到遥控发射器发出的微弱无线电波信号时，可以利用分配器将信号送入遥控接收器的高频放大器进行增幅处理，然后进行解调处理，并将解调后的识别代码与身份鉴定代码存储器中的识别代码进行对比，如果代码正确，则输入身份鉴定控制电路，驱动执行元件工作。

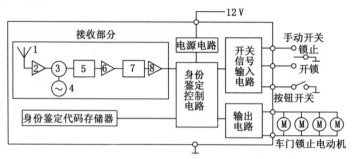

1—接收天线；2—高频放大器；3—局部振荡器；4—混频器；
5—选频放大器；6、8—功率放大器；7—滤波器

图 8-45 无线电波式遥控接收器的组成

③ 天线。

发射天线不必设置专用天线，可把遥控发射器兼作天线之用。

接收天线的功能是接收遥控发射器的输出信号。接收天线一般采用遥控专用天线、与收音机共用天线，或采用镶嵌在汽车后风窗玻璃内的加热电阻线作为天线等多种形式。

与收音机共用天线的遥控装置的组成如图 8-46 所示。接收天线在接收信号后，由分配器将信号分离为遥控信号和收音机接收信号，并将遥控信号送入遥控接收器。

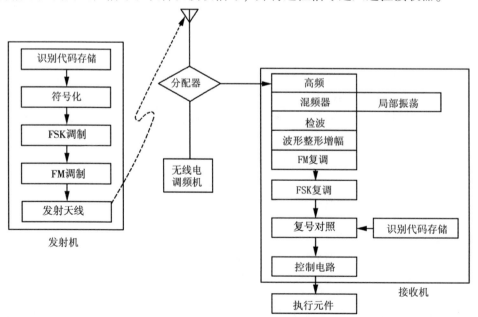

图 8-46 与收音机共用天线的遥控装置的组成

33.4 电动式中控门锁的检修

以大众迈腾 B7L 轿车副驾驶员侧车门锁为例，对电动式中控门锁进行检修，其他车型电动式中控门锁的检修可以参照以下诊断思路和方法。大众迈腾 B7L 轿车副驾驶员侧电动式中控门锁电路如图 8-47 所示，主要由车载电网控制单元、副驾驶员侧前部车门控制单元、副驾驶员侧后部车门控制单元以及门锁单元总成组成。

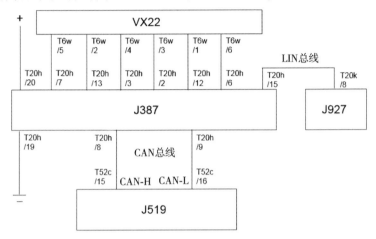

J519—车载电网控制单元；J387—副驾驶员侧前部车门控制单元；
J927—副驾驶员侧后部车门控制单元；VX22—门锁单元总成

图 8-47 大众迈腾 B7L 轿车副驾驶员侧电动式中控门锁电路

（1）检查副驾驶员侧前部车门控制单元。
① 断开 T20h 插头，连接适配器。
② 检查副驾驶员侧前部车门控制单元（J387）供电与接地，其标准如表 9-1 所示。若不正常，应检查接地点、熔丝、线路。

表 9-1 副驾驶员侧前部车门控制单元的供电与接地检查

端子号	测试参数	标准
T20h/20 和接地	电压	+B
T20h/19 和接地	电压	小于 0.1

（2）检查各控制单元之间的总线。
① 断开 T20h 插头，连接适配器。
② 测量副驾驶员侧前部车门控制单元（J387）和车载电网控制单元（J519）之间的 CAN 总线波形，其标准如图 8-48 所示。若不正常，应检查线路是否有断路、短路等故障。
③ 测量副驾驶员侧前部车门控制单元（J387）和副驾驶员侧后部车门控制单元（J927）之间的 LIN 总线波形，其标准如图 8-49 所示。若不正常，应检查线路是否有断路、短路等故障。

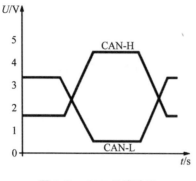

图 8-48 CAN 总线波形

图 8-49 LIN 总线波形

（3）检查门锁单元。

① 断开门锁单元 T6w 插头，连接适配器。

② 检查线束的导通性，若不正常，应修理或更换线束。

③ 检查门锁单元，其标准如表 9-2 所示。若不正常，应修理或更换门锁单元。

表 9-2 门锁单元的检查标准

门锁单元针脚	T6w/1	T6w/2	T6w/3	T6w/4	T6w/5	T6w/6
定义	锁电动机公共线	中控锁电动机	安全锁电动机	锁状态信号	门状态信号	至控制单元的信号地线
安全锁状态	−	+	+	4～6 之间电阻为 ∞	5～6 之间电阻为 ∞	0 V
非安全锁状态	−	+	+	4～6 之间电阻为 179 Ω	5～6 之间电阻为 ∞	0 V
	+		−			
非安全锁状态（拉动门内扣手后）				4～6 之间电阻为 0 Ω		0 V
解锁	+	−	−	4～6 之间电阻为 0 Ω	5～6 之间电阻为 ∞	0 V
车门打开状态				4～6 之间电阻为 0 Ω	5～6 之间电阻为 0 Ω	0 V

（4）检查车载电网控制单元。

连接诊断设备对车载电网控制单元进行编程和设码。若不正常，应进行更换。

任务实施

☞ 任务准备

（1）防护装备：常规实训工作服、车内外三件套、隔离警示围栏。

（2）工具设备：万用表、示波器、诊断设备、汽车整车、计算机或网络终端。

（3）辅助资料：卡片、记号笔、翻纸板、维修手册。

☞ 实施步骤

（1）正确观察并记录故障现象。
（2）正确连接诊断设备并读取故障代码。
（3）正确使用万用表进行线路测量并进行判断。
（4）根据观察和查找的信息，填写任务报告。

📖 任务报告

任务 33　中控门锁的故障检修			
班级		姓名	
组别		组长	
1. 车辆信息采集（5分）		得分：	
整车型号			
车辆识别代码			
发动机型号			
2. 前期准备（15分）		得分：	
（1）	环车检查车身状况。☐		
（2）	正确组装三件套（转向盘套、座套、换挡手柄套），翼子板布和前格栅布。☐		
（3）	清理工位卫生。☐		
3. 信息收集（10分）		得分：	
（1）门锁总成主要由＿＿＿＿、＿＿＿＿、＿＿＿＿和＿＿＿＿等组成。 （2）行李箱开启器安装在行李箱门上，一般由＿＿＿、＿＿＿、＿＿＿＿和＿＿＿＿等组成。 （3）遥控门锁系统是在中控门锁系统的基础上增加了一套＿＿＿＿＿＿、＿＿＿＿＿＿和＿＿＿＿＿＿而组成的。			
4. 制订计划（10分）		得分：	
请根据工作任务制订工作计划及任务分工。			
序号	工作内容	工作要点	负责人

（续表）

5. 计划实施（50分）　　　　　　　　　　　得分：

任务	作业记录内容	配分
描述故障现象并列举故障原因	（1）描述故障现象：_____。 （2）查找相关电路图。 （3）根据故障现象或初步检查，分析故障可能范围，分析到第一层即可。 _____ _____	10
连接诊断设备并读取故障代码	（1）解码器与本系统控制模块的通信是否正常？是 □ 否 □ （2）解码器与其他控制模块的通信是否正常？是 □ 否 □ （3）基于故障代码的诊断信息。 | 故障代码 | 定义 | 是否始终记忆 | 是否与故障相关 | | --- | --- | --- | --- | | | | 是（ ）/否（ ） | 是（ ）/否（ ） | | | | 是（ ）/否（ ） | 是（ ）/否（ ） | （4）基于相关故障代码，说明引起故障的可能原因：_____。	15
实施诊断并确定故障范围	（1）基于上述诊断结论，实施诊断 | 测试对象1 | | | | | --- | --- | --- | --- | | 测试条件 | | | | | 测试参数 | | 测试结果 | | | 是否正常 | | | | | 测试对象2 | | | | | 测试条件 | | | | | 测试参数 | | 测试结果 | | | 是否正常 | | | | | 测试对象3 | | | | | 测试条件 | | | | | 测试参数 | | 测试结果 | | | 是否正常 | | | | （2）基于测试结果，说明引起故障的可能原因：_____	15
分析故障机理并提出维修建议	（1）故障机理：_____。 （2）维修建议：_____。	10

（续表）

6. 检查评价（10分）	得分：
请根据个人在完成任务过程中的表现及工作结果进行自我评价和小组评价。 自我评价：_____。 小组评价：_____。	
任务总成绩：	

任务 34　无钥匙进入及一键启动系统的故障检修

课程思政落脚点：忧患意识、安全意识

导引事例：汽车防盗系统启动后，还应该注意什么？

对于驾驶员来说，日常的防盗也是需要每位驾驶员重视的问题。平时养成一些好习惯，可以减少很多麻烦。

那怎么样才能真正降低失窃概率呢？首先，不要把贵重物品放在车内（包括后备箱），一些随身物品也不要放在车内显眼的位置。即使车辆配备了先进的防盗系统，也阻挡不了他人窥视的目光。俗话说："不怕贼偷，就怕贼惦记。"因此，贵重物品或看起来可能会吸引窃贼的物品不要放置在车内，尽量将车辆停在合理合法、装有监控摄像头的位置，以确保万无一失。

📝 任务资讯

随着电子技术的飞速发展，人们对汽车的要求逐渐提高，汽车上集成的电子模块和复杂功能也越来越多，其中汽车的防盗性和使用的便捷性日益受到人们的关注。作为汽车电子技术应用的一个重要领域，汽车门禁和启动系统也得到了快速发展。最初，为防止车辆被他人非法进入，对车内人员的安全构成威胁或造成车内物品失窃，机械钥匙被应用到车门的解锁和闭锁中。这种传统的方案具有低成本的优势，但机械钥匙容易仿制，安全性低，而且必须插入锁芯才能解锁，操作不便。针对上述缺点，汽车厂商开发出了多种基于无线射频技术的遥控门禁（RKE）系统。与机械钥匙相比，RKE系统操作相对方便且提升了车辆的安全性。但它仍存在同频干扰、信号被复制重发等隐患，且由于需要手动解锁和闭锁，未能完全解放双手。

针对这些弊端，无钥匙进入及一键启动（PEPS）系统在汽车上得到了应用。该系统通过高低频通信，实现了基站与钥匙的双向认证，较RKE系统的单向认证而言，安全性得到了很大提升。配备有PEPS系统的车辆，在车门解锁、闭锁和发动机的启动过程中，驾驶员无须拿出遥控钥匙。而且，通过PEPS系统中的发动机防盗锁止模块，可以在钥匙电量不足的情况下完成授权，并启动车辆。由于遥控钥匙和车门及发动机之间有复杂的认证关系且采用先进的加密算法，所以其安全性远高于传统钥匙。PEPS系统凭借其使用方便和安全性能高的特点，逐渐获得了用户的喜爱。

下面以大众汽车为例，详细阐述PEPS系统的功能、组成、工作原理及故障检修。

34.1 无钥匙进入及一键启动系统的功能

大众汽车将无钥匙进入和一键启动功能整合在一起，称为 Kessy 系统或智能钥匙系统。该系统是一个由发射器、接收器、遥控中央锁控制单元、无钥匙系统控制单元及相关线束组成的控制系统。当有效遥控钥匙在接近范围内时，Kessy 系统会将访问权限授予该钥匙，并在不操作遥控钥匙的情况下执行以下功能。

（1）无钥匙解锁：拉动前门拉手或按动行李箱盖上的按钮将实现自动解锁。

（2）无钥匙启动：驾驶员进入车内后，无须拿出遥控钥匙，只需踩住制动踏板或离合器底部开关后，直接按下一键启动按钮，发动机即可启动。

（3）无钥匙闭锁：关闭车门后通过按动前门拉手实现车门上锁。

（4）应急启动：如果无法识别到有效遥控钥匙（遥控钥匙内的电池电量较少或已耗尽），则将遥控钥匙头靠近指定位置并同时按下一键启动按钮，可以应急启动发动机。

（5）应急关闭：如果发动机无法通过短促按下一键启动按钮关闭，则必须执行应急关闭操作，即在 1 s 内连续按动两下一键启动按钮，或按住一键启动按钮超过 1 s。

对于配备了 Kessy 系统的车辆，在车辆外部通过遥控进行闭锁（某车门未关）后，若将钥匙放回车内并关闭车门，车辆会暂时解锁，同时所有转向灯会闪烁 4 次以示提醒。如果不打开车门，30 s 后车辆会自动闭锁，钥匙将被锁在车内。此功能可以降低车辆被盗的风险。

34.2 无钥匙进入及一键启动系统的组成

大众汽车无钥匙进入及一键启动系统由 Kessy 钥匙、Kessy 控制器、电子转向柱锁、一键启动按钮、天线及车门外把手触摸传感器等组成，如图 8-50 所示。

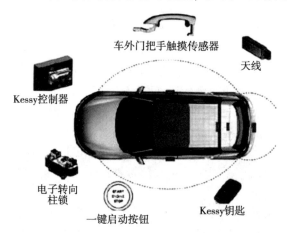

图 8-50　大众汽车无钥匙进入及一键启动系统的组成

（1）Kessy 钥匙。

Kessy 钥匙除了包括遥控按键之外，还包括无线远程操作系统以及附加的 Kessy 芯片（ID 传感器）。无线远程操作系统可以通过低频（125 kHz）向 Kessy 钥匙发送信号，然后通过高频（433 MHz）发出响应信号。

(2) Kessy 控制器。

Kessy 控制器（即进入和启动授权控制器）是无钥匙进入及一键启动系统的核心元件，控制着整个系统的工作。该控制器与舒适/便捷系统的 CAN 总线相连，并带有连接至车载电源控制器的唤醒导线。它的功能如下。

① 分析 Kessy 车外门把手和低频天线的信号，当钥匙被识别为已授权，并且位于车辆附近时，Kessy 系统将发出解除车辆联锁状态的指令。

② 与汽车防盗锁进行通信。

③ 通过低频天线将 Kessy 通信信号发送到钥匙中。

(3) 电子转向柱锁。

电子转向柱锁（ELV）是由电路控制的转向柱锁止与解除装置，由机械锁止部分与电子密码保护部分组成。ELV 的锁芯采用电动控制。ELV 及其控制单元集成在一起，安装在转向柱上。当转向柱控制单元搜索到合法的钥匙信息时，便会松开 ELV，使转向柱能够自由转动。

(4) 一键启动按钮。

一键启动按钮共有 4 个挡位，并使用冗余电源，直接与 ELV 控制器相连。为了使 ELV 控制器接受此功能要求，一键启动按钮的两个输出引脚必须传输同一信号。如果只有一个输入引脚被连接，发动机将无法启动，ELV 控制器将报告一个故障。一键启动按钮的照明由进入和启动授权控制器进行控制。

(5) 天线。

无钥匙进入及一键启动系统共有 6 根天线，分别是驾驶员侧前部门把手天线、副驾驶员侧前部门把手天线、后保险杠支架处天线、衣帽架天线、排挡前天线、后排坐垫下天线，这些天线的作用是搜索合法信号。车外天线的探测范围在各个操作位置（车门和尾门）周围约 1.5 m 的区域内，探测高度为 0.1~1.8 m。

(6) 车外门把手触摸传感器。

车外门把手触摸传感器分别位于驾驶员侧前部门把手和副驾驶员侧前部门把手内。它们被设置在门把手内侧的解锁传感区，而外侧的小圆点按钮则是加锁传感区。此传感器采用电容式设计，集成在车外门把手内，进入和启动授权控制器会对传感器电流进行分析。每个门把手和支座上都装有一个电容片，当手触摸凹坑时，它可以作为介质发挥作用。如果电容片之间插入新的介质，那么就会有一个电流短时流过，进入和启动授权控制器会识别并分析这个电流。通过触摸门把手上的接近传感器，钥匙读取系统能够识别用户的打开或关闭指令。如果在 60 s 内没有识别到有效的钥匙，接近传感器将关闭。

34.3 无钥匙进入系统的工作原理

无钥匙进入系统的工作原理如图 8-51 所示，详细工作过程如下。

(1) Kessy 控制器读取车外门把手发出的唤醒信号。当驾驶员手部靠近车门外把手时，其内部传感器的电容将发生改变，此信号通过硬线连接传送给 Kessy 控制器，Kessy 控制器识别出有上车的意愿。

(2) Kessy 控制器通过其所控制的低频天线向钥匙发送低频信号，同时唤醒车身控制单元（BCM）。

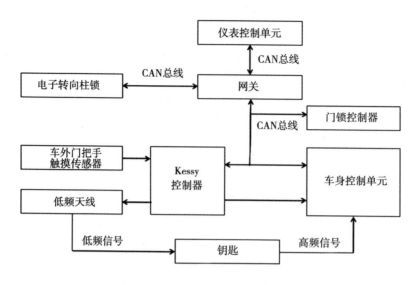

图 8-51　无钥匙进入系统的工作原理

（3）钥匙被低频信号激活后，通过带有高频接收天线的 BCM 将高频信号发送给 Kessy 控制器。

（4）Kessy 控制器确认该钥匙是此车辆的合法钥匙后，向 BCM 发送该钥匙的授权信息。

（5）BCM 通过 CAN 总线通知门锁控制器执行解锁操作以打开车门，同时所有转向灯闪烁两次来指示车辆已经解锁，而所有转向灯闪烁一次则指示车辆已经锁止。通过转向灯的闪烁次数可以获知门锁的状态：①闪烁一次，表示车辆已经锁止；②闪烁两次，表示车辆已经解锁；③闪烁四次，表示钥匙被遗忘在车里，车辆将在 30 s 内保持未锁状态，若 30 s 后车门仍未被打开，车辆将再次自动上锁。

34.4　无钥匙启动系统的工作原理

无钥匙启动系统的工作原理如图 8-52 所示。在启动时，已授权的点火钥匙无须插入进入和启动授权系统开关，但其必须位于车内。这样，当按下一键启动按钮时，系统可以通过车内天线开始感应式查询。点火钥匙向进入和启动授权控制器发送一个加密的反馈信息时，如果点火钥匙被识别为已授权，那么当按下一键启动按钮时，ELV 将被打开，点火开关将被接通。详细工作过程如下。

（1）驾驶员踩住制动踏板，并按下一键启动按钮，由 ELV 将启动请求发送给内含防盗控制模块的仪表控制单元（WFS）。

（2）WFS 向 Kessy 控制器发出验证请求。

（3）Kessy 控制器通过其所控制的低频天线向钥匙发送低频信号，同时唤醒 BCM。

（4）钥匙被低频信号激活后，向 BCM 发送高频信号。

（5）BCM 将钥匙的防盗信息发送给 WFS。

（6）WFS 和 ELV 验证防盗信息，验证通过后 ELV 被打开。同时，仪表 WFS 和发动机控制单元验证防盗信息，验证通过后允许发动机启动。当车辆启动后，为了安全起

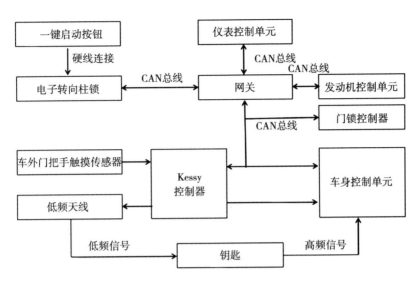

图 8-52 无钥匙启动系统的工作原理

见，Kessy 系统停止工作，即如果车辆启动后驾驶员拿着钥匙离开，车辆不会熄火，车门也不会自动上锁。

34.5 故障诊断与匹配

当 Kessy 系统中的任意一根天线出现故障时，无钥匙进入及打开后备箱功能都将失效；除排挡前天线故障外，其他天线故障并不影响车辆启动。

发动机控制单元、WFS、钥匙锁芯、ELV 都可以单独更换，WFS 和 ELV 也可以一起更换，其他部件只能全套一起更换。另外，Kessy 控制单元不属于防盗部件。

对于带 Kessy 控制器的无钥匙进入及一键启动系统，在完成钥匙的在线防盗匹配后，遥控匹配将自动完成，无须在车身控制器中单独匹配。

当钥匙的防盗信息丢失或钥匙本身丢失时，车门将无法打开。此时，可以使用专用诊断仪进入引导性功能，通过防盗控制单元对钥匙进行在线防盗匹配，继而正常启动车辆。

另外，智能钥匙不能与电子装置放在一起，不能乱抛乱扔，不能进水，不能暴露于高温直射环境中，不要用错电池，不要接触金属物品，备用钥匙应避免放车内。

任务实施

☞ 任务准备

(1) 防护装备：常规实训工作服、车内外三件套、隔离警示围栏。
(2) 工具设备：万用表、示波器、诊断设备、汽车整车、计算机或网络终端。
(3) 辅助资料：卡片、记号笔、翻纸板、维修手册。

☞ 实施步骤

(1) 正确观察并记录故障现象。
(2) 正确连接诊断设备并读取故障代码。

（3）正确使用万用表进行线路测量并进行判断。
（4）根据观察和查找的信息，填写任务报告。

任务报告

<table>
<tr><td colspan="4" align="center">任务 34　无钥匙进入及一键启动系统的故障检修</td></tr>
<tr><td>班级</td><td></td><td>姓名</td><td></td></tr>
<tr><td>组别</td><td></td><td>组长</td><td></td></tr>
</table>

1. 车辆信息采集（5分）　　　　　　　得分：

整车型号	
车辆识别代码	
发动机型号	

2. 前期准备（15分）　　　　　　　　得分：

（1）	环车检查车身状况。□
（2）	正确组装三件套（转向盘套、座套、换挡手柄套），翼子板布和前格栅布。□
（3）	清理工位卫生。□

3. 信息收集（10分）　　　　　　　　得分：

（1）大众汽车无钥匙进入及一键启动系统由_____、_____、_____、_____、_____及_____等组成。

（2）无钥匙进入及一键启动系统共有____根天线，这些天线的作用是搜索合法信号。车外天线的探测范围在各个操作位置（车门和尾门）周围约____ m的区域内，探测高度为_____m。

（3）无钥匙进入及一键启动系统启动时，已授权的点火钥匙必须位于_____。如果点火钥匙被识别为已授权，那么当按下一键启动按钮时，_____将被打开，点火开关将被接通。

4. 制订计划（10分）　　　　　　　　得分：

请根据工作任务制订工作计划及任务分工。

序号	工作内容	工作要点	负责人

5. 计划实施（50分）　　　　　　　　得分：

任务	作业记录内容	配分
描述故障现象并列举故障原因	（1）描述故障现象：_____。 （2）查找相关电路图。	10

(续表)

任务	作业记录内容	配分
	（3）根据故障现象或初步检查，分析故障可能范围，分析到第一层即可。_____	
连接诊断设备并读取故障代码	（1）解码器与本系统控制模块的通信是否正常？是 □ 否 □ （2）解码器与其他控制模块的通信是否正常？是 □ 否 □ （3）基于故障代码的诊断信息。 | 故障代码	定义	是否始终记忆	是否与故障相关
---	---	---	---
		是（ ）/否（ ）	是（ ）/否（ ）
		是（ ）/否（ ）	是（ ）/否（ ） | （4）基于相关故障代码，说明引起故障的可能原因：_____。	15
实施诊断并确定故障范围	（1）基于上述诊断结论，实施诊断。 | 测试对象1	
---	---
测试条件	
测试参数	测试结果
是否正常	
测试对象2	
测试条件	
测试参数	测试结果
是否正常	
测试对象3	
测试条件	
测试参数	测试结果
是否正常	| （2）基于测试结果，说明引起故障的可能原因：_____。	15
分析故障机理并提出维修建议	（1）故障机理：_____。 （2）维修建议：_____。	10

6. 检查评价（10分）	得分：
请根据个人在完成任务过程中的表现及工作结果进行自我评价和小组评价。 自我评价：_____。 小组评价：_____。	
任务总成绩：	

参考文献

[1] 王娜. 汽车电器系统检修[M]. 北京：北京大学出版社，2009.
[2] 史懂深，方斌. 汽车电气系统检修[M]. 北京：清华大学出版社，2014.
[3] 阮观强，张振东. 汽车电器与电子控制技术[M]. 北京：机械工业出版社，2021.
[4] 刘冬生，黄国平，黄华文. 汽车电气设备构造与维修[M]. 北京：机械工业出版社，2017.
[5] 林俊标. 汽车电工电子基础[M]. 北京：机械工业出版社，2018.
[6] 刘江，王慧丽，张勇. 汽车电工电子技术基础[M]. 北京：机械工业出版社，2021.
[7] 马力，赵慧颖，胡克晓. 新能源汽车电气技术[M]. 北京：机械工业出版社，2020.
[8] 袁苗达. 汽车电器基础[M]. 北京：清华大学出版社，2021.
[9] 陈旭. 汽车电器原理与实用技术：上册[M]. 北京：机械工业出版社，2014.
[10] 陈旭. 汽车电器原理与实用技术：下册[M]. 北京：机械工业出版社，2014.